telak GmbH (Hrsg.)

Corporate Networks und neue Techniken

Proceedings des
TELEKOM-ANWENDER-KONGRESS '94

telak GmbH (Hrsg.)

Corporate Networks und neue Techniken

Proceedings des
TELEKOM-ANWENDER-KONGRESS '94

vieweg

Der Verlag Vieweg ist ein Unternehmen der Bertelsmann Fachinformation GmbH.

Druck und buchbinderische Verarbeitung: Langelüddecke, Braunschweig
Gedruckt auf säurefreiem Papier
Printed in Germany

ISBN 3-528-05486-7

Inhaltsverzeichnis

Vorwort 1

Friedrich K. Rauch

Der TELEKOM-ANWENDER-KONGRESS ´94 3

Dietmar Stosiek

Übersicht: TELEKOM-ANWENDER-KONGRESS ´94 4

Der Fachbeirat:
fachliche und ideelle Unterstützung des Kongreß 7

Telekommunikation -
ein entscheidender Faktor auf das Umfeld des Anwenders 9

Helmut Ricke

Teleworking -
Erfahrungen mit dezentralen Arbeitsplätzen bei der IBM 27

Prof. Dr. Wilhelm R. Glaser

Podiumsdiskussion I: 41

Telekommunikationsstrategien und die Auswirkungen
auf die Arbeitsplätze der Zukunft

Podiumsdiskussion II: 43

Mobile Telekommunikation: Sprache - Daten - Wettbewerb

Podiumsdiskussion III: 45

Perspektiven der Telekommunikation

Session A - Coorporate Networks / Virtual Private Networks.... 47

Wirtschaftliche, organisatorische und technische Perspektiven 49
Dr. Hans-Peter Boell

Anwenderbericht - Versicherung:
CN / VPN Möglichkeiten der Netzoptimierung 65
Alexander Metz

Anwenderbericht - Industrie:
Multinationales Corporate Network von Ford Europe 81
Klaus Schröder

Anwenderbericht - Handel:
Optimierung des unternehmensinternen Netzwerkes 93
Dr. Gerd Wolfram

Forderungen an Monopoldienste 113
Dr. Bernd Jäger

Neue Leistungsmerkmale und Tarife bei Standard-Festverbindungen 1995 131
Bert Müller, Manfred Osterloh-Stümer

Local Loop: Kommunale Netze als alternative Strukturen .. 147
Dr. Thomas Plückebaum

Session B - Nationale Telekommunikation und Wettbewerb.... 159

Telekommunikationsstrategien neuer Wettbewerber 161
Ulf Bohla

Telekom zwischen Regulierung und Wettbewerb 169
Hans-Willi Hefekäuser

Postreform II - und wie geht es weiter? 177
Peter Paterna

Session B - Internationale Telekommunikation und Wettbewerb 189

Internationale Anbieter im Wettbewerb:
Das BT-Konzept und seine Umsetzung 189
Dr. Lutz Blank

Internationale Anbieter im Wettbewerb:
Implementierung eines WVPN 195
Geerlof Los

Systemlösungen für große Kunden 207
Dr. Herbert May

Session C - Neue Techniken für Anwender ... 213

Neue Kommunikationstechniken für Anwender: Ein Überblick ... 215
Prof. Dr. Firoz Kaderali

ATM für LANs und WANs auf dem Weg zur einheitlichen Netzstruktur ... 227
Helmut Wörner

Anwenderlösungen mobiler Telekommunikation ... 239
Patrick Israel

Rationalisierungspotentiale durch den Einsatz von EDI Systemen ... 251
Gerd Eickers

Kundenindividuelle Netzlösungen im Euro-ISDN ... 261
Dr. Rüdiger Kattanek

Teleworking: Internationale Trends ... 273
Simon Robinson, Norbert Kordey

Stufenkonzept eines Virtual Private Networks ... 289
Klaus Vormberge

Aussteller ... 303

Banyan Systems (Deutschland) GmbH ... 305

DATUS GmbH ... 306

DBP Telekom ... 307

ELMEG GmbH ... 308

Festo Didactic KG ... 309

Info AG ... 310

ITK GmbH ... 311

MEGANET GmbH ... 312

RWTÜV Anlagen GmbH ... 313

Siemens AG ... 314

Wandelt & Goltermann GmbH ... 315

Curricula Vitae der Referenten **317**

Dr. Lutz Blank 319

Dr. Hans-Peter Boell 319

Ulf Bohla 320

Gerd Eickers 320

Dr. Berthold Gellner 321

Leif Glanert 322

Prof. Dr. Wilhelm Glaser 323

Hans-Willi Hefekäuser 324

Hermann Josef Hoss 324

Dr. Hagen Hultzsch 325

Klaus Hummel 326

Patrick Israel 327

Dr. Bernd Jäger 327

Prof. Dr.-Ing. Firoz Kaderali 328

Dr. Rüdiger Kattanek 329

Georg Langheld 329

Geerlof Los 330

Dr. Herbert May 330

Carl-Friedrich Meißner 330

Alexander Metz 331

Bert Müller 332

Werner Nagel 332

Hermann R. Neus 333

Manfred Osterloh Stümer 334

Peter Paterna 334

Dr. Thomas Plückebaum 335

Friedrich K. Rauch 335

Helmut Ricke 336

Simon Robinson 336

Erwin H. Schäfer 337

Horst Schäfers 337

Ralf Schreckling 338

Klaus Schröder 338

Lorenz Schwegler 339

Prof. Dr. Dr. h.c. Norbert Szyperski 340

Matthias Weber 341

Dr. Gerd Wolfram 342

AFT - Anwenderforum Telekommunikation e.V. 343

DEUTSCHE TELECOM e.V. 347

Vorwort

Friedrich K. Rauch, Kongreßleiter

Ich freue mich, Ihnen den Sammelband des TELEKOM-ANWENDER-KONGRESS ´94 aushändigen zu können.

Viele Gebiete der Telekommunikation sollen und müssen angesprochen werden, damit die Nutzer der Telekommunikation im nationalen und internationalen Wettbewerb bestehen können. Doch im Rahmen eines zweitägigen Kongresses können nicht alle Themen angesprochen werden.

Um den Kongreß für die Anwender optimal zu gestalten, haben wir Schwerpunkte gesetzt: *Teleworking, Wettbewerb, neue Techniken* und *Corporate Networks.* Gerade wegen der Wahl dieser Schwerpunkte ist es uns gelungen, hervorragende Experten als Redner für den Kongreß zu gewinnen. Auch die hohe Beteiligung der Anwender bestätigt diese Entscheidung.

Die dramatische Entwicklung der Telekommunikation kann nicht ohne Kontroversen verlaufen. Es ist uns gelungen, Gastredner zu finden, die den Besuchern des Kongresses diese Vielfältigkeit darstellen können. Daß trotzdem Herr Ricke die Schirmherrschaft des Kongresses übernommen hat, zeigt, daß die Telekom willig und fähig ist, sich mit dem Markt auseinanderzusetzen. Darüber habe ich mich als Kongreßleiter und Anwender besonders gefreut.

Zum Gelingen einer solch großen Veranstaltung müssen viele Leute und Organisationen konstruktiv zusammenarbeiten. Deshalb spreche ich gerne meinen Dank aus, daß es auch bei diesem 2. TELEKOM-ANWENDER-KONGRESS gelungen ist, die wichtigsten Vereine und Verbände der Wirtschaft und Telekommunikation einschließlich der DBP Telekom dafür zu gewinnen, diesen Kongreß ideell wie auch fachlich zu unterstützen.

Auf dieser Grundlage und mit dem wachsenden allgemeinen Interesse an der Telekommunikation wird der TELEKOM-ANWENDER-KONGRESS ein wichtiger Termin im Jahr für Anwender, Entscheider, Hersteller, aber auch Dienstleister zum Dialog über alle Ebenen sein, in dem Erfahrungen und neueste Erkenntnisse ausgetauscht werden.

Friedrich K. Rauch

Der TELEKOM-ANWENDER-KONGRESS ´94

Dietmar Stosiek

Die Telekommunikation ist mittlerweile aus dem Schattendasein herausgetreten und wirft nun ihrerseits Schatten.

Der TELEKOM-ANWENDER-KONGRESS ´94 ist dieses Jahr wieder Treffpunkt für Anwender, Hersteller und Dienstleister, um im Dialog die zukünftige Entwicklung beurteilen und mitgestalten zu können.

In den drei Sessions *Corporate Networks / Virtual Private Networks, Nationale / Internationale Telekommunikation und Wettbewerb* sowie *neue Techniken für Anwender* werden alle hierfür wichtigen Themen umfassend von Experten abgehandelt.

Der Dialog und der Austausch von Erfahrungen werden in Bonn zwei Tage im Mittelpunkt dieses Anwenderkongresses stehen.

Um das vorliegende Werk erstellen zu können, mußten die Referenten ihre Vorträge bereits früh zur Verfügung stellen. Ihnen sei hierfür an dieser Stelle gedankt. Zwei Vorträge sind nicht im Band enthalten, da sie aus Aktualitätsgründen erst kurz vor dem Kongreß vorgelegt werden können.

Im Anschluß an die Sessions werden in diesem Band die Austeller der begleitenden Fachausstellung vorgestellt. Hiermit soll Ihnen die Möglichkeit gegeben werden, direkten Kontakt aufzunehmen.

Die Curricula Vitae informieren Sie über den jeweiligen Werdegang der Referenten.

So möchten wir uns auch an dieser Stelle bei allen dafür bedanken, die dazu beigetragen haben, daß der TELEKOM-ANWENDER-KONGRESS ein wichtiges Ereignis ist.

Dietmar Stosiek

Gesamtorganisation

TELEKOM-ANWENDER-KONGRESS '94

Mit begleitender Fachausstellung

Corporate Networks und neue Techniken: Nationaler und internationaler Wettbewerb um Anwender

Begleitende Fachausstellung

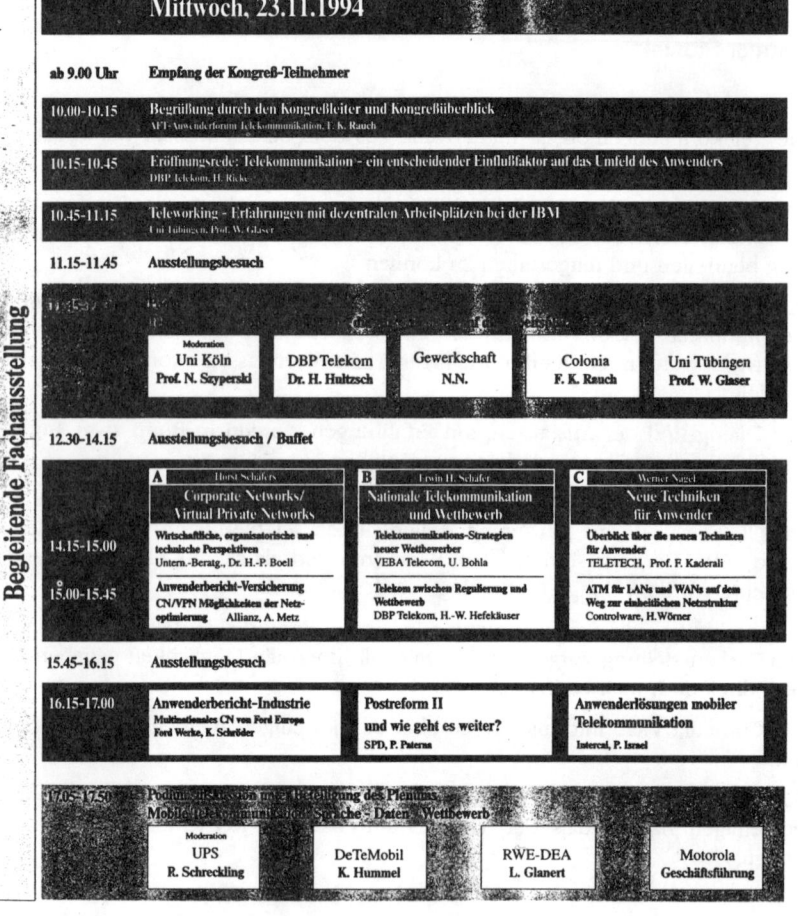

Mittwoch, 23.11.1994

ab 9.00 Uhr **Empfang der Kongreß-Teilnehmer**

10.00-10.15 Begrüßung durch den Kongreßleiter und Kongreßüberblick
AFT-Anwenderforum Telekommunikation, F. K. Rauch

10.15-10.45 Eröffnungsrede: Telekommunikation - ein entscheidender Einflußfaktor auf das Umfeld des Anwenders
DBP Telekom, H. Ricke

10.45-11.15 Teleworking - Erfahrungen mit dezentralen Arbeitsplätzen bei der IBM
Uni Tübingen, Prof. W. Glaser

11.15-11.45 **Ausstellungsbesuch**

[illegible]

Moderation Uni Köln **Prof. N. Szyperski**	DBP Telekom **Dr. H. Hultzsch**	Gewerkschaft **N.N.**	Colonia **F. K. Rauch**	Uni Tübingen **Prof. W. Glaser**

12.30-14.15 **Ausstellungsbesuch / Buffet**

	A — Horst Schäfers Corporate Networks/ Virtual Private Networks	B — Erwin H. Schäfer Nationale Telekommunikation und Wettbewerb	C — Werner Nagel Neue Techniken für Anwender
14.15-15.00	**Wirtschaftliche, organisatorische und technische Perspektiven** Untern.-Beratg., Dr. H.-P. Boell	**Telekommunikations-Strategien neuer Wettbewerber** VEBA Telecom, U. Bohla	**Überblick über die neuen Techniken für Anwender** TELETECH, Prof. F. Kaderali
15.00-15.45	**Anwenderbericht-Versicherung** **CN/VPN Möglichkeiten der Netzoptimierung** Allianz, A. Metz	**Telekom zwischen Regulierung und Wettbewerb** DBP Telekom, H.-W. Hefekäuser	**ATM für LANs und WANs auf dem Weg zur einheitlichen Netzstruktur** Controlware, H. Wörner

15.45-16.15 **Ausstellungsbesuch**

16.15-17.00	**Anwenderbericht-Industrie** **Multinationales CN von Ford Europa** **Ford Werke, K. Schröder**	**Postreform II und wie geht es weiter?** **SPD, P. Paterna**	**Anwenderlösungen mobiler Telekommunikation** **Intercai, P. Israel**

17.05-17.50 **Podiumsdiskussion unter Beteiligung des Plenums**
Mobile Telekommunikation: Sprache - Daten - Wettbewerb

Moderation UPS **R. Schreckling**	DeTeMobil **K. Hummel**	RWE-DEA **L. Glanert**	Motorola **Geschäftsführung**

ab 19.30 Uhr **Abendveranstaltung: Zu Gast bei der DBP TELEKOM**

Änderungen vorbehalten

TELEKOM-ANWENDER-KONGRESS '94

Mit begleitender Fachausstellung

Corporate Networks und neue Techniken: Nationaler und internationaler Wettbewerb um Anwender

Begleitende Fachausstellung

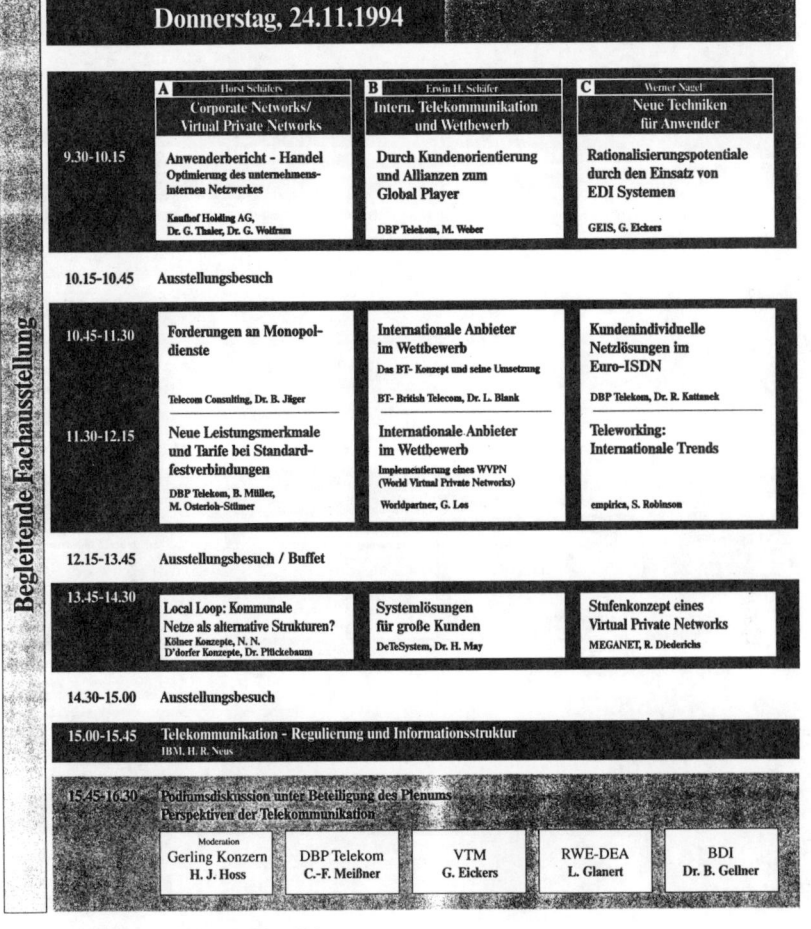

Donnerstag, 24.11.1994

	A Horst Schäfers — Corporate Networks/ Virtual Private Networks	B Erwin H. Schäfer — Intern. Telekommunikation und Wettbewerb	C Werner Nagel — Neue Techniken für Anwender
9.30-10.15	**Anwenderbericht - Handel** Optimierung des unternehmensinternen Netzwerkes — Kaufhof Holding AG, Dr. G. Thaler, Dr. G. Wolfram	**Durch Kundenorientierung und Allianzen zum Global Player** — DBP Telekom, M. Weber	**Rationalisierungspotentiale durch den Einsatz von EDI Systemen** — GEIS, G. Eickers
10.15-10.45	Ausstellungsbesuch		
10.45-11.30	**Forderungen an Monopoldienste** — Telecom Consulting, Dr. B. Jäger	**Internationale Anbieter im Wettbewerb** Das BT- Konzept und seine Umsetzung — BT- British Telecom, Dr. L. Blank	**Kundenindividuelle Netzlösungen im Euro-ISDN** — DBP Telekom, Dr. R. Kattanek
11.30-12.15	**Neue Leistungsmerkmale und Tarife bei Standardfestverbindungen** — DBP Telekom, B. Müller, M. Osterloh-Stümer	**Internationale Anbieter im Wettbewerb** Implementierung eines WVPN (World Virtual Private Networks) — Worldpartner, G. Los	**Teleworking: Internationale Trends** — empirica, S. Robinson
12.15-13.45	Ausstellungsbesuch / Buffet		
13.45-14.30	**Local Loop: Kommunale Netze als alternative Strukturen?** Kölner Konzepte, N. N. D'dorfer Konzepte, Dr. Pflückebaum	**Systemlösungen für große Kunden** DeTeSystem, Dr. H. May	**Stufenkonzept eines Virtual Private Networks** MEGANET, R. Diederichs
14.30-15.00	Ausstellungsbesuch		
15.00-15.45	Telekommunikation - Regulierung und Informationsstruktur — IBM, H. R. Neus		

15.45-16.30 Podiumsdiskussion unter Beteiligung des Plenums
Perspektiven der Telekommunikation

Moderation Gerling Konzern	DBP Telekom	VTM	RWE-DEA	BDI
H. J. Hoss	C.-F. Meißner	G. Eickers	L. Glanert	Dr. B. Gellner

16.30 Uhr Schlußwort des Kongreßleiters

Änderungen vorbehalten

Der Fachbeirat: fachliche und ideelle Unterstützung des Kongresses

Der TELEKOM-ANWENDER-KONGRESS '94 wird fachlich und ideell unterstützt durch:

adi	Anwenderverband Deutscher Informationsverarbeiter e.V.
AFT	Anwenderforum Telekommunikation e.V.
AWV	Arbeitsgemeinschaft für wirtschaftliche Verwaltung e.V.
BDI	Bundesverband der Deutschen Industrie e.V.
BVB	Bundesverband Büro- und Informations-Systeme e.V.
DTeV	DEUTSCHE TELECOM e.V.
ECTUA	European Council of Telecommunications Users Associations
VTM	Verband der Telekommunikationsnetz- und Mehrwertdiensteanbieter
ZVEI	Zentralverband Elektrotechnik- und Elektroindustrie e.V.
DBP T	Deutsche Bundespost Telekom

Veranstalter:

telak GmbH • Olper Straße 37 • D - 51491 Overath
Telefon: 02204 - 72583 • Telefax: 02204 - 74635

Telekommunikation -

ein entscheidender Faktor auf das Umfeld des Anwenders

Helmut Ricke

DBP Telekom

Telekommunikation - ein entscheidender Faktor auf das Umfeld des Anwenders

Helmut Ricke, DBP Telekom

Meine sehr geehrten Damen und Herren,

Einleitung

wer in den letzten Monaten die Wirtschaftsberichterstattung in den Medien verfolgt hat, dem wird aufgefallen sein, daß Artikel, die sich mit dem Geschehen auf dem Telekommunikationsmarkt auseinandersetzen, einen immer breiteren Raum einnehmen.

Nun sollte man meinen, daß an dieser Tatsache eigentlich nichts ungewöhnlich ist, denn immerhin ist der Sektor der Telekommunikation ein Wirtschaftsbereich von gigantischer Größenordnung.

Der Weltmarkt für Telekommunikationsdienste erreichte im vergangenen Jahr ein Volumen von mehr als 850 Milliarden Mark; bis zum Jahr 2000 wird dieser Markt - mit jährlichen Wachstumsraten von 10 Prozent und mehr - auf über 1,5 Billionen Mark anwachsen.

Darüber hinaus werden allein auf dem Gebiet der Europäischen Union Schätzungen zufolge bis zum Jahr 2010 rund 2,4 Billionen Mark in die Modernisierung der Telekommunikations-Infrastrukturen investiert.

Die für die Entwicklung einer modernen Infrastruktur in den Staaten Mittel- und Osteuropas notwendige Finanzierungssumme ist in dieser gewaltigen Zahl noch gar nicht enthalten.

Entwicklungen in der Telekommunikation blieben lange unbeachtet

Diese Zahlen sind nicht erst seit gestern bekannt. Und auf die Tatsache, daß die Telekommunikationsbranche die Automobilindustrie weltweit als Wachstumsmotor der Wirtschaft ablöst, weist beispielsweise die Kommission der Europäischen Union bereits seit Jahren hin.

Trotz dieser und einer ganzen Reihe weiterer Hinweise auf die Bedeutung des Telekommunikationsmarktes - in der Medienberichterstattung hat dieser Wirtschaftsbereich bis vor gar nicht allzu langer Zeit eine völlig untergeordnete Rolle gespielt.

Das Geschehen auf diesem Markt fand praktisch unter Ausschluß der Öffentlichkeit statt.

Bleibt die Frage, warum sich das nun - scheinbar von heute auf morgen - so grundlegend geändert hat?

Warum findet die Initiative der US-Regierung in Sache „Information Highway“ ein solch starkes Echo rund um den Globus, während die im europäischen Raum bereits weit fortgeschrittene Initiative der „Informationsautobahn“ Euro-ISDN lange Zeit kaum Beachtung - und schon gar keine Anerkennung fand?

Warum haben Politiker inzwischen den Begriff Multimedia zum festen Bestandteil ihres Wortschatzes gemacht, während sie sich zuvor allenfalls dann der Telekommunikation zuwandten, wenn es ihnen nützlich war, sich publikumswirksam in Diskussionen über die vermeintlich zu hohen Gebühren der Telekom einzuschalten?

Und warum verlangen die Lobbyisten von Verbänden und Industriezirkeln plötzlich nach immer mächtigeren Telekommunikations-Pipelines, obgleich die Nutzung der Möglichkeiten, wie sie moderne Telekommunikation schon heute bietet, in den Unternehmen nach einhelliger Expertenmeinung derzeit noch vergleichsweise unterentwickelt, oder anders ausgedrückt, noch sehr stark ausbaufähig ist?

Grund für das steigende Interesse an der Telekommunikation

Eine Antwort auf all diese Fragen - und damit auch die Erklärung für die zunehmende Beachtung des Geschehens auf dem Telekommunikationsmarkt in den Medien und in der

Öffentlichkeit - ist, meine sehr geehrten Damen und Herren, vereinfacht gesagt, Ihre Teilnahme an dieser Veranstaltung.

Ihr deutliches Interesse, das Sie mit dieser Teilnahme an den Entwicklungen im Telekommunikationsbereich - und vor allem an der Relevanz dieser Entwicklungen für Ihr eigenes Unternehmen - bekunden, ist ein wesentlicher Beleg für den entscheidenden Wandel im Telekommunikationssektor:

Während die Entwicklungen in der Telekommunikation in den vergangenen Jahren und Jahrzehnten im wesentlichen technikgetrieben waren - und die Nutzer der Technologien, etwas überspitzt formuliert, sehen mußten, wie sie mit der Technik zurecht kamen -, ist die Telekommunikation heute in immer stärkerem Maße ein anwendungs-, noch genauer gesagt, ein kundengetriebenes Geschäft.

Der Grund dafür ist offensichtlich: Die professionellen Nutzer von Telekommunikationsdiensten erkennen immer deutlicher den strategischen Wert dieser Dienste für ihren unternehmerischen Erfolg. Und sie drängen zu Recht darauf, daß Telekommunikations-Dienstleister nicht nur exzellente Produkte bereitstellen, sondern diese Produkte auch in einem anwendungsorientierten Beratungs- und Implementierungsprozeß zu individuellen Telekommunikationslösungen optimieren.

Strategischer Wert der Telekommunikation für die Unternehmen

Der strategische Wert der Telekommunikation im unternehmerischen Umfeld der Anwender läßt sich in einem Satz zusammenfassen: In den immer enger miteinander verflochtenen nationalen und internationalen, aber durchaus auch in lokalen und regionalen Wirtschaftsabläufen wird die schnelle Verfügbarkeit, die schnelle Verarbeitung und die schnelle Weiterleitung von Informationen zu einem der zentralen Wettbewerbsargumente.

Natürlich forciert auch der immer rasantere technologische Fortschritt die Entwicklungen im Telekommunikationsmarkt und somit auch die Nutzung neuer Telekommunikationsdienste.

Und natürlich ist auch die weltweite Deregulierung und Liberalisierung des Telekommunikationsbereichs und der damit einhergehende immer stärkere Wettbewerb einer zunehmenden Zahl von starken Anbietern ein wichtiger Grund für den dynamischen Aufschwung der Telekommunikation.

Ich bleibe jedoch dabei: Der eigentliche Motor im Telekommunikationsmarkt - und der eigentliche Anlaß für die derzeit zu beobachtende Telekommunikations-Euphorie - ist das wachsende Bewußtsein um die Bedeutung der Telekommunikation für die Wettbewerbsfähigkeit der Unternehmen.

Warum aber, verehrte Zuhörerinnen und Zuhörer, entsteht dieses Bewußtsein gerade jetzt?

Gibt es einen eindeutig zu definierenden Grund, warum die konsequente Nutzung der Möglichkeiten der Telekommunikation gerade jetzt in vielen Unternehmen zur Chefsache wird, während dieser Bereich bisher eher eine Angelegenheit der Hausverwaltung oder allerhöchstens der EDV-Abteilung war?

Ich bin der festen Überzeugung, diesen eindeutig zu definierenden Grund gibt es.

Grund für den strategischen Wert der Telekommunikation

So einfach das klingt: Dieser Grund ist derselbe, der auch das Telekommunikationsgeschäft antreibt.

Der Wandel vom anbietergetriebenen zum kundengetriebenen Geschäft vollzieht sich nämlich nicht nur in der Telekommunikation.

Dieser Wandel ist vielmehr in allen Bereichen der Wirtschaft zu beobachten.

Machen wir uns nichts vor: In Sachen Kundenorientierung und Service gibt es in der Bundesrepublik und in Europa nicht nur in der Telekommunikationsbranche Nachholbedarf.

Internationaler Wettbewerb in allen Branchen nimmt an Härte zu...

Auch in anderen Branchen, etwa in der Automobilindustrie, war zwar viel vom "König Kunde" die Rede, doch die ihm gebührende Krone hat man dem Kunden beharrlich verweigert.

Und um im Bild zu bleiben: Jetzt greift der Kunde nach dem Zepter

Das Ergebnis dieser veränderten, selbstbewußteren Rolle des Kunden ist eine spürbare Verschärfung des Wettbewerbs unter den Anbietern.

An diesem Wettbewerb sind längst nicht mehr nur nationale Unternehmen beteiligt. Der Einkauf von Rohstoffen, Gütern und Waren, die Produktion von Waren und Dienstleistungen, der Vertrieb und die Vermarktung der Erzeugnisse - all das sind selbst für viele mittelständische Firmen längst keine nationalen Angelegenheiten mehr.

Die Landesgrenzen haben in der Wirtschaft ihre Bedeutung verloren, internationale Märkte generieren einen Wettbewerb international tätiger Unternehmen, der sich in nationalen Bereichen fokussiert.

... und erzwingt laufende Optimierung der Abläufe

Meine sehr geehrten Damen und Herren,

der sich verschärfende internationale Wettbewerb macht die Optimierung der unternehmerischen Abläufe praktisch zur Daueraufgabe.

Und eine der zentralen Maßnahmen zur Optimierung dieser Abläufe ist der erweiterte und an den sich verändernden Anforderungen orientierende Einsatz der Telekommunikation.

Wo heute noch der Informationsaustausch per Post oder Telefax den Kontakt zwischen Lieferanten, Herstellern und Handelsfirmen bestimmt, wird in absehbarer Zeit ein lückenloser Telekommunikationsverbund über den gesamten Herstellungs- und Vertriebsprozeß geknüpft.

Dieser Telekommunikationsverbund wird nicht nur die Infrastruktur für den gesamten elektronischen Transport der Geschäftspost zwischen den Beteiligten bereitstellen.

Auch die notwendigen Abstimmungsprozesse in der Konstruktion, der Produktion, der Auslieferung und beim Vertrieb von Waren wird zu einem großen Teil auf Telekommunikationsverbindungen verlagert.

Wo heute selbst für einfache Besprechungen aufwendige Dienstreisen erforderlich sind, bei denen der wesentliche Teil der Zeit mit der An- und Abreise vertan wird, werden morgen spontane Treffen am Bildschirm schnelle und effiziente Problemlösungen ermöglichen.

Auch ökologische Gründe für den verstärkten Einsatz von Telekommunikation

Solche Szenarien machen nicht nur unter betriebswirtschaftlichen Gesichtspunkten Sinn, sie folgen beispielsweise auch den immer dringlicheren ökologischen Herausforderungen, vor denen die Wirtschaft steht.

Nur ein Beispiel: Rund 30 Prozent der Lkw-Touren in der Bundesrepublik sind Leerfahrten, eine riesige Verschwendung von Ressourcen und eine große - und zu einem erheblichen Teil vermeidbare - Umweltbelastung.

Denn unter Kennern der Logistikbranche besteht weitgehend Einigkeit darüber, daß mit dem gezielten Einsatz von mobilen, aber auch von auf terrestrischen Netzen basierenden Telekommunikationsdiensten eine wesentlich verbesserte Tourenplanung und eine flexiblere Ausnutzung des verfügbaren Frachtraums möglich wäre.

Um das Innovationspotential der Telekommunikation für den Logistikbereich zu erschließen - und natürlich um ein lukratives Geschäftsfeld zu erschließen -, haben wir gemeinsam mit unserem Partner France Telecom und dem Computerkonzern Digital Equipment das Unternehmen Euro-Log gegründet, das maßgeschneiderte Informations- und Telekommunikationsdienste für die europäische Logistikbranche anbieten wird.

Verantwortung von Telekom für die Wettbewerbsfähigkeit der Unternehmen

Meine sehr geehrten Damen und Herren,

werten Sie dieses Engagement unseres Unternehmens in einem Bereich, der sich deutlich von unserem eigentlichen Kernbereich unterscheidet, als einen Beleg für die Tatsache, daß wir die veränderten Anforderungen, die der Telekommunikationsmarkt und die sich wandelnde Kundennachfrage mit sich bringt, erkannt haben, und daß wir darauf reagieren.

Wir sind uns sehr wohl der Tatsache bewußt, daß wir als größtes Telekommunikations-Unternehmen in Europa eine besondere Verantwortung für die Wettbewerbsfähigkeit unserer Geschäftskunden haben.

Drei Herausforderungen für Telekom: 1. Geschäft der Kunden verstehen lernen

Diese Verantwortung stellt unser Unternehmen im wesentlichen vor drei Herausforderungen - und in abgewandelter Form gelten diese Herausforderungen sicherlich auch für jedes andere Unternehmen im Telekommunikationsmarkt.

Ich habe bereits deutlich gemacht, daß die Telekommunikation in dem sich verändernden geschäftlichen Umfeld der professionellen Telekom-Kunden an Bedeutung gewinnt und daß damit die Nachfrage der Kunden eine völlig neue Qualität bekommt.

Wenn Telekom diese Nachfrage befriedigen will, dann müssen wir lernen, das Geschäft unserer Kunden zu verstehen. Nur dann wird es uns gelingen - und genau das ist das erklärte Ziel von Telekom -, die Ausformung unserer Dienste- und Service-Palette eng an den Anforderungen der Kunden zu orientieren.

Dialog mit den Kunden im AFT verstärken

Als Telekommunikations-Unternehmer wird man das Geschäft - etwa eines Spediteurs oder eines Handelshauses - nur dann verstehen, wenn man sich dieses Geschäft von einem Spediteur oder einem Handelsunternehmer deutlich machen läßt.

Eine wichtige Aufgabe für das Management der Telekom besteht also darin, für den Dialog mit unseren Kunden geeignete Plattformen zu schaffen.

Eine solche Plattform ist das Anwenderforum Telekommunikation, kurz AFT, das vor zwei Jahren im Rahmen des ersten Telekom-Kundenforums in Dresden gegründet wurde.

Unter dem Dach des AFT wollen wir mit unseren Geschäfts- und Systemkunden ins Gespräch kommen, wollen deren Anforderungen an unser Unternehmen frühzeitig kennenlernen und umgekehrt für diese Kundengruppen relevante Informationen in bezug auf die Entwicklungen bei neuen oder bestehenden Diensten oder der künftigen Preisgestaltung vermitteln.

Verehrte Zuhörerinnen und Zuhörer,

Defizite im Kontakt Telekom - AFT werden beseitigt

ich will kein Geheimnis aus der Tatsache machen, daß der Dialog zwischen Telekom und den Mitgliedern des AFT in den ersten zwei Jahren nach der Gründung des Anwenderforum Telekommunikation e.V. noch nicht so in Gang gekommen ist, wie sich beide Seiten das sicherlich gewünscht hätten.

Und ich will durchaus zugestehen, daß Telekom sich dem Kundenforum AFT noch nicht intensiv genug zugewandt hat.

Die Weichen für eine erhebliche Verbesserung und Intensivierung des angestrebten Dialogs sind jedoch gestellt.

Gemeinsam mit dem Vorstand des AFT haben wir in den letzten Wochen die Versäumnisse der Vergangenheit analysiert und die notwendigen Maßnahmen für eine erheblich verbesserte Zusammenarbeit in der Zukunft eingeleitet.

Meine sehr geehrten Damen und Herren,

ich möchte noch einmal ausdrücklich betonen, welch große Bedeutung das gesamte Telekom-Management dem intensiven Gespräch mit den Geschäftskunden im Rahmen des Anwenderforum Telekommunikation e.V. beimißt.

Es ist unser erklärtes Ziel - und wir werden dieses Ziel mit erheblich größerem Nachdruck als bislang verfolgen -, das Anwenderforum Telekommunikation e.V. zu einem wichtigen Baustein bei der Ausgestaltung des Produkt-Portfolios von Telekom zu machen.

Das AFT ist für uns die direkte Schnittstelle zu einem für Telekom äußerst bedeutsamen Anwenderkreis.

Die Informationen, die wir über diese Schnittstelle aus dem Markt erhalten, wollen und werden wir in die Entwicklung anwendungs- und kundenorientierter Dienstleistungen einfließen lassen.

Herausforderung Nummer 2: Lösungsorientierte Telekommunikations-Pakete anbieten

Diese Telekommunikations-Anforderungen, wie sie aus dem geschäftlichen Umfeld des Kunden resultieren, in lösungsorientierte Telekommunikations-Pakete umzusetzen, das ist die zweite Herausforderung, vor der Telekom steht.

Und auch dabei spielen die Kontakte unter dem Dach des AFT eine wesentliche Rolle.

Denn im AFT trifft Telekom ja nicht nur Vertreter aus den Geschäftsführungen der Kunden-Unternehmen.

Das Anwenderforum bietet auch einen Rahmen für den Informations- und Ideenaustausch zwischen Telekom-Produktmanagern und den Telekommunikations- und EDV-Experten aus den AFT-Mitgliedsfirmen.

Auf diese Weise entsteht ein Dialog auf einem hohen fachlichen Niveau. Und ich möchte es hier noch einmal wiederholen: Telekom ist bestrebt, neben einem eher strategieorientierten Dialog auch diesen fachlichen Dialog deutlich zu vertiefen.

Verehrte Zuhörerinnen und Zuhörer,

Herausforderung Nummer 3: Organisation auf den Kunden hin ausrichten

der engste Dialog mit den Kunden und die sich daraus ergebenden Erkenntnisse über deren Telekommunikationsbedarf nutzen nichts, wenn der Telekommunikations-Dienstleister anschließend nicht in der Lage ist, die gewonnenen Informationen in kundenorientierte Dienstleistungen zu transferieren.

Die dritte Herausforderung, vor der unser Unternehmen demnach steht, ist die organisatorische Ausrichtung der gesamten Telekom-Gruppe auf die optimale Bedienung und Betreuung unterschiedlicher Kundengruppen hin.

Fokussierung auf die Kunden bei Telekom weit fortgeschritten

Dieser Prozeß der Fokussierung auf den Bedarf der unterschiedlichen Kundengruppen ist bei Telekom inzwischen weit fortgeschritten.

Die vormals eher diensteorientierte Organisation der einzelnen Telekom-Vorstandsbereiche haben wir zu einer strikt kundenorientierten Unternehmensorganisation umgeformt.

Im Zentrum dieser Organisation stehen die Vorstandsbereiche Privatkunden, Geschäftskunden und Systemkunden.

Diese Vorstandsbereiche sind gewissermaßen die Kunden der Vorstandsbereiche Technik Dienste und Technik Netze.

Diese interne Kundenbeziehung zwingt die technikorientierten Bereiche unseres Unternehmens, ihre Basisprodukte an der Nachfrage der Kundenbereiche auszurichten. Und deren Nachfrage entsteht wiederum durch die Nachfrage der Kunden dieser Bereiche.

Auf diese Weise findet die Marktentwicklung und der konkrete Bedarf, wie ihn unsere Kunden anmelden, in allen Bereichen von Telekom ihren Niederschlag.

Die Umsetzung der Kundenorientierung in unserem Unternehmen reicht noch sehr viel weiter.

Innerhalb der neuen Telekom-Organisation haben wir kundenorientierte Geschäftsfelder definiert, die künftig als Profitcenter organisiert sind.

Der Grund für diese Strategie liegt auf der Hand: Wir wollen jeden einzelnen dieser Teilbereiche zwingen, bei der Festlegung und Weiterentwicklung seiner Produkte nach strengen unternehmerischen Gesichtspunkten vorzugehen.

Und es versteht sich beinahe von selbst, daß nur die Bereiche ein positives Ergebnis vorweisen werden, die mit ihren Dienstleistungen den Bedarf der Kunden in optimaler Weise abdecken.

Geschäftskundenvertrieb bündelt Produktbausteine zu kundenorientierten Telekommunikations-Lösungen

Meine sehr geehrte Damen und Herren,

für Sie als Telekom-Kunden kommt es natürlich nicht darauf an, einer Vielzahl von Telekom-Teilbereichen mit leistungsstarken Produktbausteinen gegenüberzustehen.

Sie verlangen Komplettlösungen für die betriebliche Telekommunikation.

Die Aufgabe, die Produktbausteine zu anwendungsorientierten Lösungspaketen zu schnüren, übernimmt der Geschäftskundenvertrieb der Telekom.

Es versteht sich daher von selbst, daß wir bereits erhebliche Anstrengungen unternommen haben und auch weiterhin unternehmen werden, um unseren Vertrieb zu einer schlagkräftigen Kundendienst-Organisation zu machen.

Kunden stehen an der Spitze des Telekom-Organigramms

Unser Ziel ist ehrgeizig, und dennoch bin ich fest davon überzeugt, daß wir dieses Ziel erreichen werden: Wir wollen

Telekom innerhalb der nächsten Jahre zu einem der kundenorientiertesten Dienstleister überhaupt machen.

Wir haben das Organigramm unseres Unternehmens um 180 Grad gedreht.

Früher standen die Kunden ganz unten, auf ihnen lastete, wenn Sie so wollen, das ganze Gewicht des Telekom-Apparats.

Jetzt stehen die Kunden dort, wo sie hingehören: an der Spitze der Organigramm-Pyramide.

Gründung DeTeMobil und DeTeSystem stärkt Kundenorientierung innerhalb der Telekom-Gruppe

Wie Sie sicherlich wissen, meine sehr geehrten Damen und Herren, haben wir den Bereich Mobilfunk und die Betreuung der Systemkunden mit ihren besonders hohen Anforderungen an Telekommunikationslösungen in die Tochterunternehmen DeTeMobil und DeTeSystem ausgelagert.

Natürlich haben wir damit auch auf den harten Wettbewerb in diesen Segmenten des Telekommunikationsmarktes reagiert.

Doch gleichzeitig haben wir damit auch die Weichen gestellt für eine noch stärkere Kundenorientierung innerhalb der Telekom-Gruppe.

Denn die Tochterunternehmen agieren durch die Herauslösung aus der großen Organisation in den äußerst wettbewerbsintensiven Märkten, in denen sie tätig sind, noch näher am Kunden.

DeTeMobil als Vollsortimentsanbieter

Die DeTeMobil versteht sich als Vollsortimentsanbieter im Bereich der mobilen Kommunikation.

Aus einer breiten Palette von mobilen Telekommunikationsdiensten und Endgeräten können die Experten der DeTeMobil auf eine bestimmte Anwendung hin optimierte Lösungen konzipieren und umsetzen.

Allein bei der mobilen Datenkommunikation - einem besonders wachstumsintensiven Teilbereich der Mobilkommunikation - bietet die DeTeMobil vielfältige Möglichkeiten für kundenindividuelle Problemlösungen.

Für den Kunden ist es dabei entscheidend, daß er im Beratungs- und Verkaufsgespräch nicht von vorneherein auf einen bestimmten Mobilkommunikationsdienst festgelegt wird.

Im Vordergrund steht vielmehr die Suche nach einer maßgeschneiderten Mobilfunk-Lösung, die seinen betrieblichen Anforderungen in idealer Weise gerecht wird.

Wie die Lösung technisch realisiert wird, spielt aus Sicht des Anwenders im Prinzip nur eine untergeordnete Rolle.

Ihn interessiert lediglich - und das völlig zu Recht -, ob die Dienstleistung einen optimalen Service zu den günstigsten Konditionen bietet, und ob die getätigte Investition zukunftssicher angelegt ist.

Intensive Kundenbetreuung durch DeTeSystem

Die unternehmerischen Aktivitäten unserer Tochtergesellschaft DeTeSystem sind von vornherein auf die Realisierung individueller und komplexer Telekommunikationslösungen ausgerichtet.

Das Unternehmen konzentriert sich auf die Betreuung von Unternehmenskunden mit besonders hohen Anforderungen an die nationalen und internationalen Telekommunikationslösungen.

Diese Kunden verlangen nach Möglichkeit nur einen Ansprechpartner für ihre gesamten Telekommunikations-Anforderungen. Dementsprechend intensiv ist die Betreuung der Kunden durch die DeTeSystem.

Meine sehr geehrten Damen und Herren,

ich möchte die Beschreibung der Fokussierung von Telekom auf die Belange unterschiedlicher Kundengruppen an dieser Stelle nicht weiter vertiefen.

Ich denke, es ist deutlich geworden, daß wir bereits weit im Vorfeld der in wenigen Wochen anstehenden Privatisierung unseres Unternehmens die erforderlichen Maßnahmen getroffen haben, um im dynamischen Telekommunikationsmarkt einen der vorderen Plätze zu belegen.

Telekom kann erhebliches Potential aktivieren

Dies gelingt dann, wenn wir den Anforderungen unserer Kunden in möglichst umfassender Weise genügen.

Ich bin davon überzeugt, daß Telekom das Potential dafür besitzt. Schon jetzt ist es uns gelungen, einen großen Teil dieses Potentials zu aktivieren.

Als Telekommunikationsfirma, die die Fesseln des öffentlichen Unternehmertums in Kürze abstreifen wird, werden wir im Interesse unserer Kunden - und damit letztlich natürlich auch zum Vorteil unseres Unternehmens - weitere und meiner Ansicht nach erhebliche unternehmerische Kräfte freisetzen.

Qualität der Telekommunikations-Infrastruktur in Deutschland auf internationalem Spitzenniveau

Telekom darf für sich schon jetzt in Anspruch nehmen, die Telekommunikations-Infrastruktur in der Bundesrepublik auf ein im internationalen Vergleich deutlich erkennbares Spitzenniveau gebracht zu haben.

In keinem anderen Land ist beispielsweise das digitale Telekommunikationsnetz ISDN so dicht geknüpft wie in der Bundesrepublik.

Beispiel-ISDN

Das ISDN, genauer gesagt das Euro-ISDN, ist ganz ohne Zweifel die erste Trasse eines paneuropäischen "Information Highway".

Für die vielbeschworene Multimedia-Kommunikation bietet sich mit dem ISDN schon heute eine leistungsfähige Infrastruktur.

Beispiel GSM

An der Weltspitze steht Deutschland auch beim Ausbau des digitalen Mobilfunknetzes nach dem sogenannten GSM-Standard.

Dieses technische Regelwerk, das von Telekom maßgeblich mitentwickelt wurde, ist auf dem besten Wege zum Weltstandard der digitalen Mobilfunkkommunikation.

Das D1-Netz unserer Tochterfirma DeTeMobil und das D2-Netz der Konkurrenz von Mannesmann Mobilfunk sind in der Bundesrepublik praktisch flächendeckend verfügbar.

Zum Jahresende werden immerhin fast zwei Millionen Kunden die Möglichkeiten der digitalen Mobilkommunikation in den D-Netzen nutzen.

Deutschland steht damit mit weitem Abstand weltweit an der Spitze dieses Segments des Mobilfunkmarkts.

Meine sehr geehrten Damen und Herren,

Wandel der Telekom zum kundenorientierten Dienstleister weit fortgeschritten

die Telekommunikation wird sich in den nächsten Jahren zu einer Schlüsseltechnologie für praktisch alle Wirtschaftsbereiche entwickeln.

Sie wird das betriebliche Umfeld ihrer Unternehmen und der Branchen, in denen Sie tätig sind, in signifikanter Weise verändern.

Es ist das eindeutige Ziel des Telekom Managements, den Kunden des Unternehmens Dienste und Serviceleistungen zu bieten, die der wachsenden Bedeutung der Telekommunikation für den unternehmerischen Erfolg dieser Kunden gerecht werden.

Ich will keineswegs verhehlen, daß der Weg der Telekom vom Staatsunternehmen zum flexiblen und in hohem Maße kundenorientierten Dienstleistungs-Konzern ein schwieriger Prozeß ist.

Immerhin bringen wir keinen Mittelstandsbetrieb auf Kundenkurs, sondern eine Unternehmensgruppe mit rund 230.000 Mitarbeiterinnen und Mitarbeitern.

Doch ich darf Ihnen versichern, daß wir mit Hochdruck an diesem Wandel arbeiten und daß wir einen großen Teil des Weges bereits zurückgelegt haben.

Internationalisierung von Telekom im Interesse der Kunden

Ein wichtiger Meilenstein auf diesem Weg ist die Allianz zwischen Telekom und France Telecom.

Gemeinsam mit unseren französischen Partnern sind wir derzeit damit befaßt, ein Gemeinschaftsunternehmen aufzubauen, das den Arbeitsnamen Atlas trägt.

Mit diesem Joint Venture und unserem amerikanischen Partner Sprint wollen wir einen starken "Global Player" mit europäischer Basis im Telekommunikationsmarkt schaffen.

Nicht nur die international agierenden Unternehmen, denen Atlas weltweite Telekommunikations-Dienstleistungen anbieten wird, profitieren von der Internationalisierung der Telekom, die wir seit einiger Zeit mit großen Anstrengungen vorantreiben.

Eine starke Telekom, die sich als eines der führenden Unternehmen im hart umkämpften globalen Markt der Telekommunikation behauptet, ist im Interesse des gesamten Standorts Deutschland und damit aller Kunden unseres Unternehmens.

Wir sind fest entschlossen, unsere Rolle als Innovationsmotor der bundesdeutschen und der europäischen Telekommunikationsbranche beizubehalten.

Telekom setzt auf Dialog mit den Kunden

Dazu brauchen wir nicht nur die Innovationskraft unserer Mitarbeiterinnen und Mitarbeiter und der mit uns partnerschaftlich verbundenen Unternehmen.

Dazu brauchen wir vor allem auch die Unterstützung durch unsere Kunden.

Ihre Anforderungen und ihre konstruktive Kritik ist es, die unser Unternehmen zu Höchstleistungen motiviert.

Ich wünsche mir von der Veranstaltung, daß Sie als unsere Kunden Ihre Anforderungen an die Telekommunikationslösungen für Ihr Unternehmen deutlich zum Ausdruck bringen und, sofern sie berechtigte Kritik an den Leistungen unseres Unternehmens haben, mit dieser Kritik nicht hinterm Berg halten.

Anwendungsorientierte Telekommunikationslösungen entstehen im Dialog zwischen Dienstleister und Kunden.

Ich biete Ihnen im Namen von Telekom diesen Dialog an.

Ich danke Ihnen für Ihre Aufmerksamkeit.

Es gilt das gesprochene Wort

Teleworking - Erfahrungen mit dezentralen Arbeitsplätzen bei der IBM

Prof. Dr. Wilhelm R. Glaser

Psychologisches Institut der Universität Tübingen

Teleworking - Erfahrungen mit dezentralen Arbeitsplätzen bei der IBM

Prof. Dr. Wilhelm R. Glaser, Uni Tübingen

Die Studie, über die ich Ihnen berichten möchte, beruht im wesentlichen auf Befragungen, die wir im Auftrag der IBM Deutschland Informationssysteme GmbH in der Zeit von Dezember 1992 bis Februar 1993 durchgeführt haben. Aus einer Liste von Mitarbeitern auf außerbetrieblichen Arbeitsstätten konstruierten wir eine Stichprobe von 38 Personen, 12 Frauen und 26 Männern, die seit durchschnittlich 13 Monaten einen Teil ihrer Arbeitszeit in der Privatwohnung ableisteten. Sie nahmen an einem knapp zweistündigen standardisierten Interview, das von einer promovierten Psychologin geführt wurde, teil. Außerdem wurden an 47 Vorgesetzte von Mitarbeitern auf außerbetrieblichen Arbeitsstätten Fragebögen versandt, die unter voller Anonymität an die Universität Tübingen zurückzusenden waren. Die Rücklaufquote betrug 70 % (33 Bögen).

Bei der Befragung stellte sich früh heraus, daß sich die Stichprobe nach der zu Hause abgeleisteten Arbeitszeit statistisch in zwei klar unterscheidbare Gruppen teilen ließ. Wir bezeichneten diejenigen, die *stundenweise oder stundenweise plus gelegentlich einen Tag* zu Hause arbeiteten, als ***bürozentrierte*** Mitarbeiter. Ihre Anzahl war 14 (37 %) in unserer Stichprobe, während ihr Anteil an der Population rund die Hälfte betrug. Als ***wohnungszentrierte*** Mitarbeiter bezeichneten wir diejenigen, die *regelmäßig mindestens einen ganzen Arbeitstag oder mehr pro Woche* zu Hause ableisteten. Sie waren mit 24 Personen (63 %) in unserer Stichprobe vertreten.

Sowohl die Verteilung der Geschlechter, als auch die der Tätigkeiten waren auffallend (Bild 1). Von den 12 Frauen arbeiteten 10 wohnungszentriert, von den 26 befragten Männern 14. Im Gegensatz zu den Männern befanden sich also kaum Frauen auf den bürozentrierten Stellen. Bei den wohnungszentrierten Mitarbeitern überwogen die privaten, bei den bürozentrierten die dienstlichen Gründe für die Arbeit zu Hause. Das Motiv einer

Vermeidung oder Verringerung der täglichen Fahrten zum Arbeitsplatz war hingegen bei beiden Gruppen etwa gleich deutlich vorhanden, aber nicht allzu stark ausgeprägt.

Von den wohnungszentrierten Mitarbeitern wurden als Tätigkeitsfelder vor allem *Programmieren im weitesten Sinne, Systemwartung und Programmüberwachung, Betreuung und Schulung von Softwarebenutzern* sowie *Entwicklungsaufgaben* angegeben.

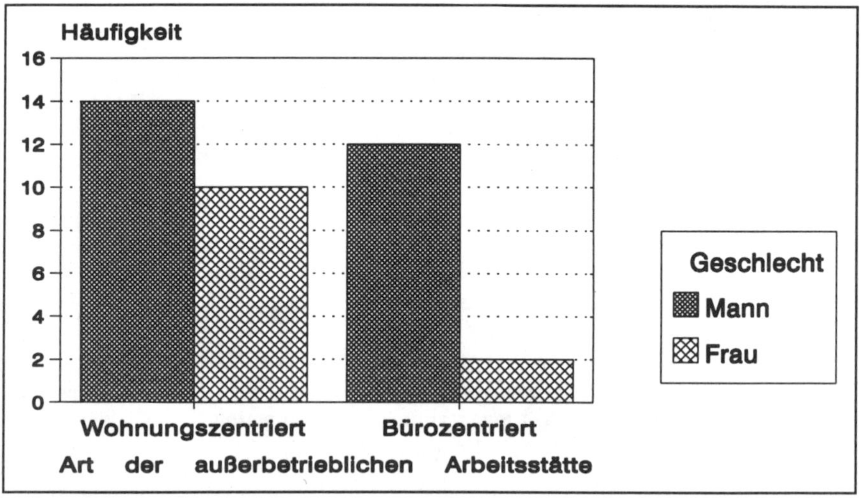

Bild 1: Die Verteilung der Geschlechter auf die beiden Arten der außerbetrieblichen Arbeitsstätten

Am seltensten wurden *Projektleitung, Projektkoordination* und *Sekretariatsarbeiten* genannt. Da letztere Tätigkeiten einen höheren Kommunikationsanteil aufweisen, bestand, vor allem bei den Vorgesetzten, Skepsis hinsichtlich ihrer Eignung für eine außerbetriebliche Arbeitsstätte. Die wenigen Mitarbeiter, die diese Tätigkeiten angaben, schienen aber darin erfolgreich zu sein. Hier sollte sorgfältig weiter geprüft werden, welche Tätigkeiten noch nach Hause verlagert werden können.

Die bürozentrierten Mitarbeiter führten vor allem konzentrierte Einzelarbeiten wie Lesen und Verfassen umfangreicher Berichte und Unterlagen, konzeptionelle Entwürfe und Lösen grundlegender oder hartnäckiger Probleme zu Hause durch. Auch Vor- und Nacharbeiten zu ihrer Bürotätigkeit wie die Erledigung elektronischer Post, Beschaffung von Routineinformationen, Aufgreifen guter Einfälle außerhalb der Arbeitszeit und Telekommunikation nach Übersee gehörten dazu.

Die meisten Befragten gaben nur geringfügige oder überhaupt keine Veränderungen ihrer Tätigkeiten seit Beginn ihrer außerbetrieblichen Arbeitsstätte an. Innerhalb ihrer Tätigkeit war es immer wieder die konzentrierte Einzelarbeit, die bevorzugt zu Hause erledigt wurde.

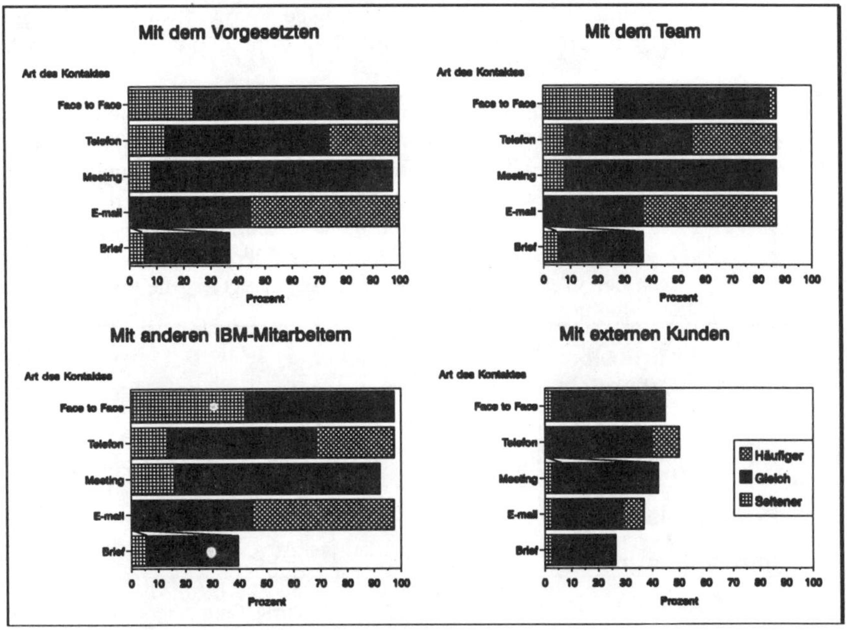

Bild 2: Die Veränderung der Kontakte bei der Arbeit zu Hause

Die Zahl der Face-to-Face-Kontakte mit dem Vorgesetzten und dem Team hat sich merklich verringert, diejenige der Meetings jedoch praktisch nicht (Bild 2). Mit IBM-Mitarbeitern außerhalb des eigenen Teams sind die Face-to-Face-Kontakte noch deutlicher und auch die Meetings merklich zurückgegangen. Dem steht eine massive Zunahme der Kontakte über Telefon und, noch viel stärker, über elektronische Post gegenüber. Diese Veränderungen wurden jedoch nur in Andeutungen als nachteilig empfunden. Man kann also von einer klaren und erfolgreichen Verlagerung der Face-to-Face- auf die Telekommunikation sprechen.

Das hängt auch damit zusammen, daß diese Mitarbeiter kaum Telefonfrustration erlebten und die elektronische Post als Kommunikationsmittel sehr schätzten und effizient zu nutzen wußten. Bemerkenswert ist auch, daß sich die Kommunikation mit externen Kunden, die nur bei etwa der Hälfte unserer Befragten vorkam, praktisch in keinem Punkt verringerte und sogar noch eine erhöhte Benutzung von Telefon und E-mail zeigte. Der Geschäftsbrief war für nahezu zwei Drittel unserer Befragten als Kommunikationsmittel bedeutungslos, und auch das restliche Drittel gab noch eine geringfügige Verminderung an. Das zeigt, daß unsere Befragten den Weg zum papierlosen Büro schon recht weit gegangen sind.

Als häufigste kommunikative Tätigkeiten gaben die Befragten *Beraten, Problemdiskussion, spontane Problemlösung* und *Ideenfindung* an (Bild 3). Die beiden erstgenannten Tätigkeiten fanden auch weit überwiegend im Betrieb statt; bemerkenswert waren jedoch bei der *spontanen Problemlösung* und der Ideenfindung beträchtliche Tendenzen zur Erledigung von zu Hause aus über Telekommunikation. Dabei zeigten die wohnungszen-

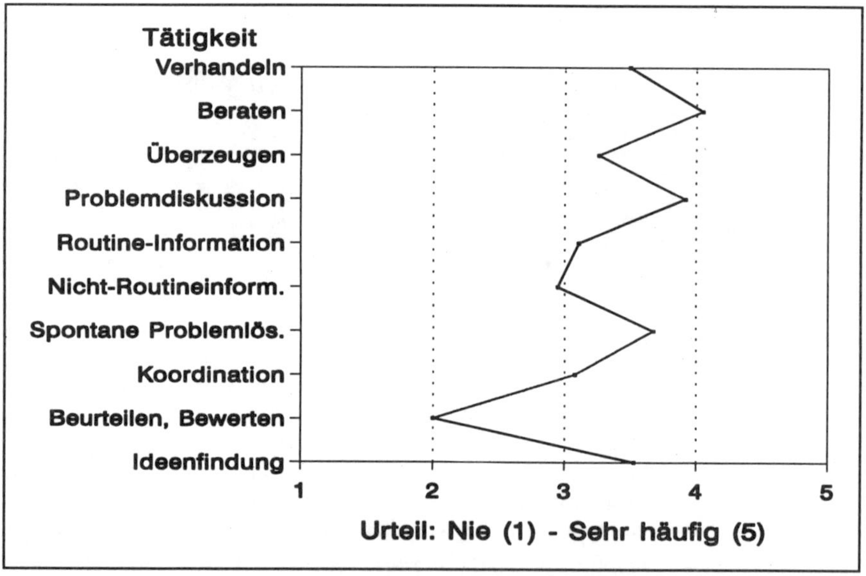

Bild 3: Die Häufigkeit einzelner kommunikativer Tätigkeiten auf außerbetrieblichen Arbeitsstätten

trierten Mitarbeiter zusammen mit den Vorgesetzten eine Vorreiterrolle im Vergleich zu ihren bürozentrierten Kollegen.

Die häuslichen Arbeitsstätten unserer Befragten enthielten alle ein Telefon und einen Computer mit Farbmonitor, Modem und Stand- oder Wählleitung. Bei knapp über 80 % handelte es sich dabei um ein PS/2-System. Etwa der gleiche Prozentsatz verfügte über Maus und Drucker sowie einen vom Privattelefon getrennten Telefonanschluß. Mit dieser technischen Ausstattung waren die Mitarbeiter im ganzen außerordentlich zufrieden. Im Interview entstand der Eindruck, daß sie dabei auch sehr kostenbewußt urteilten. Schwachstellen wurden nur vereinzelt genannt, sollten aber ernst genommen werden. An erster Stelle stand hier die Baud-Rate der Übertragung; 2400 Baud (24 % der Befragten) wurde als entschieden zu langsam empfunden. Die daraus resultierende Unzufriedenheit ließ sich in verschiedenen Fragen nachweisen. Sehr lästig waren auch verschiedene Tastaturen zu Hause und im Betrieb (8 %). Auch das sollte möglichst vermieden werden. Die Vorkehrungen zur Datensicherheit wurden noch von einem beträchtlichen Teil als Behinderungen empfunden, jedoch eher als unvermeidlich hingenommen. Eindeutige Verbesserungsmöglichkeiten wurden hier kaum gesehen. Im Gesamturteil ist die *emotionale Beurteilung der Arbeit mit der Technik zu Hause* aber - trotz des klaren Ausdruckes der genannten Schwachstellen - geradezu überwältigend positiv. Auf dem Adjektivpaar *negativ (1) - positiv (5)* wurde mit einem Mittelwert von 4.5 auf der fünfstufigen Skala schon ein Extremurteil abgegeben.

Fast alle wohnungszentrierten und mehr als zwei Drittel der bürozentrierten Mitarbeiter gaben an, daß sie zu Hause *ungestörter* und *effektiver* arbeiteten. Beim Urteil *produktiver* waren es noch zwei Drittel bzw. die Hälfte. Letzteres gilt auch für das durchschnittliche Urteil der Vorgesetzten. Auch danach arbeiteten die Mitarbeiter zu Hause *produktiver*. Rund drei Viertel aller Befragten gaben an, daß sich bei der häuslichen Berufsarbeit feste, wenn auch von den Bürozeiten abweichende Arbeitszeiten herausgebildet hätten. Auf den wohnungszentrierten Stellen waren diese stark von familiären Gegebenheiten (Schul- und Kindergartenzeiten), auf den bürozentrierten eher von einem persönlich gewählten Tagesrhythmus und von allgemeinen beruflichen Erfordernissen bestimmt. Die höhere Flexibilität wurde sehr positiv empfunden, wobei vor allem die Möglichkeit, *gute Einfälle auch außerhalb der regulären Arbeitszeit aufgreifen zu können,* im Vordergrund stand (76 %). Die Notwendigkeit einer größeren Selbstdisziplin wurde von etwa der Hälfte der Befragten *stark* oder *sehr stark* empfunden, jedoch kaum als Belastung erlebt. Mehr als zwei Drittel der Befragten empfanden die Teilnahme am Modellversuch als ein Privileg, das ihnen von der IBM gewährt wurde, und sahen sich auch im Kollegenkreis zumindest etwas darum beneidet. Das Privileg wurde jedoch weniger als

Statussymbol, sondern mehr als Anerkennung und Verbesserung der Voraussetzungen für eigene berufliche Leistungen angesehen. Soweit wir sie erfassen konnten, wirkte die Leistungsmotivation unserer Befragten hoch, aber durchaus selbst- und problembewußt und an einem angemessenen Ausgleich zwischen beruflichen und privaten Lebensinteressen orientiert.

Die anfänglichen Befürchtungen der Mitarbeiter auf außerbetrieblichen Arbeitsstätten konzentrierten sich auf eine verminderte betriebliche Kommunikation. Sie kamen zwar auf den bürozentrierten Stellen kaum vor, wurden aber auf den wohnungszentrierten Stellen immerhin von 29 % der Männer und sogar von 80 % der Frauen geäußert. Dabei ist bemerkenswert, daß die tatsächlichen Erfahrungen dann weit positiver waren als erwartet. Für die Hälfte derer, die eine Verschlechterung der betrieblichen Kommunikation befürchtet hatten, und zwar Männer wie Frauen, ist diese dann nicht eingetreten. Das bedeutet, daß immerhin noch etwa 40 % der Frauen auf wohnungszentrierten Stellen hier Probleme sahen. Auf diesen Punkt wird man also gut zu achten haben. Aus den ansonsten sehr positiven Antworten dürfte zu folgern sein, daß unsere Befragten diese Probleme jedoch meisterten. Das könnte sich unter Umständen ändern, wenn für mehr Mitarbeiter größere Teile der Wochenarbeitszeit nach Hause verlagert werden. Dabei reagieren die Frauen wohl sozial sensibler und bewußter als die Männer, so daß künftig dieser Punkt sorgfältig und geschlechtsspezifisch beachtet werden müßte.

Bei der persönlichen Verteilung der Arbeitszeit zwischen Betrieb und Wohnung berichtete die Mehrheit der Befragten eine hohe Flexibilität in der persönlichen Absprache mit dem Vorgesetzten und dem Team. Die in den Arbeitsverträgen dafür enthaltenen Regelungen, die zum Teil aus Kompromissen bei langwierigen Verhandlungen zwischen Geschäftsleitung und Betriebsrat resultierten, wurden überwiegend als unnötig starr empfunden.

Unsere ursprüngliche Vermutung, daß die Mitarbeiter ihre Arbeit zu Hause wesentlich besser planen und strukturieren müßten und dies auch eine Belastung darstellen könnte, hat sich im wesentlichen nicht bestätigt. Die Erhöhung des Planungsaufwandes wurde überwiegend als gering angesehen. Gelegentliche Erschwerungen scheint es nur beim Zugriff auf Unterlagen, die sich in den Geschäftsräumen befinden, zu geben. Dementsprechend wurden von einigen Befragten, die in größerem Umfang auf das Studium von Fachliteratur angewiesen waren, etwas größere Probleme genannt.

Eine Frage von beträchtlicher wirtschaftlicher Bedeutung bei Mitarbeitern auf außerbetrieblichen Arbeitsstätten galt dem Schreibtisch im Betrieb. Von den Befragten auf wohnungszentrierten Stellen hatten 6 ihren Schreibtisch im Büro bereits aufgegeben; von allen anderen äußerten 30 % dazu die grundsätzliche Bereitschaft, während 70 % mehr oder weniger deutliche Bedenken signalisierten. Die Fragen nach den Sachgründen erbrachten nur wenig informative Antworten; im Vordergrund standen deutlich geäußerte Gefühle des Unbehagens. Dafür lassen sich psychologische Gründe wie Territorialität und Encodierungsspezifität angeben, die den Befragten jedoch nicht bewußt waren. Ihnen war es auf jeden Fall wichtig, ihre Arbeitszeit im Betrieb in der menschlich vertrauten Umgebung ihres Teams abzuleisten.

Hinsichtlich möglicher psychosozialer Probleme ergab sich ein facettenreiches Bild. Auffallend war, daß die meisten Befragten hier ein gut entwickeltes Problembewußtsein zeigten und viele denkbare Schwierigkeiten durch eine bewußte und flexible Gestaltung der häuslichen Berufsarbeit entweder vermeiden oder doch meistern konnten.

Die Arbeitsbelastung wurde von 58 % der Befragten als *gerade richtig,* von 40 % als *zu hoch* beurteilt. Eine zeitweise, definitive Überbelastung wurde von 13 Befragten, darunter 11 wohnungszentrierten, berichtet. Hinweise auf eine besondere Tendenz zur dauerhaften Selbstüberlastung bei der häuslichen Berufsarbeit wurden jedoch nur in einem so geringen Ausmaß gefunden, daß hier keine ernsthaften Probleme zu befürchten sind.

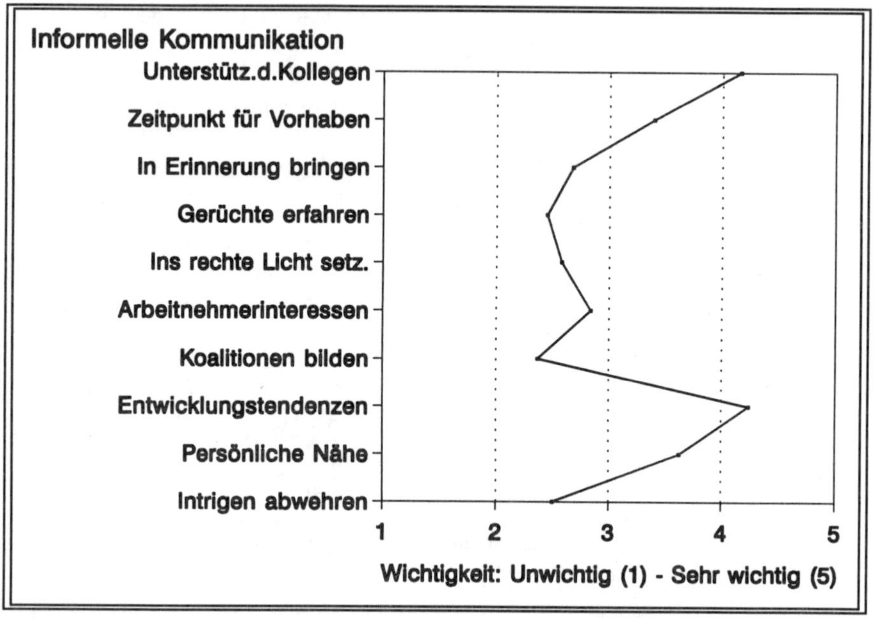

Bild 4: Die Wichtigkeit einzelner Inhalte der informellen Kommunikation auf außerbetrieblichen Arbeitsstätten

Unsere Vermutung, daß sich der introvertierte, also eher zurückhaltende, ruhige und ernste Mitarbeiter besser für die Berufsarbeit zu Hause eignen würde als der extravertierte, also gesellige, impulsive und unternehmungslustige, hat sich nicht bestätigt. Im Gegenteil dürfte der Introvertierte eher darauf angewiesen sein, daß die Berufsarbeit eine institutionelle Hilfe für ausreichende soziale Kontakte bietet, während sich der Extravertierte auch bei häuslicher Berufsarbeit leichter die gewünschten Kontakte verschafft. Soziale Vereinsamung ist ein Problem, an das man also bei einer Ausweitung der außerbetrieblichen Arbeitsstätten eher bei den introvertierten Mitarbeitern denken muß. Bei unseren Befragten gab es jedoch im Moment noch keine Hinweise auf bestehende ernsthafte Probleme in dieser Hinsicht.

Bei der informellen Kommunikation versuchten wir, wichtige und weniger wichtige Inhalte zu ermitteln (Bild 4). Als *wichtig* bis *sehr wichtig* wurden dabei *einen Kollegen um Unterstützung bitten* und *die neuesten Entwicklungstendenzen in Erfahrung bringen* genannt. Eine gewisse Bedeutung zeigten auch noch *den günstigsten Zeitpunkt für seine eigenen Vorhaben in Erfahrung bringen* und *persönliche Nähe zu Kollegen bzw. Vorgesetz-*

ten herstellen, während alle anderen, nur persönlichen, aber der Arbeit ferner liegenden Inhalte wie Büroklatsch und Mikropolitik, also etwa *die neuesten Gerüchte erfahren* oder *Intrigen abwehren,* recht unwichtig erschienen. Bei der Frage, für welche Vorgänge innerhalb der Organisation informelle Kommunikation besonders wichtig wäre, wurden vor allem Aspekte der Teamarbeit genannt.

Bild 5: Die positiven Auswirkungen einer außerbetrieblichen Arbeitsstätte auf das Privatleben

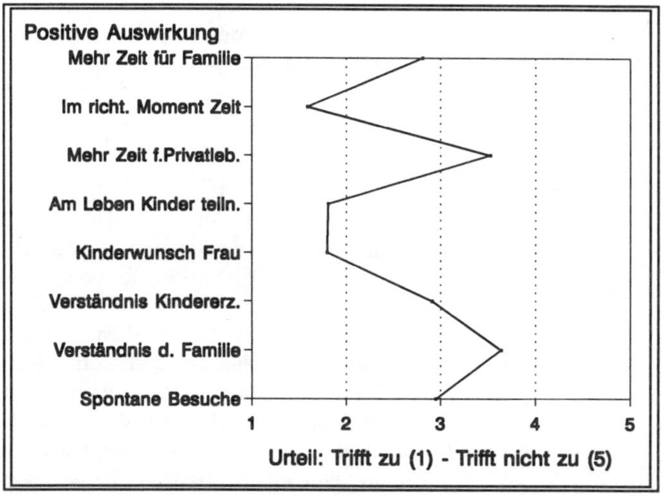

Die Auswirkungen der außerbetrieblichen Arbeitsstätte auf das Privatleben wurden weitaus stärker positiv als negativ gesehen (Bilder 5 und 6). Positiv wurde am intensivsten empfunden, *zwar nicht mehr, aber im richtigen Moment Zeit für die Familie oder Partnerschaft zu haben, sich als berufstätige Frau den Wunsch nach Kindern eher erfüllen* und *besser am Leben seiner Kinder teilnehmen zu können.*

Die häufigst genannten kritischen Punkte waren, *die Kinder dazu erziehen zu müssen, einem bei der Arbeit nicht immer ansprechen zu können,* und *in den Streit der Kinder hineingezogen zu werden.* Auch daß man *Erfolge nicht gleich mit Kollegen teilen* könnte, wurde nicht selten genannt. Diese negativen Erfahrungen wurden jedoch nicht sehr intensiv erlebt; sie müssen auch im Zusammenhang damit gesehen werden, daß es auf der anderen Seite zu den positivsten Erfahrungen gehörte, *besser am Leben seiner Kinder teilnehmen zu können.* Die oft beschworene

Gefahr einer vermehrten Doppelbelastung durch Familie und Beruf bei der Arbeit zu Hause im Vergleich zu der im Betrieb oder eines Hineintragens des Berufsstress in die Familie wurde von den Frauen verneint.

Die schriftliche Vorgesetztenbefragung ergab im wesentlichen die folgenden Resultate.

Die Einstellung der befragten Vorgesetzten zur außerbetrieblichen Arbeitsstätte war insgesamt positiv bis sehr positiv (76 %). Seit Beginn des Modellversuchs ist diese Einstellung im wesentlichen unverändert positiv geblieben oder hat sich noch gebessert. Dabei ist allerdings zu berücksichtigen, daß es sich ausschließlich um Vorgesetzte von Mitarbeitern auf solchen Arbeitsstätten handelte. Ein Vergleich mit anderen Gruppen war im Rahmen dieser Studie nicht möglich.

Bei der Auswahl der Mitarbeiter für eine außerbetriebliche Arbeitsstätte waren vor allem die Art der Tätigkeit und die Motiviertheit des Mitarbeiters für die Vorgesetzten ausschlaggebend. Darüber hinaus waren die Vertrauenswürdigkeit des Mitarbeiters, die betrieblichen Notwendigkeiten und das Ziel einer besseren Vereinbarkeit von Familie und Beruf wichtige Gesichtspunkte. Diese Auswahlkriterien dürften erheblich zu dem insgesamt sehr positiven bisherigen Resultat des Modellversuchs beigetragen haben. Die Frage einer möglicherweise formalisierten Auswahl der Mitarbeiter für die Berufsarbeit zu Hause konnten wir nicht explizit behandeln.

Die wesentlichen Vorteile der häuslichen Berufsarbeit sahen die Vorgesetzten darin, daß die Mitarbeiter gute Einfälle auch außerhalb der regulären Arbeitszeit aufgreifen sowie ungestörter und produktiver arbeiten könnten. Auf der Aufwandseite müßten sie nach Meinung der Vorgesetzten mehr Selbstdisziplin üben und ihre Arbeit besser planen, auf der Ertragsseite hätten sie mehr Zeit für die Familie. Verringerte Aufstiegs- und Beförderungschancen sahen die Vorgesetzten definitiv nicht.

Beim Führungsstil stimmte das Selbstbild der Vorgesetzten erstaunlich gut mit dem Wunschbild der Mitarbeiter überein. Dabei attestierten sich die Vorgesetzten ein stärkeres Eingehen auf die Besonderheiten des einzelnen Mitarbeiters, ein stärkeres Betonen der Dynamik, also von Veränderung und Konkurrenz anstatt Bewahrung und Kooperation, sowie ein stärkeres Motivieren der Mitarbeiter durch Freude an der Sache anstelle äußerer Anreize.

Als besonders geeignet für eine außerbetriebliche Arbeitsstätte

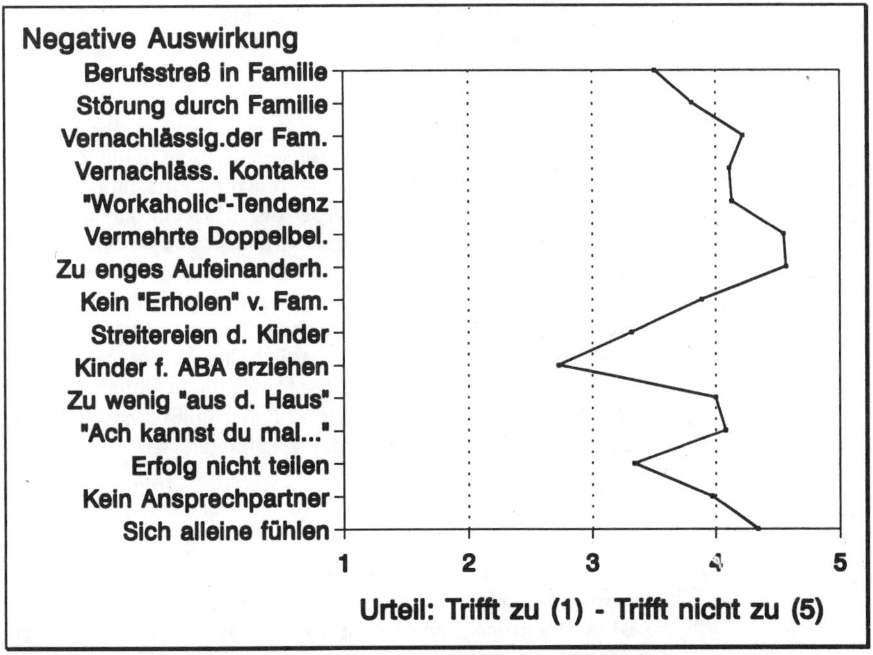

Bild 6: Die negativen Auswirkungen einer außerbetrieblichen Arbeitsstätte auf das Privatleben

wurden von den Vorgesetzten im wesentlichen die Tätigkeiten genannt, die bis jetzt auch am häufigsten dabei ausgeführt wurden. Hinsichtlich anderer Tätigkeiten, vor allem mit größeren manageriellen Komponenten, bestand überwiegend etwas wie "aufgeschlossene Skepsis".

Die Mehrbelastung der Führungskräfte durch außerbetriebliche Arbeitsstätten ihrer Mitarbeiter wurde beim jetzigen Umfang als gering empfunden. Den größten Aufwand hatte die Einrichtung dieser Stellen selbst gekostet. Viele sahen auch für die Organisation einen Gewinn an Flexibilität. Auf der anderen Seite befürchteten knapp die Hälfte der Vorgesetzten Grenzen der Praktikabilität für den Fall, daß sehr viel mehr Mitarbeiter als heute auf einer außerbetrieblichen Arbeitsstäte arbeiten würden. Ein reichliches Drittel der befragten Vorgesetzten könnte sich gut oder sehr gut vorstellen, auch die eigene Arbeit vermehrt zu Hause abzuleisten.

Ich fasse zusammen. Wir können den jetzigen Modellversuch der IBM Deutschland Informationssysteme GmbH in psychologischer Hinsicht als erfolgreich bezeichnen. Offenbar haben dazu fünf Bedingungen beigetragen. Die beteiligten Mitarbeiter sind leistungsmotiviert, selbstbewußt und selbständig im Denken und Handeln. Die Tätigkeit enthält beträchtliche problemlösende Komponenten und nicht zu knappe Phasen konzentrierter Einzelarbeit. Die Informations- und Kommunikationstechnik erlaubt ein effizientes Arbeiten am häuslichen Computer mit dem Netz der Firma und eine erfolgreiche Telekommunikation. Das geschilderte technische Niveau dieser Installationen darf wohl nicht unterschritten werden. Die teamzentrierte Arbeitsweise dürfte die entscheidenden Voraussetzungen dafür schaffen, daß die üblichen psychosozialen Probleme häuslicher Berufsarbeit nur in Ansätzen entstehen und, unter anderem mittels Telekommunikation, von den einzelnen Mitarbeitern beherrscht werden können. Schließlich bedeutet das Management durch Zielvorgaben einen outputorientierten, kollegialen Führungsstil, bei dem sich die ständige Kontrolle der Mitarbeiter, wie sie im Büro möglich ist, erübrigt.

Wir sind davon überzeugt, daß sich die außerbetrieblichen Arbeitsstätten bei sorgfältiger Gestaltung aller genannten Bedingungen beträchtlich ausweiten lassen. Das dürfte zu erhöhter Lebensqualität für die Mitarbeiter, zu ökologischen Verbesserungen und zu ökonomischen Einsparungen führen. Eine Voraussetzung dafür werden leistungsfähige und preisgünstige Fernmeldedienste sein. Die Investitionen dafür sollten in das richtige Verhältnis zu denen für Schienen und Straßen gebracht werden.

Podiumsdiskussion I:

Telekommunikationsstrategien

und die Auswirkungen auf die Arbeitsplätze der Zukunft

Moderation

Prof. Dr. Dr. h.c. Norbert Szyperski
Univeristät Köln, Honorarprofessor

Teilnehmer

Dr. Hagen Hultzsch
Deutsche Bundespost Telekom,
Mitglied des Vorstandes Technik Dienste

Lorenz Schwegler
Rechtsanwaltskanzlei, Rechtsanwalt

Friedrich K. Rauch
Colonia Konzern AG, Mitglied des Vorstandes

Prof. Dr. Wilhelm R. Glaser
Universität Tübingen, apl. Professor

Podiumsdiskussion II:

Mobile Telekommunikation: Sprache - Daten - Wettbewerb

Moderation

Ralf Schreckling
UPS - United Parcel Service, Mitglied der Geschäftsführung

Teilnehmer

Klaus Hummel
DeTeMobil GmbH, Geschäftsführer Technik

Harald Stöber
Mannesmann Mobilfunk GmbH, Geschäftsführer

Leif Glanert
RWE-DEA AG, Leiter Systemtechnik

Georg Langheld
Motorola Electronic GmbH, Sprecher der Geschäftsführung

Podiumsdiskussion III:

Perspektiven der Telekommunikation

Moderation

Hermann Josef Hoss
Gerling Konzern Gesellschaft für Informationsmanagement und Organisation mbH, Geschäftsführer

Teilnehmer

Carl-Friedrich Meißner
Deutsche Bundespost Telekom,
Vorstandsmitglied Systemkunden

Gerd Eickers
VTM - Verband der Telekommunikationsnetz- und Mehrwertdiensteanbieter, Vorsitzender

Leif Glanert
RWE-DEA AG, Leiter Systemtechnik

Dr. Berthold Gellner
BDI - Bundesverband der Deutschen Industrie e.V.,
Leiter der Abteilung Verkehrs- und Telekommunikationspolitik

Lutz Meyer-Scheel
INFO AG, Vorstandsvorsitzender

Session A

Corporate Networks / Virtual Private Networks

Leitung:

Horst Schäfers

WestLB

Session A

Corporate Networks / Virtual Private Networks

Wirtschaftliche, organisatorische und technische Perspektiven

Dr.-Ing. Hans-Peter Boell

Unternehmensberater

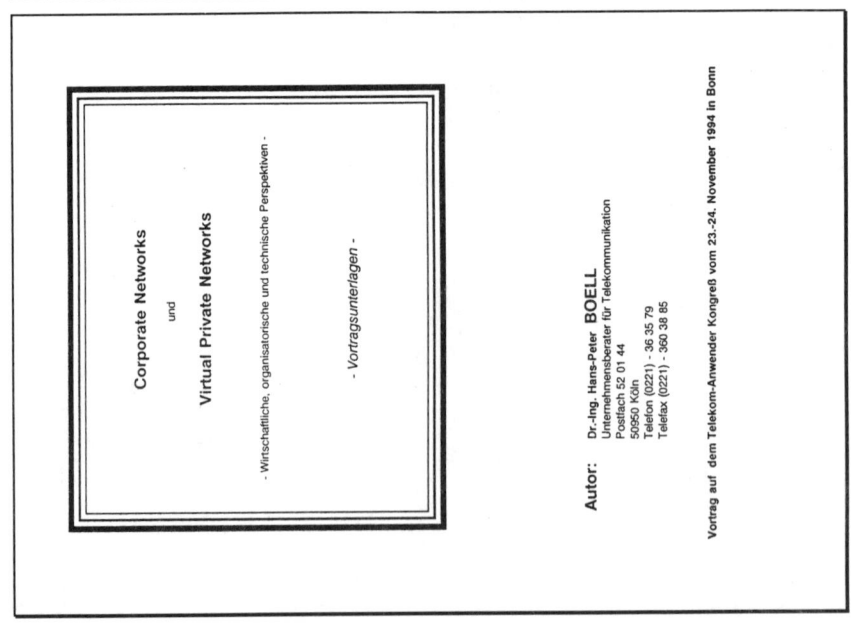

Corporate Networks

und

Virtual Private Networks

- Wirtschaftliche, organisatorische und technische Perspektiven -

- Vortragsunterlagen -

Autor: **Dr.-Ing. Hans-Peter BOELL**
Unternehmensberater für Telekommunikation
Postfach 52 01 44
50950 Köln
Telefon (0221) - 36 35 79
Telefax (0221) - 360 38 85

Vortrag auf dem Telekom-Anwender Kongreß vom 23.-24. November 1994 in Bonn

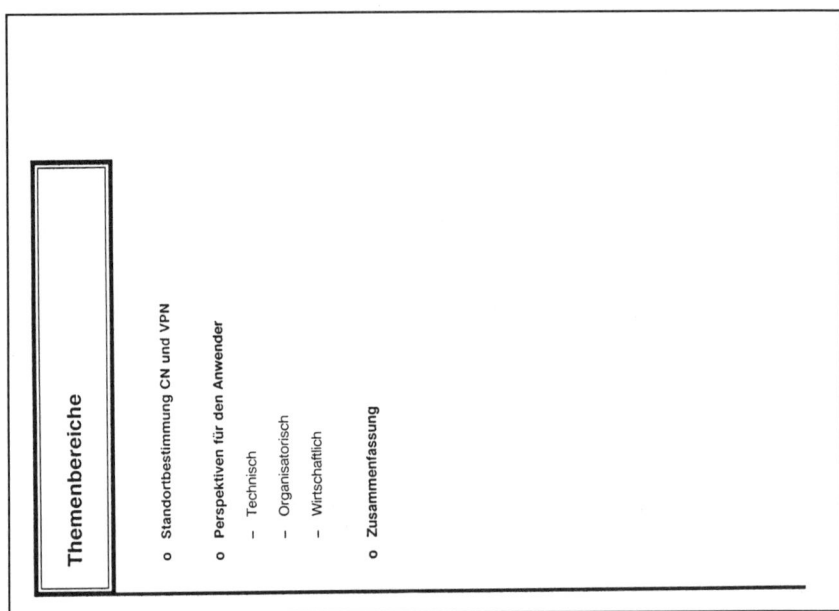

Themenbereiche

- **Standortbestimmung CN und VPN**
- **Perspektiven für den Anwender**
  - Technisch
  - Organisatorisch
  - Wirtschaftlich
- **Zusammenfassung**

Standortbestimmung CN und VPN

- **Begriffsbestimmung CN**

↓

Definition

Ein *Corporate Network* **ist ein unternehmens- / organisationsweites Kommunikationsnetz zur** (integrierten) **Abwicklung von** *sprachlichen und nicht-sprachlichen* **Kommunikationsvorgängen mit vollständiger Kontrolle der Vorgangsabwicklung beim betreibenden Unternehmen.**

↓

Besonders wichtig

- **Vollständige** (End-zu-End) **Kontrolle beim Unternehmen bzw. bei der Organisation.**
- **Einbindung von Fremdleistungen in ein Corporate Network ist möglich.**
- **Keine Entfernungsrestriktionen.**

Standortbestimmung CN und VPN

- **Begriffsbestimmung CN**
  - Genehmigungsrechtliche Sicht

↓

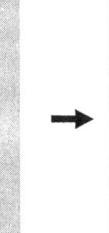

Das BMPT Genehmigungskonzept gemäß Vfg 1/1993 im Amtsblatt 1/93 vom 6.1.93 bezieht sich auf den Betrieb von *Fernmeldeanlagen* **und betrachtet vorwiegend den Bereich der** *Realzeit-Sprachvermittlung* (= Telefonie) **unter Einbeziehung privater Übertragungsmöglichkeiten.**

↓

Konsequenz

Eine Gesamtfernmeldeanlage ist ein genehmigungsrechtliches CN.

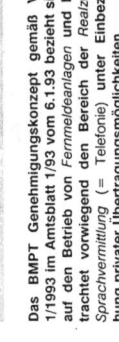

Standortbestimmung CN und VPN

- Begriffsbestimmung CN
  - Genehmigungsrechtliche Sicht
    - + Einzelgenehmigung für Sprachvermittlung
      - ⇒ *Amtsblatt 1/93, Verfügung 8/93 !*

↓

Randbedingungen

- **Gesellschaftliche oder schuldrechtliche Dauerbeziehung.**
- **Geschlossene Benutzergruppe ohne überwiegende Sprachvermittlung für andere.**
- **Keine Öffentlichkeit.**
- **Keine kommerzielle Nutzung.**
- **Kommunikation wesentlicher Bestandteile der Dauerbeziehung.**

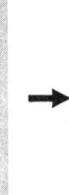

↓

Konsequenz

Ein Corporate Network ist primär für eine *geschlossene Benutzergruppe* **gedacht !**

⇒ *Trotzdem: Einhaltung des Netz- und Telefonmonopols bis ?!*

Perspektiven für den Anwender

- Corporate Network (CN)
  - Organisatorische und technische Sicht

↓

Anwendersicht

Ein Corporate Network umfaßt alle Informationsströme und ist mehr durch

- **Ownership,**
- **Kontrolle der Kommunikationsabläufe,**
- **Dienstleistungsangebot mit/ohne gewerbliche Nutzung**

gekennzeichnet.

↓

Beispiele

- **Händer-/Vertriebsnetze bei selbständigen Partner.**
- **Firmenverbund und gemeinsame Kommunikation.**

⇒ *Jegliche genehmigungsrechtliche Einschränkung ist aus Anwendersicht hinderlich, sofern ein CN-Konzept technisch ohne Einschränkung realisierbar wäre !*

Standortbestimmung CN und VPN

- Begriffsbestimmung VPN

Definition

Ein *Virtual Private Network* **kann als technischer Bestandteil eines CN angesehen werden, um über** (intelligente) **Carrier-Vermittlungsdienste CNs zu realisieren.**

Besonders wichtig

- **Ausnutzung benutzungsorientierter Carrier-Tarife.**
  - ⇒ *Wählverbindung !*
- **Bypassing von value-added Carrier-Dienstleistungen.**
  - ⇒ *Nutzung Grunddienstleistung eines Carriers !*
- **Technisch durch entsprechende Parametierung individuell anpaßbare Carrier-Dienstleistung für den Aufbau eines CN.**
  - ⇒ *Primär auf Basis von ISDN !*

Perspektiven für den Anwender

- **Organisatorische und technische Sicht**
  - **Kommunikations-Plattform**
    - ⇒ *Allgemeines CN-Konzept*

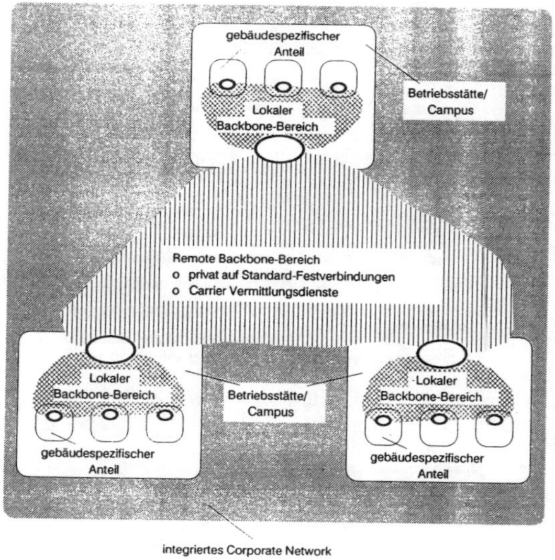

Perspektiven für den Anwender

- Organisatorische und technische Sicht
  - TK-Anlage
    - ⇒ *Schmalbandiger Anteil einer Kommunikations-Plattform mit festem Takt- und Zeitbezug sowie Integrationsmöglichkeit im Transitnetz !*

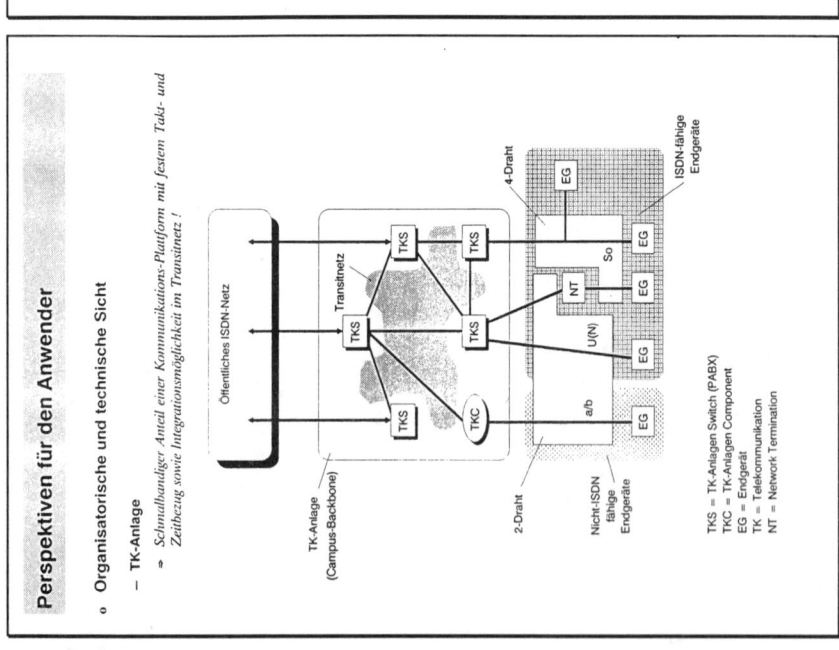

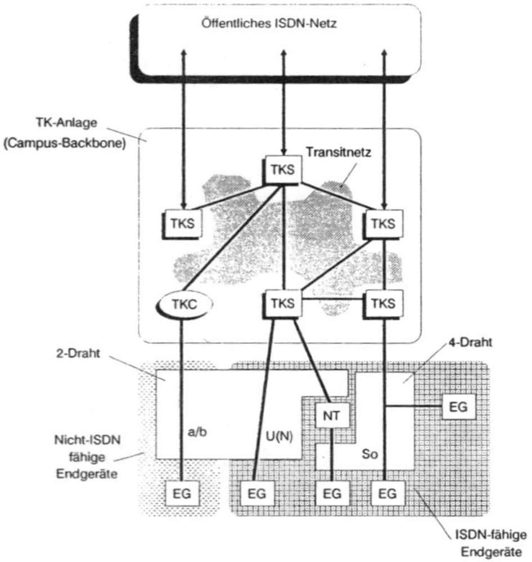

TKS = TK-Anlagen Switch (PABX)
TKC = TK-Anlagen Component
EG = Endgerät
TK = Telekommunikation
NT = Network Termination

Perspektiven für den Anwender

- Organisatorische und technische Sicht
  - LAN-Plattform
    - ⇒ *Breitbandiger Anteil einer Kommunikations-Plattform für die Verbindung von Non-Voice Endgeräten mit Integrationsmöglichkeiten im zonenübergreifenden System !*

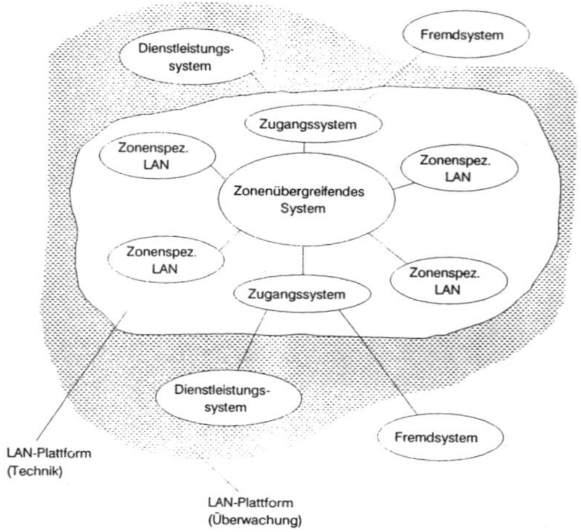

Perspektiven für den Anwender

- Organisatorische und technische Sicht
  - Einheitliche Kommunikations-Plattform
    - ⇒ *Technisches CN !*

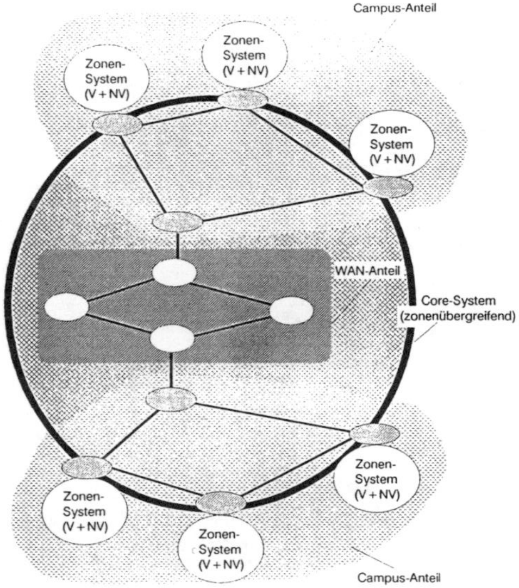

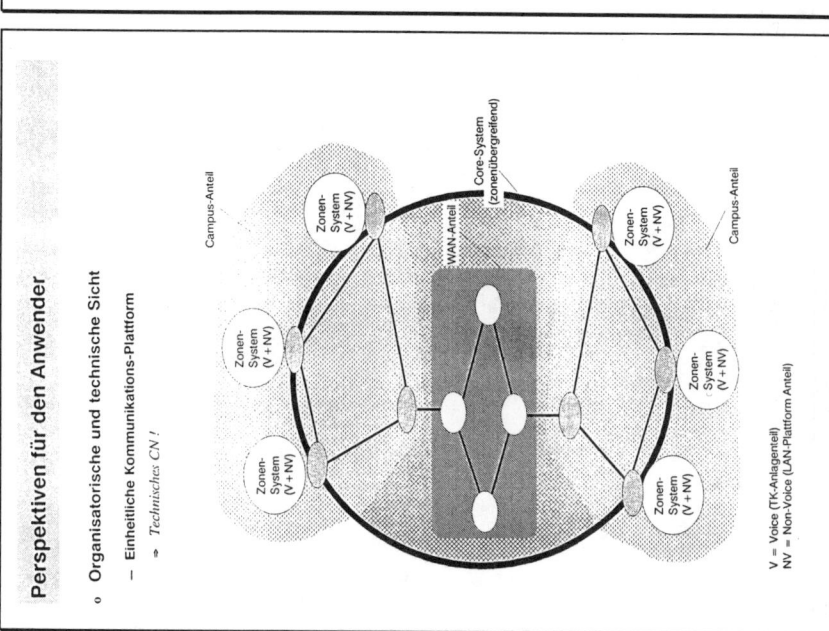

V = Voice (TK-Anlagenteil)
NV = Non-Voice (LAN-Plattform Anteil)

Perspektiven für den Anwender

- Organisatorische und technische Sicht

⬇

Entscheidungsprobleme

- **Wer betreibt das CN?**
  - ⇒ *Netzwerkmanagement enthält detailliert alle Informationen über unternehmens-/organisationsinterne Kommunikationsbeziehungen !*
- **Welche Dienstleistungen von Dritten werden zum CN-Aufbau eingesetzt?**
  - ⇒ *Tangiert nur grundstücksüberschreitenden Backbone-Anteil des CN !*

⬇

Empfehlung

Kein Outsourcing des CN-Netzwerkmanagements wegen zunehmender Abhängigkeit vom Betreiber!

Perspektiven für den Anwender

- Organisatorische und technische Sicht
  - CN-Backbone

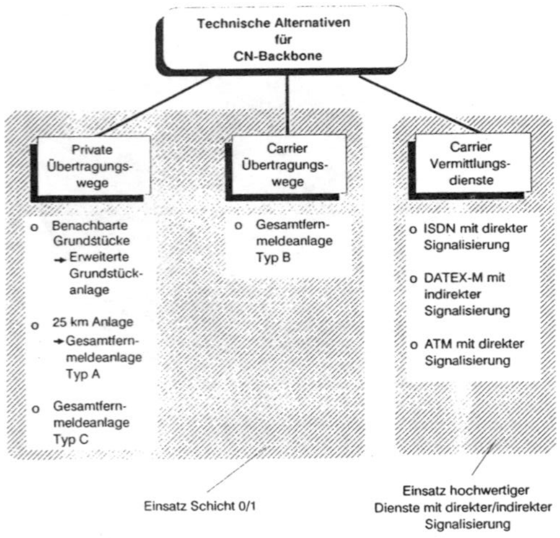

Perspektiven für den Anwender

- Organisatorische und technische Sicht
  - CN-Backbone

↓

Wahl der technischen Alternative hängt ab von:

- **dem gewünschten Integrationsgrad sprachlicher und nicht-sprachlicher Informationsströme zwischen Grundstücksanlagen.**
  - ⇒ *Steigende Bandbreite mit höherem Integrationsgrad !*
- **der technischen Verfügbarkeit geeigneter Dritt-Dienstleistungsangebote.**
  - ⇒ *Einführungstempo neuer Technologien wie ATM !*
- **den Kosten für Dritt-Dienstleistungen.**
  - ⇒ *CN-Backbone muß möglichst kostengünstig sein !*

Perspektiven für den Anwender

- Organisatorische und technische Sicht
  - CN-Backbone
    - \+ Einsatz von VPN

↓

Carrier-VPN oder Bypassing?

⇒ *Schmalbandige Lösung über ISDN !*

↓

Problem

Wer interpretiert die CN-spezifische Signalisierung?

⇒ *Carrier transparente vs. nicht-transparente Signalisierung !*

Perspektiven für den Anwender

- Organisatorische und technische Sicht
  - CN-Backbone
    - \+ Einsatz von VPN

o Bypassing

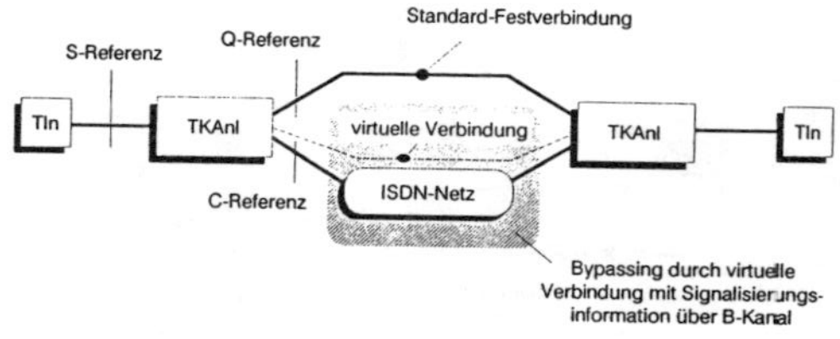

o Carrier-VPN

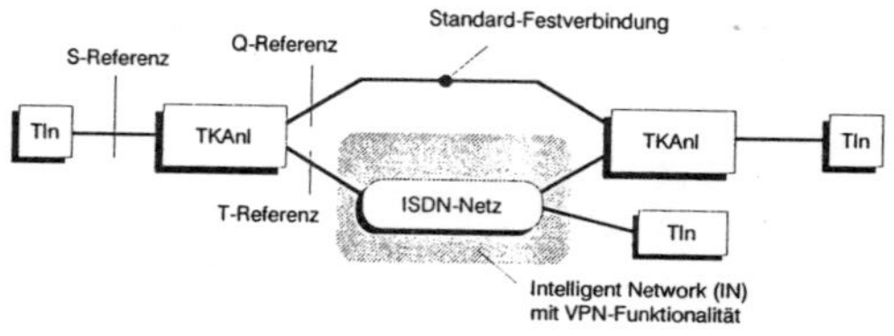

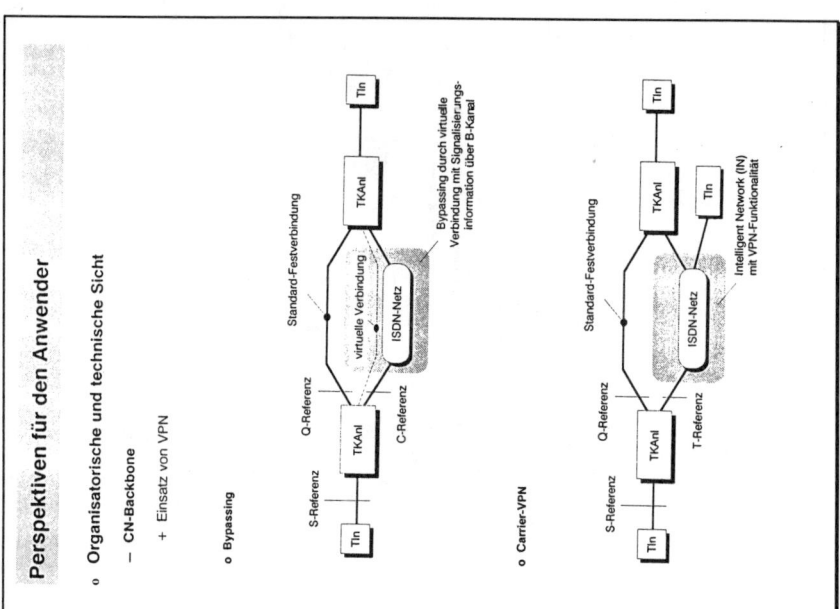

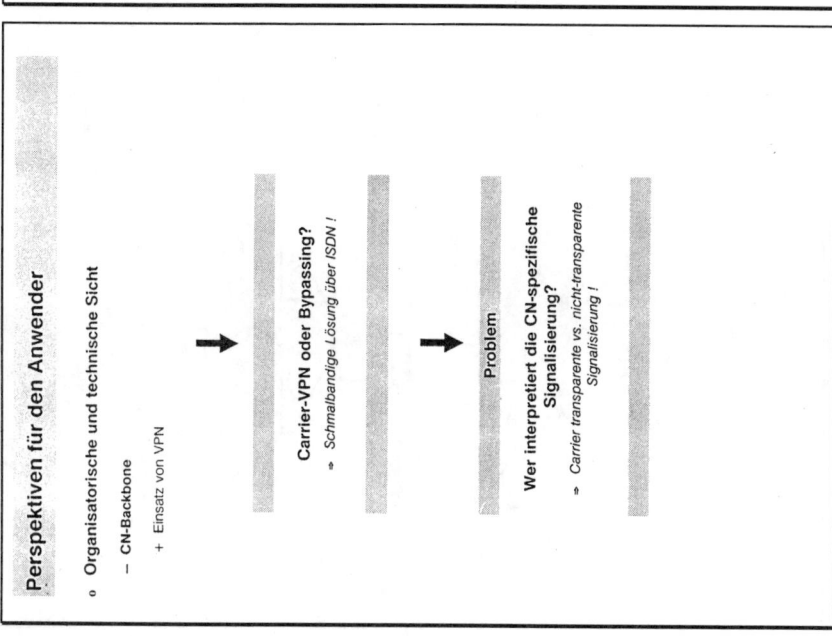

Perspektiven für den Anwender

- Organisatorische und technische Sicht
  - **CN-Backbone**
    - \+ Einsatz von VPN
      - * Basis der Telekom für VPN

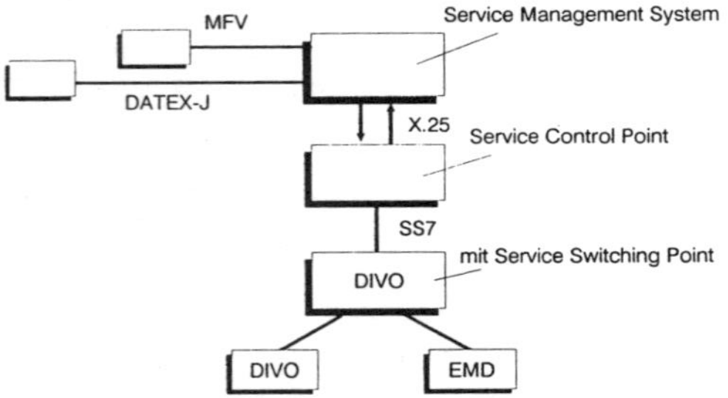

SS7 = Signalisierungssystem Nr. 7
MFV = Mehrfrequenzwahl

Perspektiven für den Anwender

- Organisatorische und technische Sicht
  - **CN-Backbone**
    - \+ Einsatz neuer Technologien

⬇

Zielsetzung

- **Höherer Integrationsgrad als bei Schmalband-VPN und Bypassing.**
- **Breitbandige Non-Voice Kopplungen.**
- **Migrationsmöglichkeit zu breitbandigen Multimedia-Anwendungen.**

⬇

Entscheidungsproblem

Privates High-Speed Netz vs. Carrier Dienstleistung?

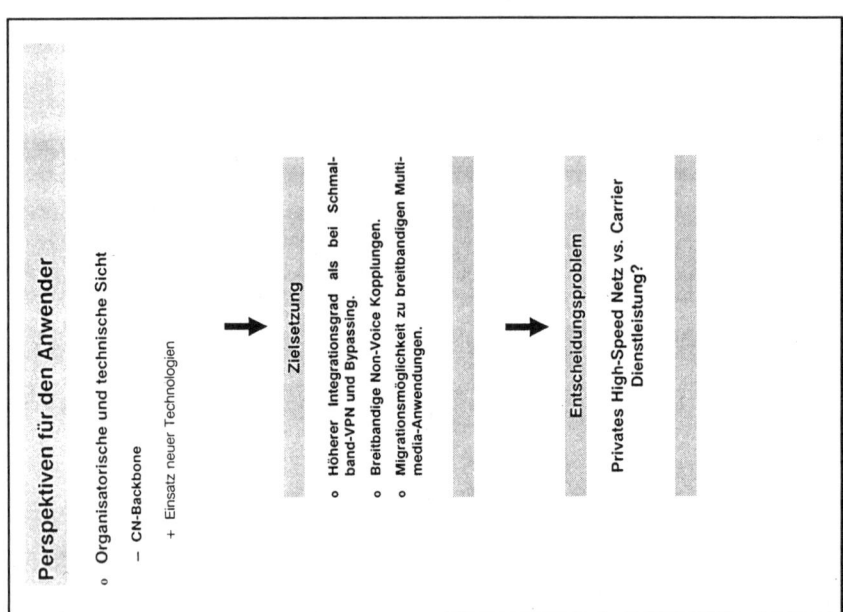

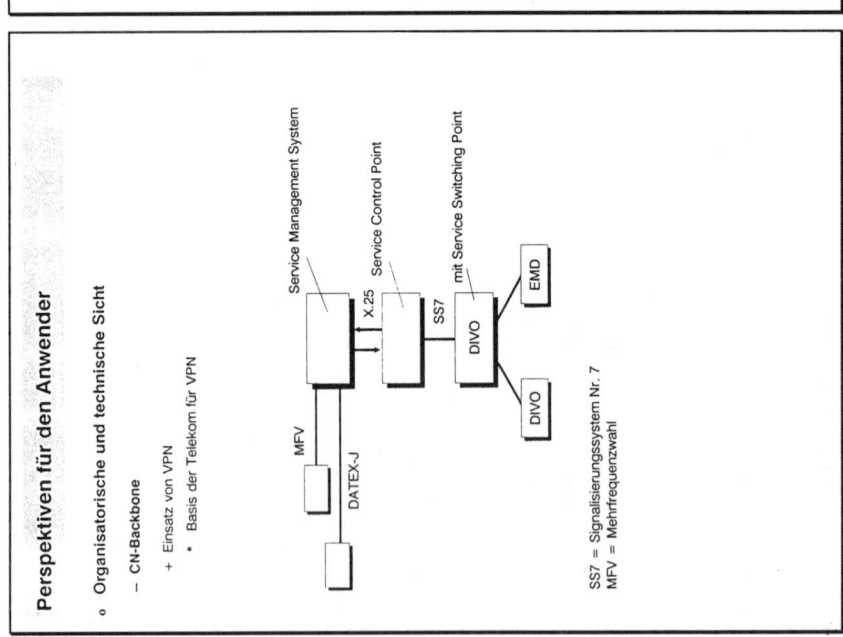

Perspektiven für den Anwender

- Organisatorische und technische Sicht
  - CN-Backbone
    + Privates High-Speed Netz

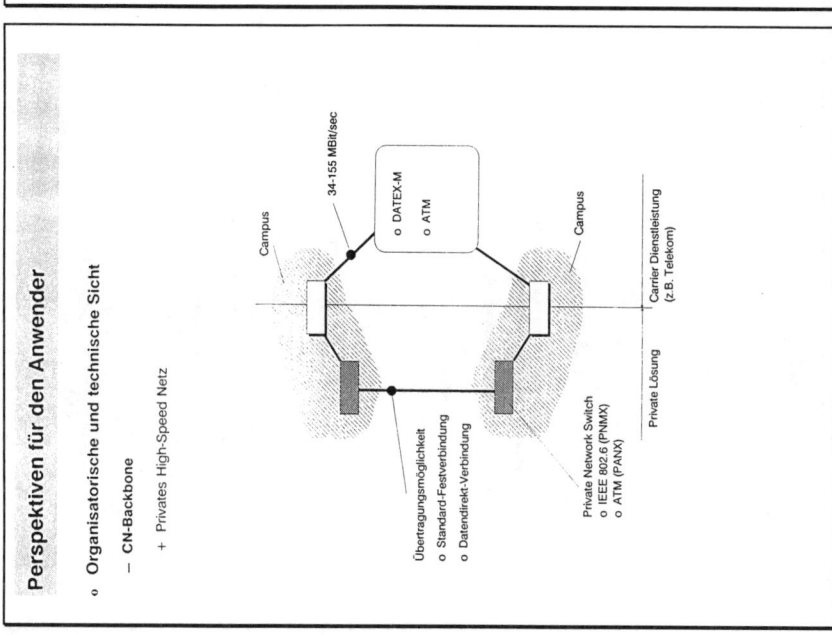

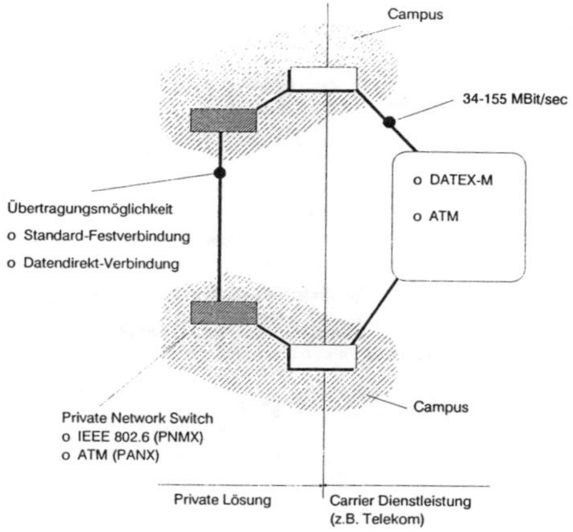

Perspektiven für den Anwender

– Wirtschaftliche Sicht

Faktum

- **Ein CN bietet für größere Unternehmen/Organisationen durch den realisierbaren Integrationsgrad auch heute schon Vorteile.**
- **Zukünftige zusätzliche Kostenvorteile werden durch das Wegfallen des *Netzmonopols* realisierbar sein.**

  ⇒ *Kostengünstigere Übertragungswege für private Lösungen sind zu erwarten !*

Problem

Netzmonopol als Bremse bei der Realisierung von CNs?

⇒ *Für CNs mit High-Speed Anforderungen auf jeden Fall !*

Perspektiven für den Anwender

- Wirtschaftliche Sicht
  - Einsatz von VPN

↓

Faktum

Schmalbandige VPN-Lösungen im Rahmen eines CN sind besonders kostengünstig:

- **im Bereich** *geringen* **Verkehrsaufkommens.**
- **als** *Überlaufkonzept* **mit mittlerem bis hohem Verkehrsaufkommen.**
  - ⇒ *Abdecken von Lastspitzen !*

↓

Problem

- **Tarifstrukturen im Telefonbereich ändern sich ab 1.1.96 und werden komplexer.**
- **Bei Fall des Telefondienstmonopols ca. 1/98 werden noch komplexere Tarifsituationen auftreten.**

⇒ *Gebührenberechnungsprogramme unerläßlich !*

Perspektiven für den Anwender

- Wirtschaftliche Sicht
  - Einsatz von breitbandigen Dienstleistungen

↓

Problem

Für Übertragungskapazitäten >> 2 MBit/sec sind (derzeit) *alle* **Tarifstrukturen** *restriktiv* **teuer.**

- **Für DATEX-M gibt es keine AGB-Tarife!**
- **Standard-Festverbindungen im höheren Kilometerbereich zu kostenintensiv.**
- **ATM mit 155 MBit/sec außerhalb jeder realistischen Vorstellung.**
  - ⇒ *DM 64.000,--/Monat pro Anschlußpunkt !*

Perspektiven für den Anwender

- Wirtschaftliche Sicht

⬇

Konsequenz

Derzeit können nur folgende Realisierungswege für breitbandige CN-Lösungen beschritten werden:

- **Einsatz privater Übertragungswege.**
  - ⇒ *Entfernungslimitierung und Netzmonopol !*
- **Bewußtes Akzeptieren von Funktions- und Leistungseinbußen.**
  - ⇒ *Übergangslösung mit konsequentem Migrations-Konzept !*

Zusammenfassung

- Virtual Private Network (VPN) Lösung
  - Nutzen von VPN-Lösungen als Backbone-Anteil eines CN

⬇

- **Privates Netz auch für Problemstellungen mit räumlich verstreut liegenden Organisationseinheiten.**
  - ⇒ *Bisher nur über Amtsanschluß mit verringerten Leistungsmerkmalen möglich !*
- **Reduzierung des Gebührenaufkommens durch** *Usage based tarif*.
- **Reduzierung der Personalkosten durch Zentralisierung der Vermittlungsplätze.**
  - ⇒ *Private, räumlich über WAN verteilte TK-Anlage !*
- **Gemeinsamer Rufnummernplan über verdeckte Kennziffern.**
- **Überlaufstrategie bei Festverbindungen zwischen TKAnl.**

Zusammenfassung

- Corporate Network (CN) Lösung

↓

Fazit

Technische Lösung ist mit der schmalbandigen ISDN-Technologie

nicht

realisierbar.

⇒ *Als Einstiegsphase aber möglich !*

↓

Konsequenz

Neue Technologien, insbesondere im WAN-Bereich sind erforderlich.

Zusammenfassung

- Corporate Network (CN) Lösung

↓

Empfehlung

Kein Outsourcing der Kontrolle der Kommunikationsabwicklung sowie das Know-How über das tatsächliche Kommunikationsverhalten von Mitarbeitern.

⇒ *Alles andere kann bei grundstücksüberschreitenden CNs durchaus an Dritte übertragen werden !*

TELEKOM-
ANWENDER
KONGRESS

Session A

Corporate Networks / Virtual Private Networks

Anwenderbericht - Versicherung

CN / VPN Möglichkeiten der Netzoptimierung

Alexander Metz

Allianz AG

Allianz Netz 2000 **Allianz**

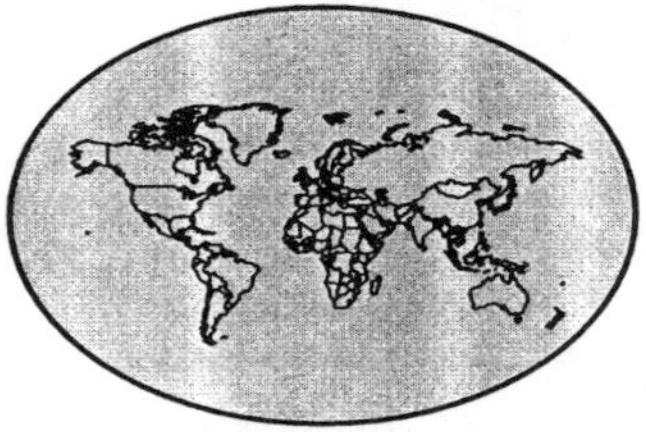

Das Allianz Netz 2000

Sprach/Daten-Backbone-Ring

Telekom-Anwender-Kongress

1994

DVZ/RZS-K, Metz, 10/94, ar, BBR1094-001

Allianz Netz 2000 **Allianz**

Ziel des Vortrages ist, am Beispiel Allianz-Netz zu zeigen:

- technische und wirtschaftliche Voraussetzungen für den Aufbau eines Sprach-/Daten-Netzes
- Vorteile der Frame Relay-Technik
- weitere Möglichkeiten der Netzoptimierung
- wirtschaftliche Nutzung von ISDN (Grenzen der Wirtschaftlichkeit)

DVZ/RZS-K, Metz, 10/94, ar, BBR1094-002

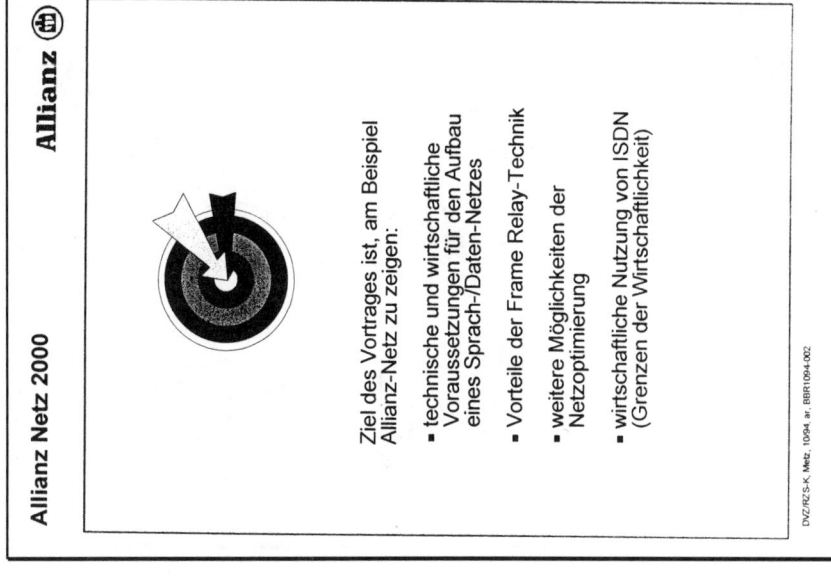

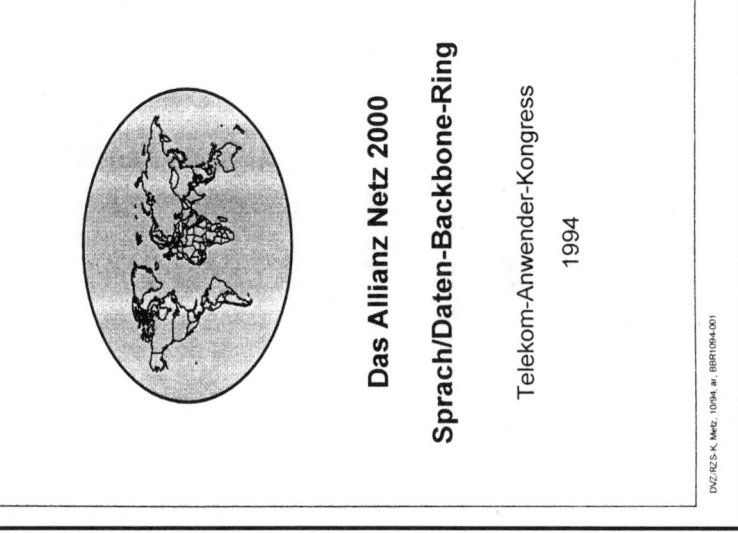

Allianz Netz 2000 Allianz

Mengengerüst 07/93

Daten-Leitungen/-Verbindungen

> 1.200	DDV-Leitungen
> 4.000	Datex-P-Verbindungen
20	Satellitenverbindungen
22	ISDN-Verbindungen für Katastrophenbackup

DVZ/RZS-K, Metz, 10/94, ar, BBR1094-003

Allianz Netz 2000 Allianz

Sternnetz Allianz Sach alt

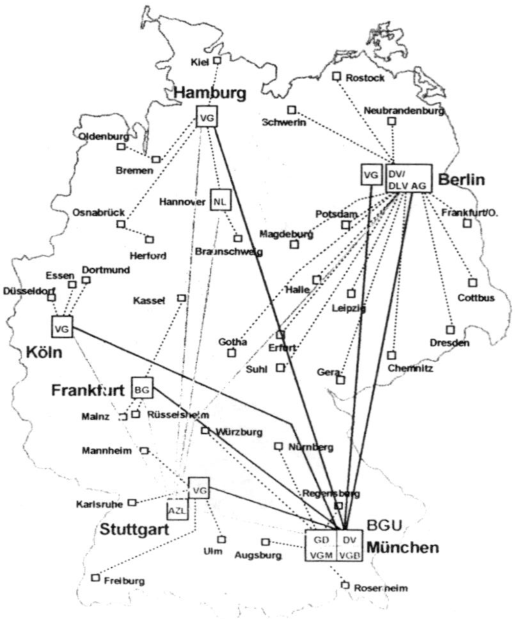

DVZ/RZS-K, Metz, 10/94, ar, BBR1094-005

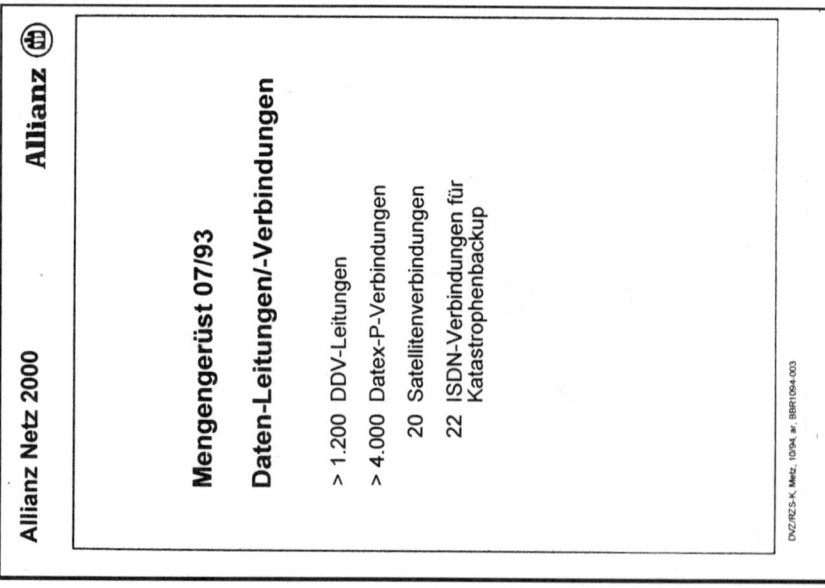

Allianz Netz 2000 **Allianz**

AZ-Sach/Leben Doppelsternnetz: Stand 06/94

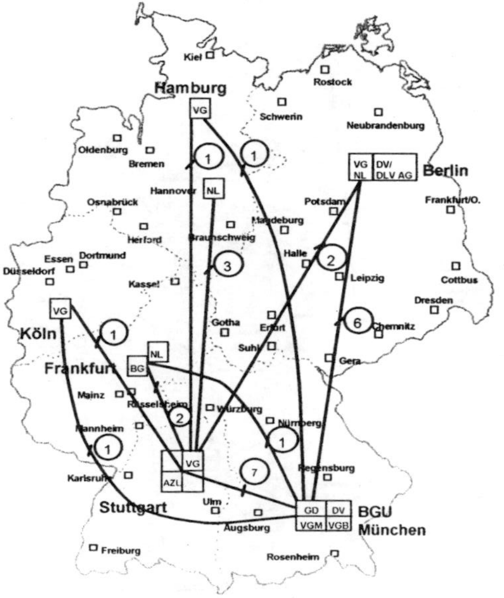

Leitungen: 25 x 64 KBit DDV

DVZ/RZS-K, Metz, 10/94, ar, BBR1094-007

Allianz Netz 2000 **Allianz**

Die 2 Schritte vom DDV-Stern zum 2 MBit MÜW-Backbone-Ring

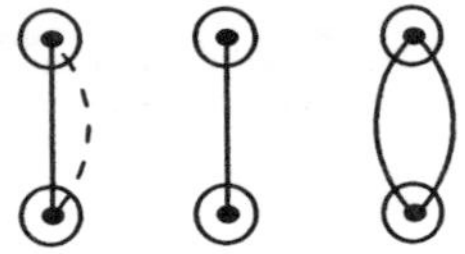

Ersatzweg	nur im Fernnetz	keiner	echte Zweiwegeführung im Fern- und Ortsnetz
Verfügbarkeit	98,5 %	97,5 %	≈ 100 %
verfügbare Bandbreite in Betrieb	64 kbit	64 kbit	64 kbit Regelweg + 64 kbit aktiver Ersatzweg
Kosten	100 %	40 %	80 %
Bewertung	teuer	unsicher	optimal

=> Ablösung der DDV durch 64 kbit-MÜW-Ringe
= 20 % Ersparnis und Mehrwert.

=> Bündelung der 64 kbit-MÜW-Ringe in einen großen 2 MBit-MÜW-Ring
= 30 % Ersparnis und zusätzlicher Mehrwert

- freie Kapazität standortunabhängig verfügbar
- leichte Erweiterbarkeit
- zukunftssichere Topologie

MÜW = Monopolübertragungsweg
DDV = Datendirektverbindung

DVZ/RZS-K, Metz, 10/94, ar, BBR1094-008

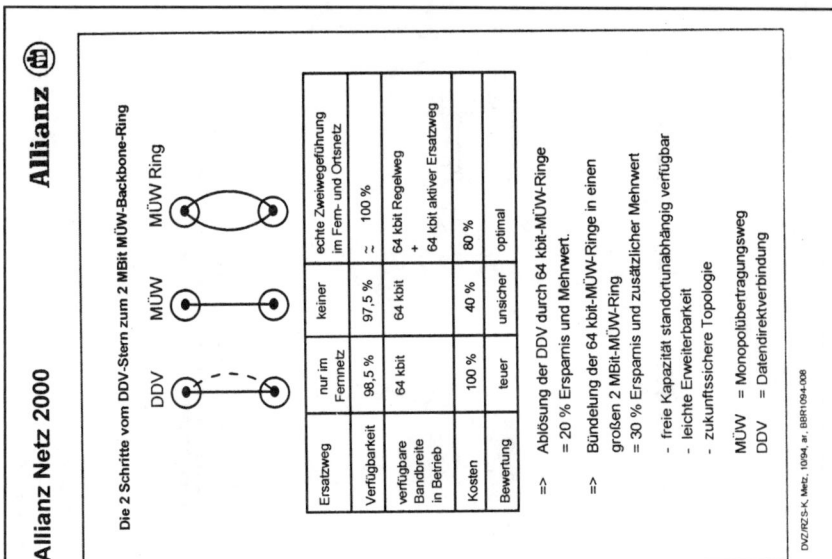

Allianz Netz 2000 — Allianz

AZ-Sach/Leben Backbone-Ring für Sprach- und Datenübertragung: Stand 09/94

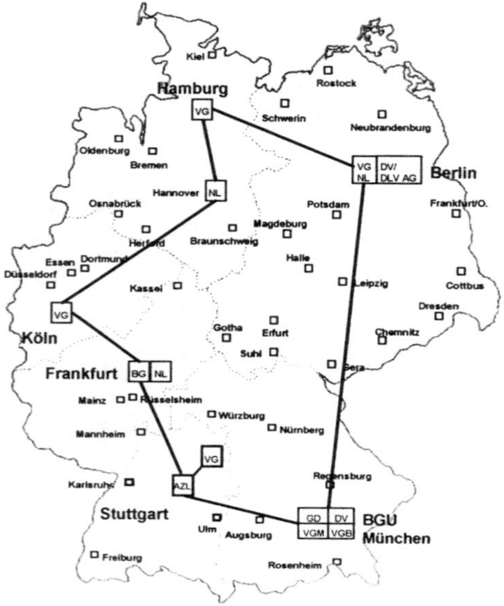

Leitungen: 7 x 2 MBit MÜW

DVZ/RZS-K, Metz, 10/94, ar, BBR1094-009

Allianz Netz 2000 — Allianz

Einsatz von Frame Relay im 2 MBit-Ring

Beispiel:

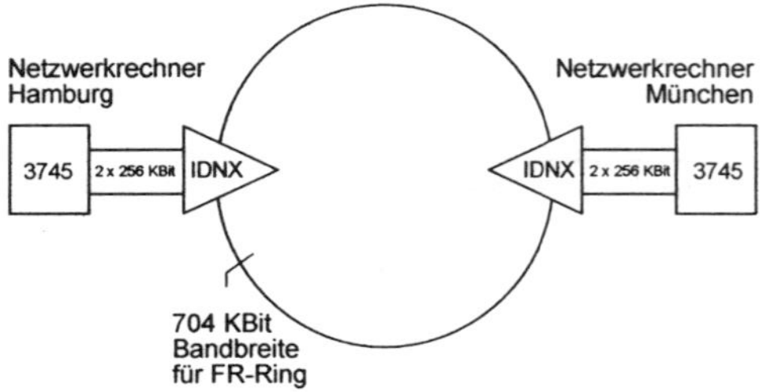

Vorteil:
Bandbreitengewinn gegenüber 14 x 64 KBit/s Einzelleitungen
→ 3 x 64 KBit-Kanal im Ring Bandbreitenreduzierung, Kostenersparnis ca. 20 TDM/Monat.

DVZ/RZS-K, Metz, 10/94, ar, BBR1094-012

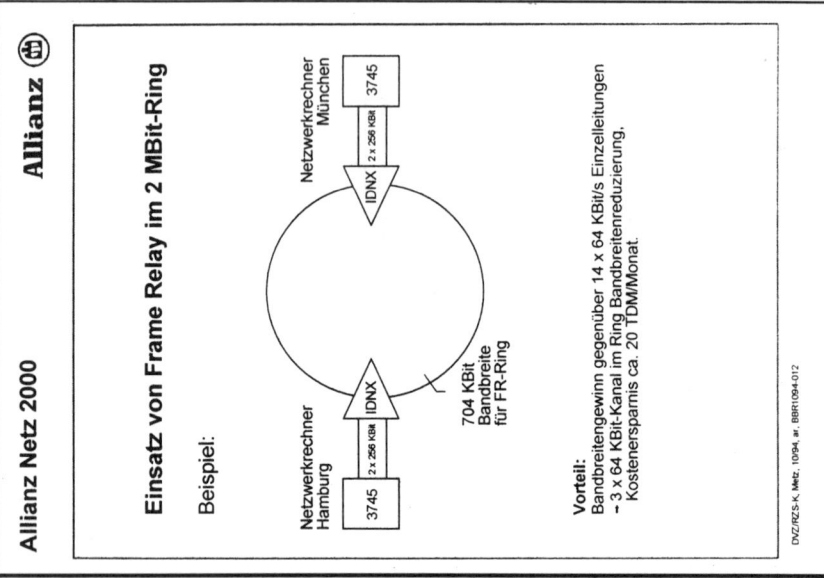

Allianz Netz 2000 **Allianz**

Freie Kapazität nach Belegung des Ringes für Daten und Sprache (AZ Sach und Leben)

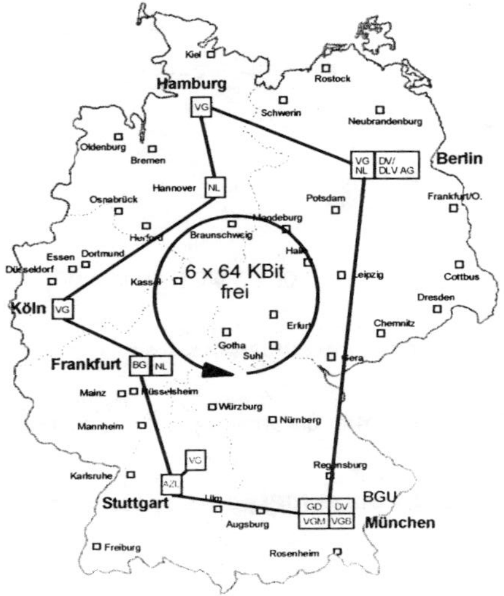

Belegung:

- 20 x 64 KBit Daten/Sprache
- 4 x 64 KBit Sprache

=> **6 x 64 KBit freie Kapazität für Sprache, Daten, Telekonferenz**

DVZ/RZS-K, Metz, 10/94, ar, BBR1094-013

Allianz Netz 2000 **Allianz**

Möglichkeiten zur Schaffung weiterer Kapazitäten im Backbone-Ring:

1. Ringvermaschung (z.B. Stuttgart - Berlin)
2. Abfangen von Lastspitzen über ISDN-Wählverbindungen (ISDNX bei IDNX-Muxer)
3. Nutzung von Carrier-Netzen

DVZ/RZS-K, Metz, 10/94, ar, BBR1094-014

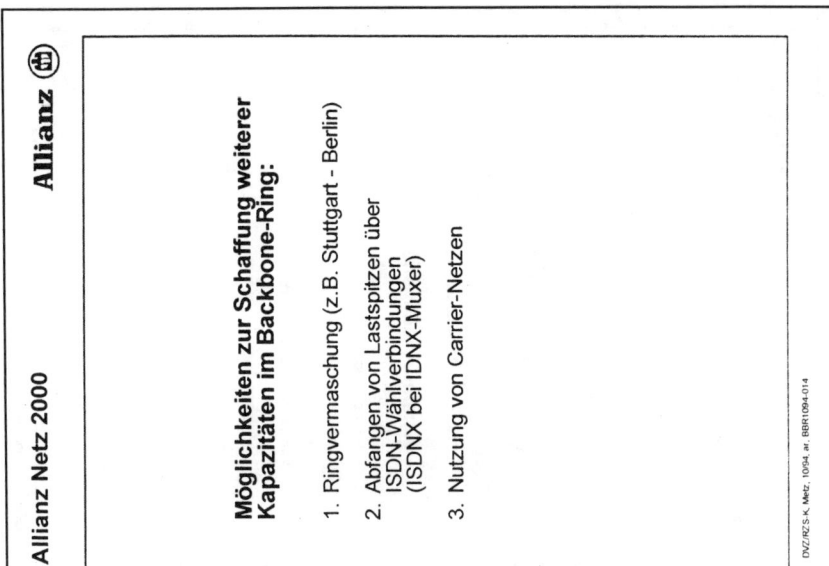

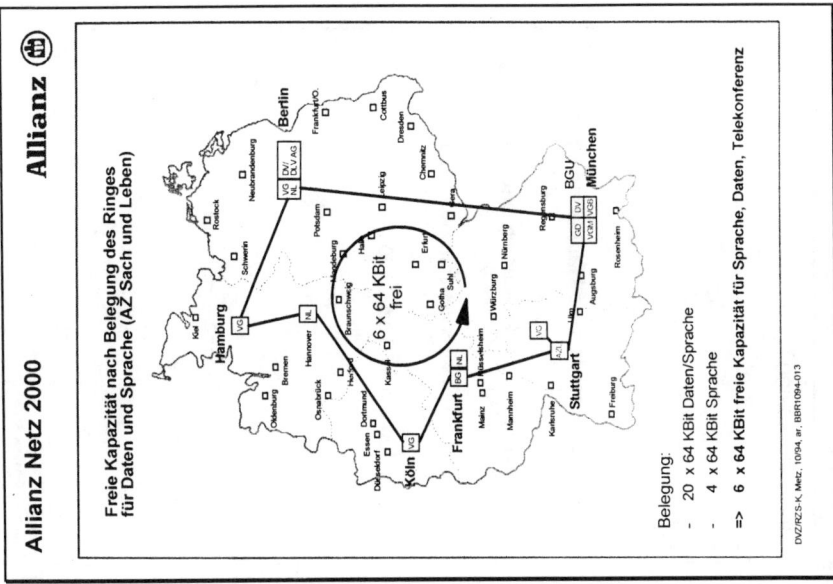

Allianz Netz 2000 **Allianz**

Netzwerksteuerung Backbone-Ring

- Zentrale Netzwerksteuerung durch das GRZ-S/SNCC-München
- Backup Netzwerksteuerung durch das RZ-S/NCC,Stuttgart
- Betrieb von 6.00 bis 20.00 Uhr

DVZ/RZS-K, Metz, 10/94, ar, BBR1094-015

Allianz Netz 2000 **Allianz**

Anbindung Ausland

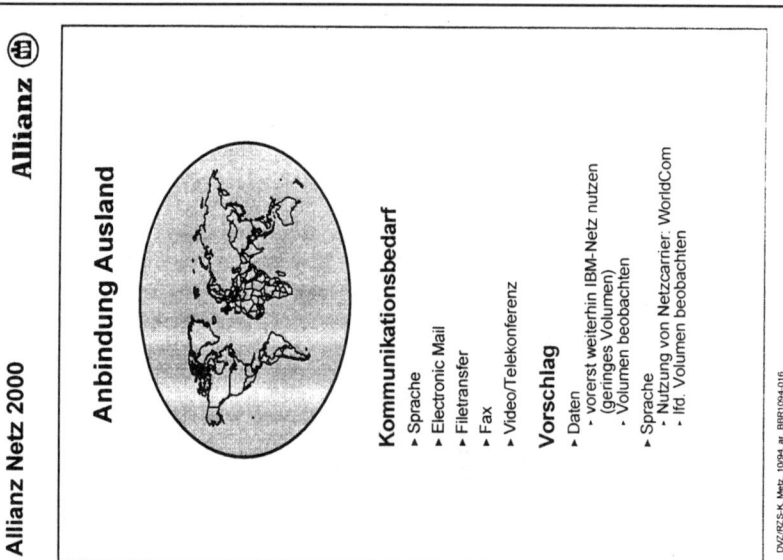

Kommunikationsbedarf

- Sprache
- Electronic Mail
- Filetransfer
- Fax
- Video/Telekonferenz

Vorschlag

- Daten
  - vorerst weiterhin IBM-Netz nutzen (geringes Volumen)
  - Volumen beobachten
- Sprache
  - Nutzung von Netzcarrier: WorldCom
  - lfd. Volumen beobachten

DVZ/RZS-K, Metz, 10/94, ar, BBR1094-016

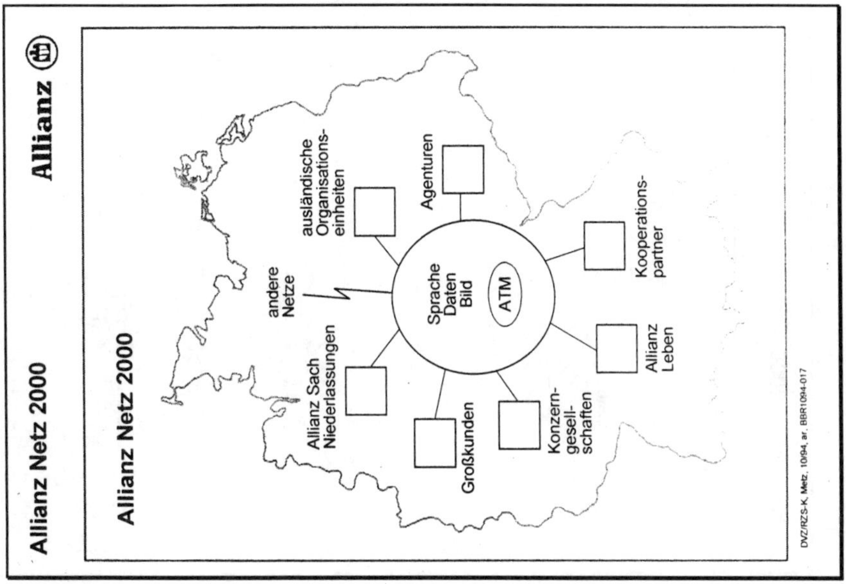
Allianz Netz 2000
Allianz
Allianz Netz 2000
Allianz Sach Niederlassungen
andere Netze
ausländische Organisations-einheiten
Agenturen
Sprache
Daten
Bild
ATM
Kooperations-partner
Allianz Leben
Konzern-gesell-schaften
Großkunden
DVZ/RZS-K, Metz, 10/94, ar, BBR1094-017

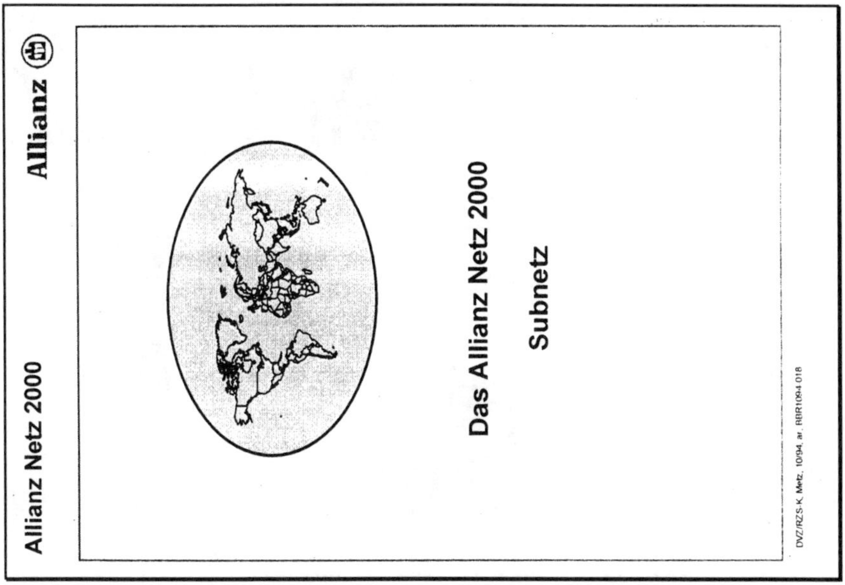
Allianz Netz 2000
Allianz
Das Allianz Netz 2000
Subnetz
DVZ/RZS-K, Metz, 10/94, ar, BBR1094-018

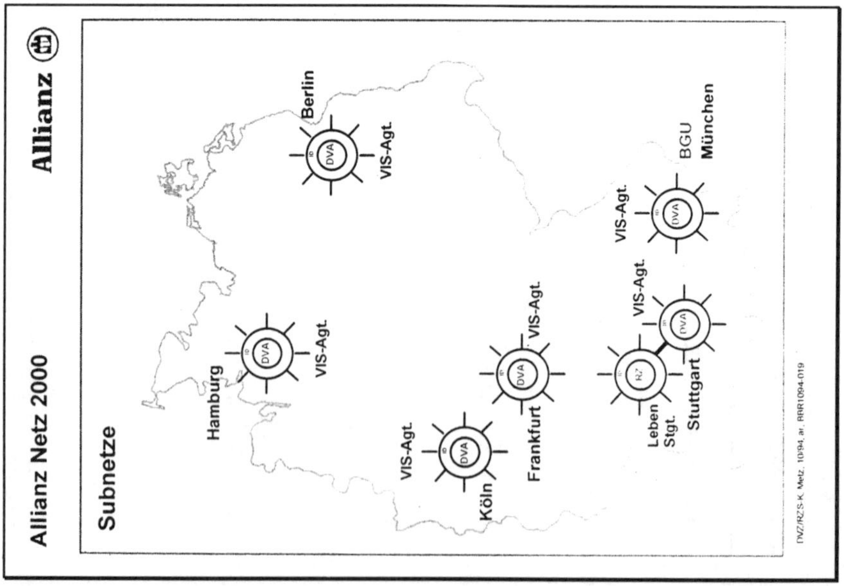
Allianz Netz 2000
Allianz
Subnetze
Hamburg
DVA
VIS-Agt.
Berlin
DVA
VIS-Agt.
Köln
DVA
VIS-Agt.
Frankfurt
DVA
VIS-Agt.
Leben
Stgt.
RZ
Stuttgart
DVA
VIS-Agt.
BGU
München
DVA
VIS-Agt.

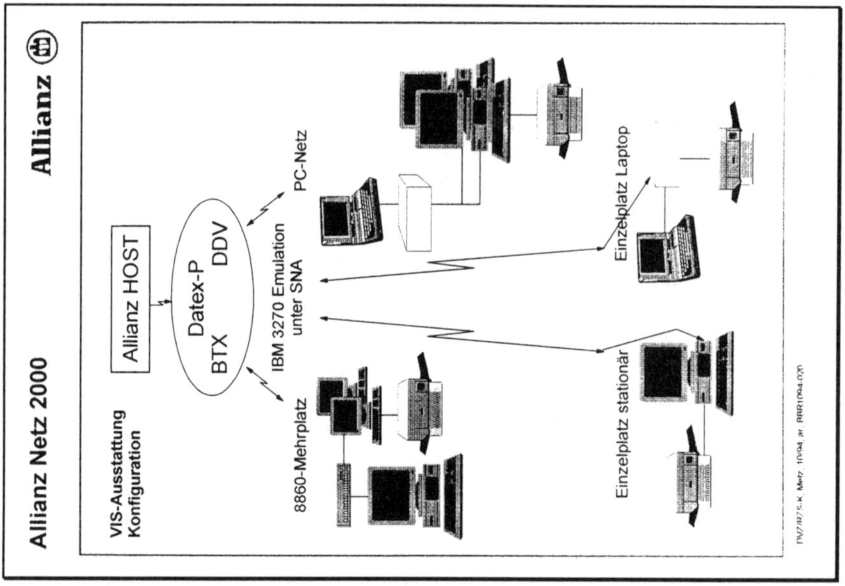
Allianz Netz 2000
Allianz
VIS-Ausstattung
Konfiguration
Allianz HOST
Datex-P
BTX
DDV
IBM 3270 Emulation
unter SNA
8860-Mehrplatz
PC-Netz
Einzelplatz stationär
Einzelplatz Laptop

Allianz Netz 2000 **Allianz**

Antwortzeiten im VIS-Netz

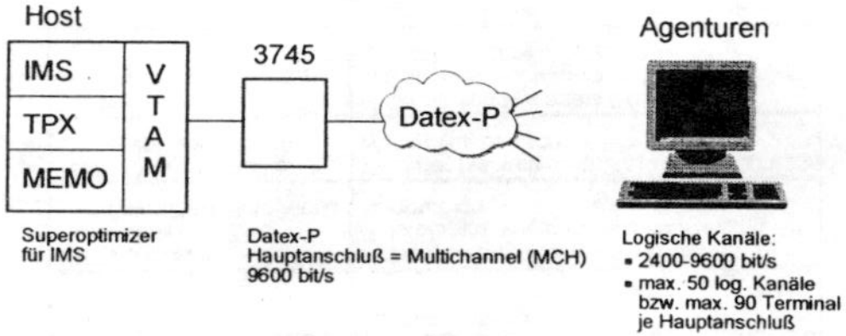

Datex-P-Antwortzeiten:

Geschwindigkeit des logischen Kanals	Netz-Antwortzeiten
2400 bit/s	4,0 - 7,1 s
4800 bit/s	3,0 - 3,6 s
9600 bit/s	2,2 - 2,5 s

DDV-Netz-Antwortzeiten:

9600 bit/s	ca. 1,3 s

ISDN-Netz-Antwortzeiten:

64 kb/s	< 1,1 s

DVZ/RZS-K, Metz, 10/94, ar, BBR1094-021

Allianz Netz 2000 **Allianz**

Anforderung von Vertrieb an das VIS-Netz

- Keine "2-Klassen-Gesellschaft", gleiches Angebot für alle
- Anwendungen bleiben dialogorientiert
- Akzeptable Antwortzeiten: 9,6 KBit/s
- Programmversand per CD-ROM
- Kurzfristige Programmänderungen im geringen Umfang über Leitung
- Wirtschaftliche Netztopologie

DVZ/RZS K, Metz, 10/94, ar, BBR1094 022

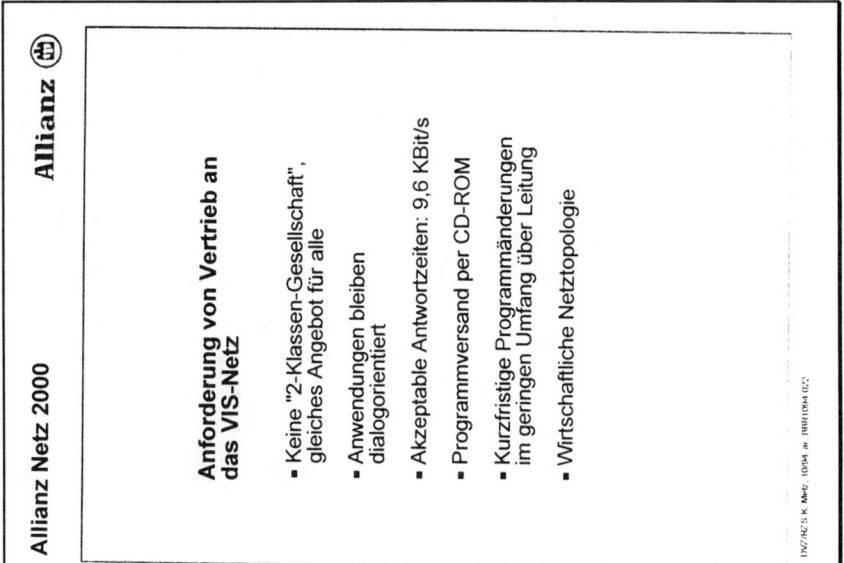

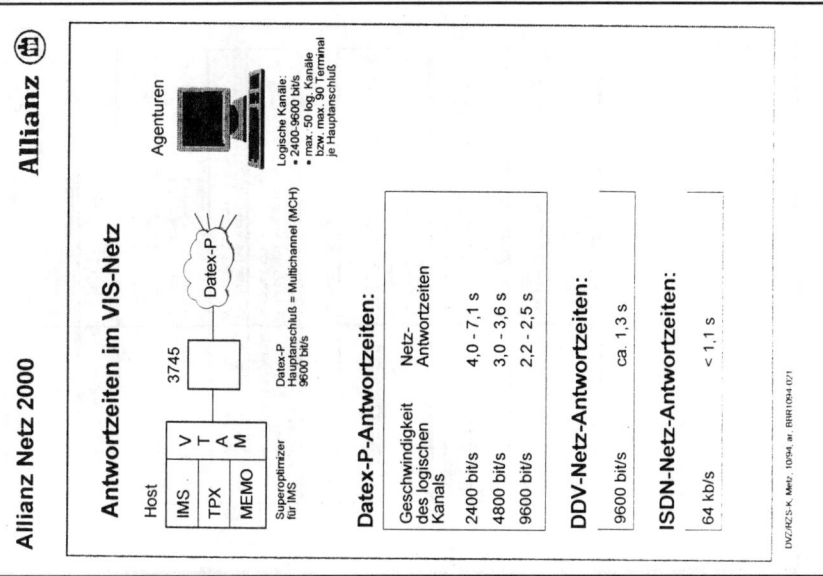

Allianz Netz 2000 — Allianz

Subnetz
Folgende Techniken/Topologien wurden untersucht:

Beschreibung	Beurteilung:
Sky Pipe Advantage SPA	Geschwindigkeit 9,6 kb/s, Preis wie Datex-P 2,4 kb/s, ncl. Business TV
Modacom Funknetz	Wird nicht flächendeckend zur Verfügung gestellt.
BTX	Im Einsatz, langsam, für geringes Datenvolumen.
BTX über Datex-J	Nachfolger von BTX, für geringes Datenvolumen
SIMWARE Datex-J	Nachfolger von BTX, für geringes Datenvolumen. SIMWARE im Host (im Test).
Multifunktional Zugang (P20F)	Höhere Übertragungsgeschwindigkeit wie Datex-J.
Datex-P-Netz	flächendeckend
ISDN B-Kanal Wählverbindung mit Short Hold Mode	Hohe Übertragungsgeschwindigkeit (64 kb/s) zu einem günstigen Preis im Nahbereich.
ISDN mit vorbestellter Dauerwählverbindung	Wird nur bis zum Jahr 2000 unterstützt. Nur im Nahbereich.
ISDN D-Kanal	Nutzung des D-Kanals (9,6 kb/s) für Dialog. B-Kanal kann z.B. für Filetransfer genutzt werden.
Privates X.25-Netz	Transparente Technik, offen für viele Protokolle, zu teuer.
ISDN-Anbindung von privaten X.25-Knoten	Wie privates X.25-Netz.
Private Netzanbieter	Können das Netz nicht flächendeckend anbieten.

DV7/RZ5 K. Metz, 10/94, ar, BBR1094 023

Allianz Netz 2000 — Allianz

Leitungsnetz BVB

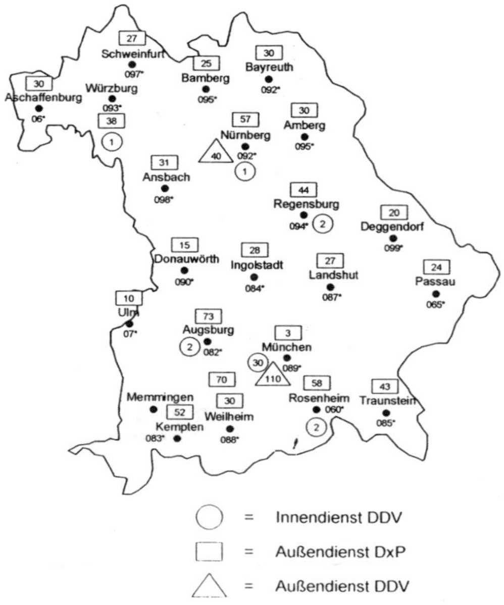

DV7/RZ5 K. Metz, 10/94, ar, BBR1094 024

Allianz Netz 2000 **Allianz**

SPA-SAT

Stand 04/93

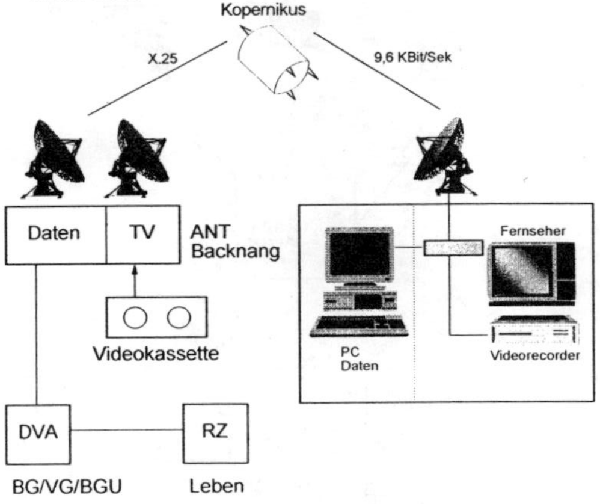

DVZ/RZS-K, Metz, 10/94, ar, BBR1094.025

Allianz Netz 2000 **Allianz**

Satellitentechnik SPA

Ergebnis/Empfehlung

- gute Antwortzeiten (9,6 KBit)
- kostengünstig (wie Datex-P 2,4 KBit)
- entfernungsunabhängig
- Alternative zu Datex-P
- PVC noch nicht verfügbar
- nicht flächendeckend

DVZ/RZS-K, Metz, 10/94, ar, BBR1094.026

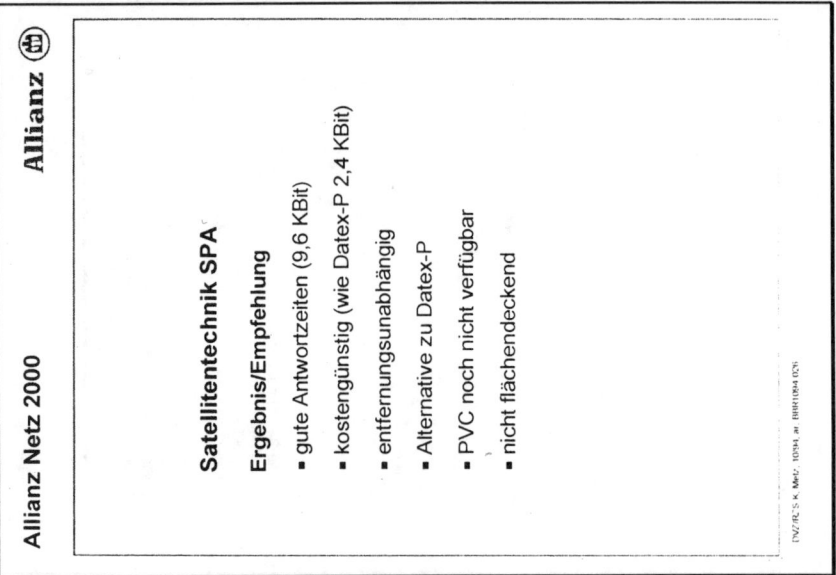

Allianz Netz 2000 — Allianz

Anbindung über private X.25-Knoten

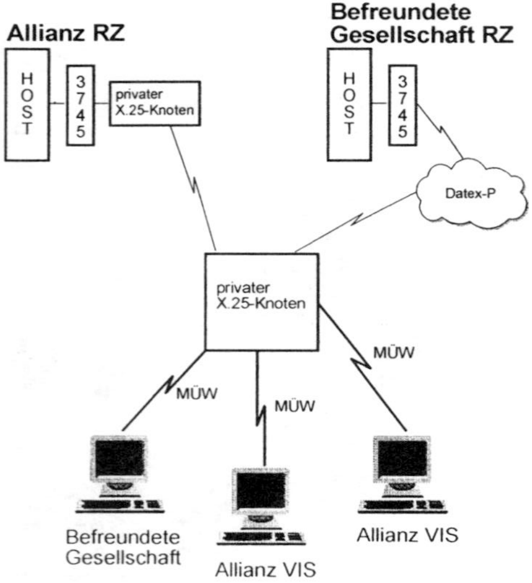

- Nutzung eines privaten Knotens zusammen mit befreundeten Gesellschaften möglich
- Anbindung der Endstellen an Knoten nur im Nahbereich (12 km) wirtschaftlich
  - Folge: viele Knotenpunkte
- Anbindung der MÜW's über private Modems (Verfügbarkeit?)
- nicht wirtschaftlich, da zuviele Knoten und zuwenig Kunden/Knoten

DV/RZ/S K. Metz, 10/94, ar, BBR1094.027

Allianz Netz 2000 — Allianz

Leitungskostenvergleich ISDN/Datex-P

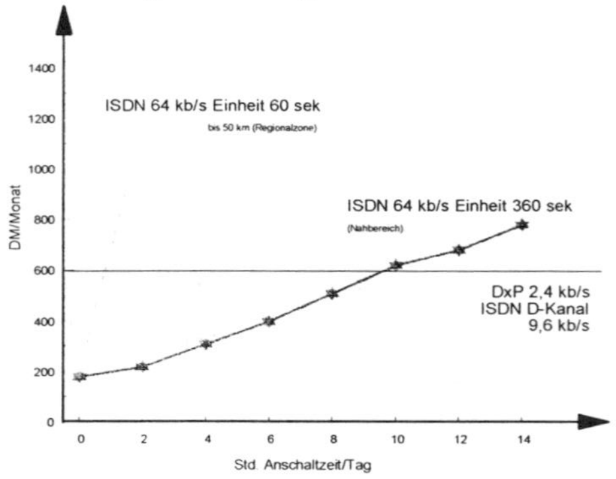

Alle Berechnungen inklusive der monatlichen Grundgebühren (beide Seiten)

Berechnungsgrundlage 20 Tage/Monat

ISDN B-Kanal (64 kb/s) ist für den VIS-Dialogbetrieb nur im Nahbereich eines Netzwerkknotens wirtschaftlich, daher nicht flächendeckend möglich.

DV/RZ/S K. Metz, 10/94, ar, BBR1094.028

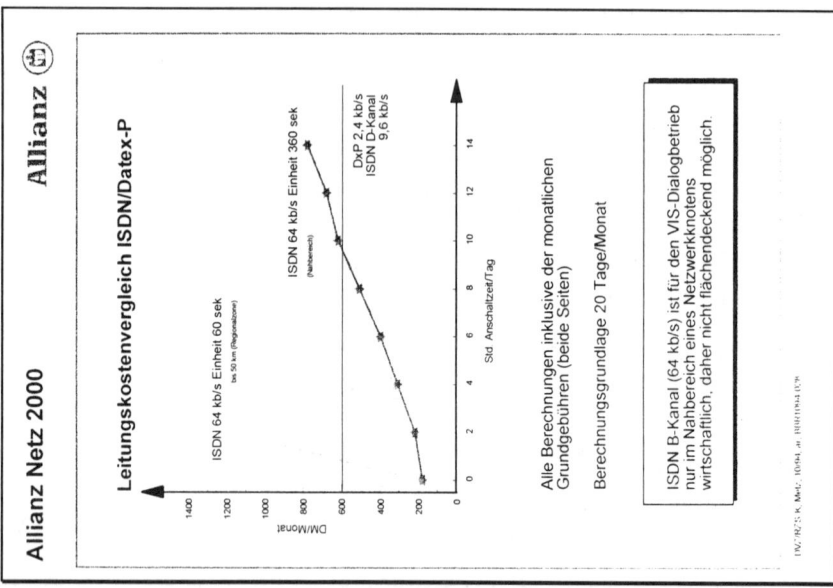

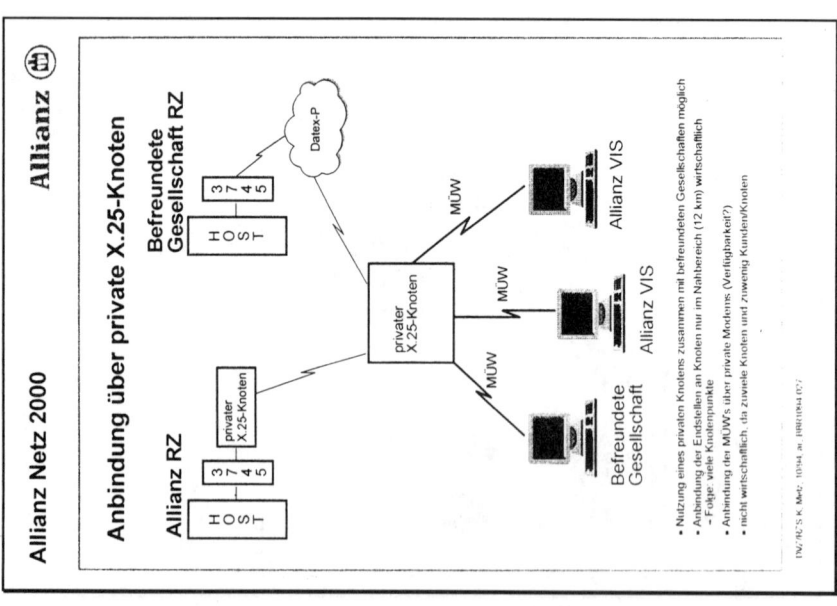

Allianz Netz 2000 — Allianz

ISDN Optimierungsmöglichkeit

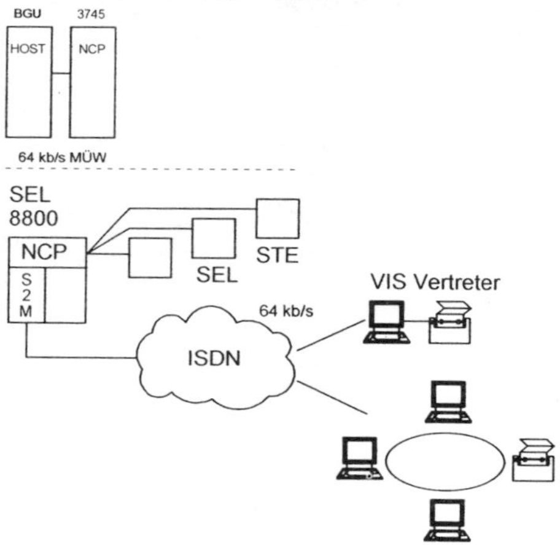

Vorteile:

- Überwachung des ISDN-Knotens durch NetView bis auf PC-Ebene.
- Vorhandene 3270-STE und ISDN-Anbindungen können über 1 x 64 kb/s-Leitung genutzt werden.
- 8800 kann in die bestehende Netztopologie der 3745 eingebunden werden. Dadurch Steuerung und Konfiguration vom HOST aus möglich.
- Unterstützt die semipermanente Verbindungsart:
  - gute Antwortzeiten (ID)
  - hohe Bandbreite für File Transfer
- Short-Hold-Mode

Nachteile:

- Software-Pflegeaufwand (NCP)

DVZ/RZS K. Metz, 10/94, ar, BBR1094.029

Allianz Netz 2000 — Allianz

ISDN Optimierungsmöglichkeit

Überlegung:

- Installation eines ISDN-Netzwerkrechners im Gebäude einer Geschäftsstelle.
- Anbindung der ID-Steuereinheiten an diesen FEP.
- Anbindung der Agenturen, die im Nahbereich (6 Min. Takt/Einheit) liegen, über ISDN.
- Der Knotenrechner wird über eine MÜW-Strecke (64 kb/s) an das RZ angebunden, d.h. die jetzigen ID-Leitungen fallen weg.
- Der Backup erfolgt über ISDN.

DVZ/RZS K. Metz, 10/94, ar, BBR1094.031

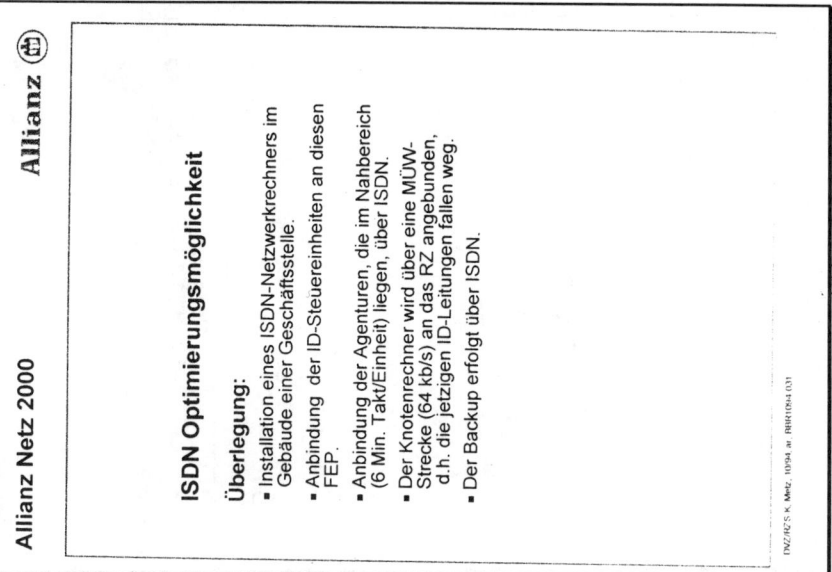

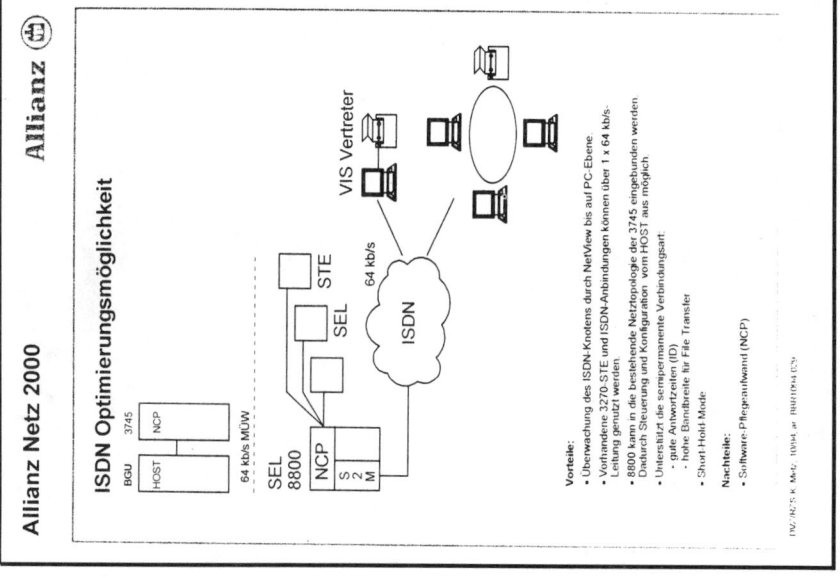

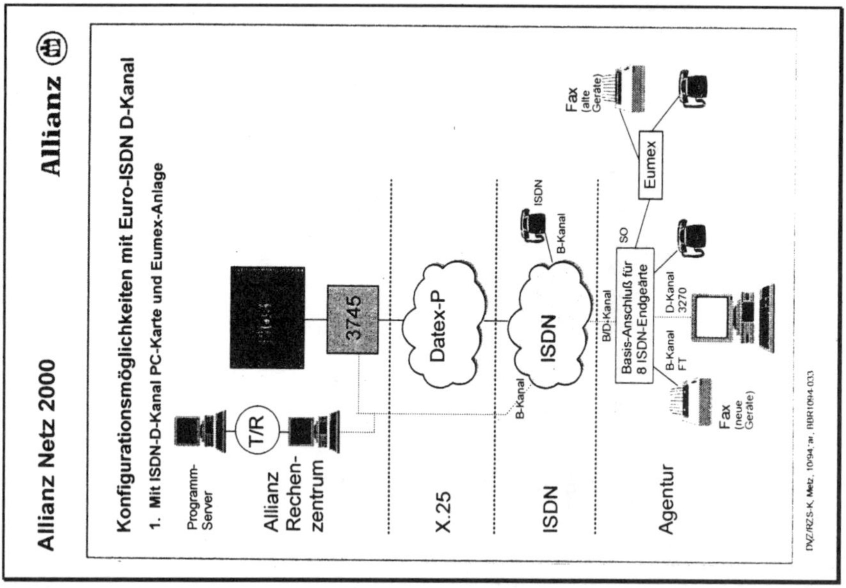

Allianz Netz 2000
Allianz
Konfigurationsmöglichkeiten mit Euro-ISDN D-Kanal
1. Mit ISDN-D-Kanal PC-Karte und Eumex-Anlage
Programm-Server
T/R
Allianz Rechen-zentrum
3745
X.25
Datex-P
ISDN
B-Kanal
ISDN
B-Kanal
ISDN
Agentur
B/D-Kanal
Basis-Anschluß für 8 ISDN-Endgeärte
S0
Eumex
Fax (alte Geräte)
B-Kanal FT
D-Kanal 3270
Fax (neue Geräte)

Session A

Corporate Networks / Virtual Private Networks

Anwenderbericht - Industrie

Multinationales Corporate Network von Ford Europe

Klaus Schröder

Ford Werke AG

Session A - Corporate Networks / Virtual Private Networks

Anwenderbericht - Industrie:

Multinationales Corporate Network von Ford Europe

Klaus Schröder, Ford Werke AG

Ford of Europe - Firmenprofil

Der Zeit weit vorausblickend, nahm Henry Ford II. bereits sehr früh die europäische Idee auf und gründete - um für die Herausforderungen der Zukunft besser gewappnet zu sein - 1967 Ford Europa.

Ford of Europe - Firmenprofil

Die Aktivitäten der bis dahin national operierenden Ford - Gesellschaften wurden auf europäischer Ebene zusammengefaßt mit dem Ziel einer einheitlichen Fertigungs- und Produktstrategie für Europa.

Die deutsche Aktiengesellschaft mit Sitz in Köln stellt dabei neben Ford of Britain eine der wichtigen und großen Ford - Gesellschaften in Europa dar.

Mit einem Umsatz 1993 von 20 Milliarden $ ist Ford of Europe die zweitgrößte Gesellschaft im weltweiten Ford Konzern - nur Ford Amerika ist noch größer.

1993 fertigte Ford in Europa 1.5 Millionen Fahrzeuge, dies entspricht etwa einem Marktanteil von 12 %.

Etwa 82 000 Mitarbeiter erbrachten dieses Ergebnis.

Dem zunehmenden Trend eines sich immer globaler entwickelnden Automobilmarktes wird mit einer weiteren großen Reorganisation Rechnung getragen. Mit dem 1. Januar 1995 wird die weltweite Ford - Organisation eingeführt, in der Ford Europa und Ford Nordamerika sowie andere bisher selbständige Einheiten aufgehen werden.

Multinationales Corporate Network von Ford Europa

Innerhalb der Automobilindustrie gewinnt der Einsatz von leistungsfähiger Informations- und Telekommunikationstechnologie immer mehr an Bedeutung. Der Aufbau eines multinationalen Corporate Networks stellt dabei einen Wettbewerbsvorteil dar, mit dessen Hilfe die Erreichung der strategischen Geschäftsziele schneller bzw. besser zu bewerkstelligen sind. Ford in Europa mit seinen 35 Betriebsstätten, verteilt in 10 europäischen Ländern, baut systematisch sein Netzwerk hin zu den Zulieferern aus und ermöglicht somit entscheidend die Kommunikation für den elektronischen Austausch der CADCAM-Zeichnungen zwischen Zulieferant und Automobilhersteller zu verbessern.

Multinationales Corporate Network von Ford Europa

Für ein international operierendes Unternehmen ist der Einsatz modernster Computer und Telekommunikationstechnologien von großer Bedeutung. Ford in Europa hat dies bereits sehr früh erkannt und setzt diese Technologien strategisch ein, um am Markt zu bestehen, bzw. auf dem stärker konkurrierenden Automobilmarkt langfristig zu überleben.

Die absolute Notwendigkeit zum Einsatz modernster Kommunikationsmittel läßt sich sehr einfach illustrieren, wenn man sich die enorme Komplexität auf Grund der arbeitsteiligen Fertigungsabläufe, die sich im besonderen in der Automobilbranche immer weiter internationalisieren, vor Augen hält.

Die Herstellung eines Automobils von der Entwicklung bis hin zur Serienfertigung in 35 europäischen Fertigungsstätten läßt ahnen, welch ungeheurer Kommunikationsfluß zu bewältigen ist.

Besonderer Erwähnung bedarf es dabei, daß Ford in Europa zwei Entwicklungszentren in Deutschland und in England unterhält, die für verschiedene Komponenten des gleichen Fahrzeugtyps verantwortlich sind.

Hinzu kommt, daß der Fertigungsprozeß eines Fahrzeuges nicht statisch ist und somit einen konstanten Informationsfluß zwischen Entwicklung und Fertigung hervorruft. Computer und Telekommunikation sind aber nur ein Teil, die dies ermöglichen: Ford betreibt zusätzlich zur Vereinfachung des Informationsflusses eine eigene Fluglinie zwischen Köln und Stansted/London.

Um diese herausfordernde Aufgabe, d.h. Sicherstellung eines optimalen Informationsflusses in Ford Europa, zu bewältigen, ist der Einsatz leistungsfähiger Kommunikationsnetze absolut erforderlich.

Der Telekommunikation dürfte durch die anstehende Globalisierung in der organisatorischen Ausgestaltung des Ford Konzerns zukünftig eine noch gewichtigere Rolle zufallen. Oder in anderen Worten: Einheitliche globale Organisationsstrukturen sind nur mit den Mitteln eines leistungsfähigen Kommunikationsnetzes zu erreichen!

Der steigende Kommunikationsbedarf ließ die vielfältigsten Netze mit unterschiedlichsten Ausprägungen entstehen.

So bildeten sich über die Jahre zur Deckung des stetig steigenden Kommunikationsbedarfs entsprechende Netze in Ford Europa heraus.

Aufgrund der eingeschränkten technischen Möglichkeiten und auch der restriktiven Anwendung des Fernmelderechts wurden für die verschiedenen Dienste eigene Netzstrukturen aufgebaut - das Ergebnis war die Existenz separater Netze!

Die existierende Netz-Infrastruktur umfaßte 8 separate Netzwerke, wobei jedes nur für einen ganz bestimmten Zweck verwendet wurde:

Das Engineering Computer Netzwerk verbindet die Entwicklungszentren in Deutschland, England und USA mit insgesamt 700 Terminals und 35 Computern. Die Terminals werden für Computer Aided Engineering, Simulations-Crashtests sowie andere, komplexe Berechnungen und Konstruktionen eingesetzt.

Das SNA-Netzwerk wird verwendet für den Austausch der kommerziellen Daten zwischen den zwei Haupt-Rechenzentren in Deutschland und England und den Ford-Betriebsstandorten.

Es gibt ein separates Netz für die Übertragung der verkaufsrelevanten Daten, welches die europäischen Verkaufsgesellschaften bedient.

Dem Bedarf an internationalen Konferenzmöglichkeiten wurde mit der Installation eigener Video- und Audiokonferenznetze Rechnung getragen.

Über das private Fernsprechnetz werden 34 Standorte erreicht. Das Netz umfaßte ca. 1.000 Standleitungen; die Vermittlungstechnologie beruhte auf elektro-mechanischer Wählertechnik und analoger Übertragungstechnik.

Vornehmlich das öffentliche Fernsprechnetz wird für die EDI Kommunikation mit 2.300 Zulieferern, Händlern und anderen Geschäftspartnern in Europa und in Übersee eingesetzt.

Das E-Mail Netzwerk mit weit über 20.000 Usern wird dagegen auf Basis des X.25 Netzes abgewickelt.

Die immer größer werdende Lücke zwischen den Anforderungen und Möglichkeiten muß geschlossen werden.

Schon sehr früh hat Ford die Notwendigkeit erkannt, die separaten Netze zu einer leistungsfähigen Telekommunikations-Infrastruktur zusammenzufassen. Auch waren die technischen Möglichkeiten mit der herkömmlichen Technologie ausgeschöpft. So nahmen die Probleme im alltäglichen Betrieb ständig zu; neue Anwendungen konnten nicht oder nur sehr unwirtschaftlich realisiert werden.

Nur mit dem Aufbau eines Europa-umfassenden, diensteintegrierten Netzes auf der Basis digitaler Übertragungs- und Vermittlungstechnologie konnte man den steigenden Bedürfnissen gerecht werden. Es wurde erkannt, daß die Telekommunikation - eingesetzt als strategisches Ziel - zu entscheidenden Wettbewerbsvorteilen führen kann.

Mitte der ´80er Jahre reiften die ersten Pläne.

Der Einsatz der Telekommunikation zur Unterstützung der strategischen Geschäftsziele wurde zur „Chefsache".

Eines der wichtigsten Ziele in der Automobilindustrie ist die Verkürzung der Entwicklungszeit eines Automobils von der ersten Konzeptstudie bis hin zur Markteinführung.

Da die Meßlatte durch die fernöstliche Konkurrenz aus Japan bereits sehr hoch liegt, ist die Erreichung dieses Zieles absolut notwendig zur Beibehaltung der internationalen Wettbewerbsfähigkeit.

CADCAM - die treibende Kraft

Die Informationstechnologie unterstützt diese Zielsetzung durch das Programm „CADCAM the Master", d.h. die Konstruktion der Teile und Komponenten erfolgt Computer-unterstützt in wesentlich schnellerer Zeit. Der Telekommunikation fällt dabei die Rolle zu, mit einem leistungsfähigen Netz den Austausch der elektronischen Zeichnungen zwischen den Ford-Betriebsstandorten und zwischen Ford und den Zulieferfirmen sicherzustellen.

Der projezierte Zuwachs an CADCAM Daten wird in wenigen Jahren sprunghaft steigen. 1988 waren bei Ford in Europa lediglich 600 CADCAM-Stationen installiert. 1992 betrug diese Zahl bereits 2.000. Die täglich zu übertragenden CADCAM-Zeichnungen stiegen dabei von ca. 1.000 auf heute 14.000.

Das CADCAM-Programm war die treibende Kraft, die 1988 zur Genehmigung des Ford of Europe WIDE AREA NETWORK (WAN) Projektes führte und damit den ersten Grundstein für ein leistungsfähiges Corporate Netzwerk legte.

In Zusammenarbeit mit Siemens wurde ein Netzkonzept auf Basis von ISDN entwickelt.

Die Auswahl und Definition des Netzwerklieferanten

Es war klar, daß die Ziele eines einheitlichen europäischen Netzwerkes nur mit einem Hersteller zu erreichen waren.

Die Entscheidung, Siemens als *den* Netzwerklieferanten für Ford Europa zu bestimmen, erfolgte nach einem harten, internationalen Auswahlprozeß. Gesucht wurde nicht nur der Lieferant der verschiedenen Telekommunikationseinrichtungen, angestrebt wurde vielmehr eine langfristige Partnerschaft, in der der Partner sein Wissen als Telekommunikationsexperte zur Umsetzung der durch Ford vorgegebenen strategischen Geschäftsziele einbringen sollte.

Siemens als eine der größten weltweit operierenden Firmen, welche alle Felder der Informations- und Kommunikationstechnologie besetzt, ist hier sicher hervorragend positioniert.

Um eine derart langfristige Partnerschaft zu entwickeln, ist aber ein tiefes Verständnis der technischen Möglichkeiten und Geschäftsprozesse des jeweils anderen Partners erforderlich.

Hier liegt sicher noch ein längerer Weg vor uns.

Die organisatorischen Herausforderungen

Bereits die Planung des Wide Area Netzwerkes machte klar, daß Ford einem beispiellosen Technologiesprung in seiner Telekommunikationsinfrastruktur mit Auswirkung auf die internen Organisationsstrukturen ausgesetzt war; dieser Prozeß konnte nur erfolgreich an der Seite eines starken Partners gemeistert werden. Siemens fiel dabei nicht nur die Rolle des Geräte-Lieferanten zu, sondern brachte sich verantwortlich mit in ein gemeinsames Planungs- und Implementierungsteam ein. Ferner ist durch die internationale Präsenz von Siemens die Sicherheit gegeben, auch später den professionellen Betrieb des internationalen Netzes zu gewährleisten.

Mit zunehmender Erweiterung des Netzes, Integration weiterer Anwendungen und voranschreitender Vernetzung zu einem durchgängigen LAN/WAN-Verbund spielt die Service-Sicherheit eine dominierende Rolle. Diese Rolle sehen wir langfristig bei unserem Partner.

Die 1. Ausbau-Phase des Corporate Networks

Ostern 1991 wurde die 1. Phase des HICOM-Netzes, welches die Hauptstandorte in Deutschland und England umfaßte, mit 11 Hicom 300 Anlagen und 40 2 Mbit/s-Verbindungsleitungen in Betrieb genommen.

Dies war seinerzeit das erste internationale ISDN Netz mit Leistungsmerkmalen, die erstmalig grenzüberschreitend in voller Breite allen Nutzern zur Verfügung gestellt werden konnten.

Viele Ziele und Möglichkeiten wurden umgesetzt

Besonders erwähnenswert ist, daß alle Fernsprechapparate mit Ausnahme weniger Anschlüsse in der Produktion digitalisiert wurden. Europaweit wurden dafür gleiche Fernsprechapparate mit Display und einheitlicher Benutzeroberfläche, d.h. gleicher Tastenbelegung zur Aktivierung der einzelnen Leistungsmerkmale, festgelegt.

Andere erreichte Ziele betrafen die Zentralisierung der Telefonvermittlungen und des Netzwerk-Managements.

Auf Grund der internationalen Dimension wurden 2 Netzwerk-Management Domänen gebildet. Ein Center wurde in Deutschland und eines in England aufgebaut. Entscheidend dabei war, das Netzwerk-Management Center mit all seinen Funktionen und Aufgaben in das vorhandene Umfeld einzubinden. Es wurde großer Wert darauf gelegt, daß ein durchgängiger Lösungsverbund entstehen konnte. So werden z.B. die elektronisch versandten Fernmelderechnungen der DBP Telekom zusammen mit den Daten der internen Gebührenerfassung verarbeitet und die konsolidierten Daten zur internen Kostenweiterbelastung automatisch an den Großrechner weitergeleitet.

In weiteren Stufen wurde das Netz systematisch ausgebaut; so sind heute ca. 30 Hicom 300 Anlagen in allen wichtigen europäischen Standorten in Deutschland, Großbritannien, Belgien, Portugal, Ungarn und der Tschechischen Republik vernetzt. Weitere Standorte sind in der Planung.

Die Netzintegration - Sprache, Daten, Video in einem Netz

Neben der grundlegenden Modernisierung des Sprachnetzes wurden mittlerweile auch andere Dienste migriert.

So wird heute der gesamte Telefax-Verkehr über das WAN Netz abgewickelt.

Starken Zuwachs erfährt auch der Videokonferenzdienst auf Basis ISDN - alle wichtigen europäischen Standorte sind mit ISDN Videokonferenzeinrichtungen über dieses Netz erreichbar.

Verschiedenste Datenanwendungen sind ebenfalls auf dieses Netz umgeschaltet worden. Zur Zeit wird das Netz zu den wichtigsten europäischen Zulieferern für CADCAM-Anwendungen ausgedehnt.

Diese Anwendung ist für Ford von immenser Bedeutung, da hiermit erstmalig ein leistungsfähiges internationales Netz für den elektronischen Austausch von CADCAM-Daten zur Verfügung gestellt wird.

Die Zulieferer, die im Namen von Ford die verschiedensten Komponenten entwickeln, können somit optimal in den Entwicklungs- und Fertigungsprozeß eingebunden werden. Durch den besseren und schnelleren Informationsfluß dürfte dies wesentliche Auswirkungen bezüglich Reduzierung der Entwicklungszeit, Kostensenkung und auch Qualitätsverbesserung haben.

Technisch betrachtet baut der Zulieferer eine Verbindung über das öffentliche ISDN-Netz zum nächstgelegenen Netzknoten auf; dabei ist das TCP/IP LAN beim Zulieferer mit einem LAN/ISDN-Gateway ausgerüstet.

Ein vorgegebener Routingalgorithmus stellt sicher, daß die Verbindung durch das Ford-Netzwerk zum zentralen CADCAM-Computer geschaltet wird.

Umfangreiche Sicherheitskontrollen stellen den autorisierten Zugang ins Ford-Netz und zur zentralen CADCAM-Datenbank sicher.

Forderungen an ein übergeordnetes Netzwerk-Management

Eine äußerste Herausforderung wird hierbei an das Netzwerk Management gestellt. So ist im Fehlerfall durch geeignete Tools zu gewährleisten, daß zu jeder Zeit ein Überblick über den Netzstatus und Diagnosemöglichkeiten zur Eingrenzung des Problems vorliegen - dies aber Ende-zu-Ende, vom Zulieferer-LAN bis zum CADCAM-Rechner bei Ford!

Hier werden zur Zeit große Anstrengungen unternommen.

Wie in England wird zur Zeit auch in Köln ein übergeordnetes Netzwerk Management System auf Basis SNMP installiert. Geplant ist, in 2 Ausbaustufen die LAN-Komponenten (Router, Bridges, Hubs etc.) und HICOM TK-Anlagen einzubeziehen; damit wird der Forderung an ein übergeordnetes Netzwerk Management System für den gesamten Netzverbund entsprochen. Die dedizierten Netzwerk Management Systeme der einzelnen Geräte/Einrichtungen werden dem übergeordneten Netzwerk Management System hierarchisch unterstellt - sie behalten im wesentlichen ihre Position in der weitergehenden gerätespezifischen Fehleranalyse bei.

Die politischen Rahmenbedingungen für den Aufbau des Corporate Networks in Deutschland werden vorgegeben

Durch den zum 1. Januar 1993 in Kraft getretenen Corporate Network Erlaß des Bundesministeriums für Post und Telekommunikation ist nunmehr auch in Deutschland die Sprachvermittlung innerhalb eines Konzerns bzw. Unternehmensverbundes mit juristisch unterschiedlichen Parteien möglich.

Mit diesem Erlaß wurde das deutsche Recht an EU-Recht angepaßt, und Deutschland läuft nicht mehr Gefahr, durch unheilvolle Restriktionen im Fernmeldewesen den internationalen Anschluß zu verpassen.

Die wirklichen Gegebenheiten und wirtschaftlichen Zwänge innerhalb eines großen Konzerns machten ein Corporate Network schon lange zwingend nötig; nur so kann ein optimaler Informationsfluß zwischen den Unternehmen eines Konzerns, mit Herstellern und Zulieferern, Händlern und Kunden, sowie mit Outsourcing-Firmen zu wirtschaftlicher Blüte führen.

Köln, im September 1994

Session A

Corporate Networks / Virtual Private Networks

Anwenderbericht - Handel

Optimierung des unternehmensinternen Netzwerkes

Dr. Gerd Wolfram

Kaufhof Holding AG

Anwenderbericht - Handel:
Optimierung des unternehmensinternen Netzwerkes

Dr. Gerd Wolfram, Kaufhof Holding AG

Einleitung

Der Kaufhof-Konzern verfolgt seit einigen Jahren eine innovative Kommunikationsstrategie vor dem Hintergrund der wachsenden Bedeutung der Informationsverarbeitung und Kommunikation. Die aktuellen Tendenzen im Konsumentenbereich (Informiertheit der Kunden, Markenloyalität etc.), im Bereich der Märkte (zunehmende Angebotsbreite und Preisvariationen) und im Konkurrenzumfeld (Konzentrationstendenzen) haben ein wachsendes Informationsbedürfnis nach verschiedensten Informationen auf allen Hierarchieebenen mit sich gebracht. Es wird immer wichtiger, alle Unternehmensbereiche durchgängig mit Informations- und Kommunikationssystemen auszustatten und den gesamten Warenfluß informationsmäßig zu begleiten und zu steuern.

An den Arbeitsplätzen der Kaufhof-Mitarbeiter stehen heute Personal Computer, die unter dem Betriebssystem Windows alle notwendigen Anwendungen und Hilfsmittel aufgabenadäquat zur Verfügung stellen, um Informationen zu be- und verarbeiten. Den Transport der Informationen, gleich welcher Art, - vom Ort der Entstehung bzw. des Anfalls, z.B. in einer Filiale beim Kassiervorgang, bis hin zur Verarbeitung in der Zentrale oder Hauptverwaltung - übernehmen Netzwerke als Informationslogistik-Medium.

Im Mittelpunkt der weiteren Betrachtungen stehen Weitverkehrs-Netzwerke (WAN). Vor einigen Jahren wurde eine einheitliche Kommunikationsstrategie entwickelt, die die Vielfalt von Leitungen ablösen und eine zukunftsorientierte Infrastruktur für alle Kommunikationsarten liefern sollte. Der erste Umsetzungschritt ist der Aufbau eines unternehmensweiten ISDN-basierenden Konzern-Netzwerkes, das viele der aktuellen Bedürfnisse abdeckt. Es bietet die Möglichkeit, konzerneigene integrierte Sprach- und Datennetze aufzubauen und zu betreiben, und ist wie kostengünstiges Unternehmensnetzwerk. Erste Schritte in diese Richtung werden aufgezeigt. Weiterhin werden aktuelle Erfahrungen aus dem Projekt "Corporate Network" beschrieben, das zur Zeit in der ASKO-Kaufhof-Metro-Gruppe durchgeführt wird. Dieses Projekt ist eine Weiterführung der Optimierung der unternehmens- und konzernbezogenen Teil-Netzwerke hin zu einem einheitlichen und gemeinsamen Corporate Network für die gesamte Gruppe.

Der Kaufhof-Konzern

Der Kaufhof ist heute ein stark diversifizierter Handels- und Dienstleistungs-Konzern mit über 23 Milliarden DM Umsatz pro Jahr, einer breiten Anzahl strategischer Geschäftsfelder und mehr als 1.000 Standorten in ca. 15 Ländern. Der überwiegende Teil der Standorte ist in Deutschland angesiedelt. Insgesamt sind ca. 60.000 Mitarbeiter beschäftigt.

Die einzelnen Geschäftsfelder verteilen sich zu 42 % auf die Waren- und Kaufhäuser (stationärer Handel), zu 31 % auf die Fachmärkte, zu 6 % auf den Versandhandel, zu 1 % auf den Großhandel und zu 20 % auf Touristik und Dienstleistungen. Bekannte Unternehmen in diesem Portfolio sind das Kaufhof Warenhaus, die Kaufhalle, Media-Markt, Vobis, Reno-Schuhe, Oppermann, Wenz-Versandhandel und ITS-Reisen.

Standorte und Kommunikationsbeziehungen

Hauptverwaltung und Filialen

Die Hauptverwaltung des Kaufhof-Konzerns wie auch die Kaufhof-Warenhaus-Verwaltung, die Kaufhalle-Verwaltung, die Verwaltung der ITS-Reisen und weiterer Tochterunternehmen befinden sich in Köln. Diese sind jeweils Sitz der Verwaltungen mit den Einkaufs- und Stabsabteilungen. Hier laufen Kommunikationsströme zentral zusammen bzw. von hier aus werden Informationen in die Regionen (Märkte und Filialen) verteilt.

Bei den Filialunternehmen im stationären Einzelhandel kommt eine weitere Kommunikationsebene hinzu, die durch den hierarchischen Aufbau der Unternehmen bestimmt ist. In der Kaufhof-Warenhaus-Gruppe sind es sogenannte Verbundeinkäufe, die als dezentralisierte Einkaufs- und Verkaufsabteilungen mehrere Warenhaus-Filialen, die sich in den meisten großen Städten Deutschlands befinden, unterstützen. Zu einem Verbundeinkauf gehört in der Regel auch ein Lager, das die einzelnen zugehörigen Filialen teilweise mit Ware beliefert. Die Kommunikationsstrukturen im Bereich des Kaufhof-Warenhauses beziehen sich also neben der Unterstellung unter die Kaufhof-Holding mit

Sitz in Köln auf die Struktur "Zentrale - Verbundeinkauf mit Lager - Filiale".

Die meisten Filialenstandorte und Märkte befinden sich in den größten deutschen Städten. So gibt es zum Beispiel in München eine Ansammlung verschiedener Konzernunternehmen mit ihren Marktaktivitäten, wie Media Markt, Kaufhof, Kaufhalle, Vobis, Reno.

Datenverarbeitungs- und Telekommunikationsstruktur

Diese Struktur schlägt sich ebenso in der Datenverarbeitungs- und Telekommunikations-Umgebung nieder. In der Zentrale existiert ein zentrales Rechenzentrum, an die die zugehörigen Betriebsstätten sternförmig angebunden sind. Auf dem Großrechner läuft das operative Warenwirtschaftssystem, das sowohl die am POS (Point-of-Sales) erfaßten Verkaufsdaten wie auch die an den verschiedenen Lägern eingegangen Waren verarbeitet. Auch im Bereich der Telekommunikation (Telefon und Telefaxverkehr) bestehen zentralisierte Kommunikationswege zur Hauptverwaltung.

Kommunikationsströme und -beziehungen

In einer Kommunikationsanalyse wurden insbesondere im Bereich der Sprachkommunikation die Kommunikationsbeziehungen im Kaufhof-Warenhaus untersucht. Es zeigte sich ein recht typisches Kommunikationsprofil zwischen den Kommunikationspartnern Zentrale, Verbundeinkauf/Lager und Filiale. Ca. 60-70 % der Kommunikation fällt im internen Bereich an, d.h. wird zwischen den internen Partnern geführt.

Der Schwerpunkt der Kommunikation liegt in der Sprachkommunikation (70%). Neben der Sprach- und Datenkommunikation gibt es allerdings noch einen großen Teil an dokumentengebundener Kommunikation, die über Rundschreiben und Briefe abläuft und dem gleichen Muster wie die Sprachkommunikation folgt.

Frühere Leistungsvielfalt

Die Erkenntnisse aus der Kommunikationsanalyse und die Tatsache, daß es eine Vielzahl von unterschiedlichsten Leitungen gab, die die dezentralen Kommunikationsinseln mit der Zentrale in Köln verbanden - Datendirektverbindungen mit einer Geschwindigkeit von 9.600 bis 19.200 Baud für die Warenwirtschaftsdaten im SNA-Netzwerk, Modem-Wählleitungen für den Support und die Betreuung der PC-Netzwerke in den Filialen bis hin zu Telefon- / Telefax-Leitungen für die Textkommunikation mit den Filialen und den Einkaufsgesellschaften im europäischen Ausland und Fernost -, führten zu einem Umdenken in Richtung Corporate Network als Basis für die unternehmensinterne Kommunikationsinfrastruktur. Bestärkt wurde die Entwicklung durch die zunehmende Komplexität der Leitungsvielfalt, die Anforderungen an entsprechendes Personal, die steigenden Kosten, insbesondere bei zunehmenden und neuen Kommunikationsanforderungen, die durch das traditionelle Netzwerk nicht mehr bewältigt werden konnten.

Im Rahmen der konzernweiten und langfristigen Kommunikationsstrategie wurden die Ziele der Informationsverarbeitung und Kommunikation definiert, die den Aufbau der Kommunikationsinfrastruktur bestimmen.

Informations- und Kommunikationsstrategie

Folgende Ziele werden im Rahmen der unternehmensinternen Kommunikation verfolgt:

- Aufbau und Nutzung einer individuellen Kommunikationsinfrastruktur für Daten- und Sprachübertragung: Bereitstellung von standortübergreifenden Kommunikationsmöglichkeiten für die Kommunikation "jeder mit jedem" über alle Inhalte (Sprache, Text, Daten und Bilder), die eine ebenso gute Qualität und Leistungsfähigkeit bieten wie die lokalen Kommunikationsinfrastrukturen innerhalb eines Firmengeländes. Dieses Netzwerk muß Infrastruktur- und Dienstebasis für alle heutigen und zukünftigen Kommunikationsverfahren besitzen.
- Hohe Leitungs- und Leistungs-Verfügbarkeit: Das Netzwerk soll eine sehr hohe Verfügbarkeit, eine gesicherte Performance bieten und durch entsprechende Services im Bereich der Maintenance unterstützt werden.
- Flexibilität bei Erweiterungen und Veränderungen: Das Netzwerk soll für Veränderungen und Erweiterungen (Eröffnung neuer Märkte, Anbindung von Lieferanten, neue Dienste) offen und flexibel sein. Die Änderungen müssen in einer kurzen Reaktionszeit durchgeführt werden.
- Senkung der Kommunikationskosten um ca. 30-40 %. Dies kann durch folgende Maßnahmen erreicht werden:
  - Effiziente Ausnutzung von Leitungskapazitäten im intra und interkommunikativen Bereich.
  - Kapazitätsbündelung, Wegelenkung und Routing sowie Einsatz von Kompressionsverfahren.

- Zielnahe Gesprächsübergabe im Ferngesprächsbereich der Sprachkommunikation und quellnahe Übernahme von Gesprächen.
- Bündelung von speziellen Diensten verschiedener Konzernunternehmen, z.B. Telefax-Dienst.
- Transparenz der Leistungen und Kosten im Netzwerk durch entsprechende Netzwerk-Management- und Abrechnungs-Systeme.

- Verbesserung der Innovationsfähigkeit: Das Netzwerk dient als Grundlage für neue, innovative Kommunikations-Anwendungen, die rechtzeitig und schnell umgesetzt zu Wettbewerbsvorteilen führen können. Beispiele für derartige Anwendungen sind Multimedia-Applikationen, dezentrale Informationssysteme, Zugriff auf öffentliche Datenbanken.

Die Umsetzung dieser Ziele wird natürlich durch verschiedene Parameter beeinflußt, wie z.B. gesetzliche Regelungen, Dienstleistungsanbieter und deren Angebot, internen Ressourcen und Know-how.

Stufenweise Umsetzung der Kommunikationsstrategie

Die Umsetzung der Kommunikationsstrategie kann in drei Stufen eingeteilt werden.

Schritt 1: Datenverbindungen im Konzern-WAN

Auf **der Basis** von ISDN-Wähl- und Festverbindungen und marktgängiger PC-ISDN-Kartentechnologie wurde ein konzernweites Netzwerk aufgebaut, das Netzwerke der Filialen, der Verbundeinkäufe und Läger mit den Netzwerken in der Hauptverwaltung in Köln verbindet. Der 64 KBit/S-Datendienst ermöglicht eine transparente Kopplung von Netzwerken über das von Novell verwendete IPX-Protokoll. Es werden drei verschiedene Datenverbindungen genutzt:

- Datenverbindungen **über SO-Router:** Dabei werden lokale Netzwerke mittels sog. SO-Router (PC mit ISDN-SO-Karte) über ISDN-Wählleitungen miteinander verbunden. Alle Anwendungen im Novell-Netzwerk können ohne Änderungen genutzt werden. Ein sogenanntes Integriertes Line Management System (ILMS) steuert den Verbindungsaufbau, der automatisch bei Wählleitungen im Hintergrund hergestellt wird, wenn der Benutzer auf logische Netzwerk-Laufwerke zugreift. Ebenso werden logisch permanente Verbindungen abgebaut, wenn keine Übertragung stattfindet. Bei erneutem

Datentransfer wird die Verbindung automatisch wieder hergestellt. Damit werden die Übertragungskosten auf ein Minimum reduziert.

- **Datenverbindungen über S2M-Router:** Seit kurzem werden an zentralen Knotenpunkten S2M-Router eingesetzt, z.B. am Standort Köln. Die S2M-Router bilden die Verbindung zum Primärmultiplexanschluß und stellen für die Kommunikationspartner - in diesem Fall die Filialen oder Reisebüros - die notwendigen ISDN-Ressourcen zur Verfügung (30 B-Kanäle à 64 kbit/s). Der S2M-Router besteht aus einer S2M-Schnittstellenbaugruppe für den Einbau in einen PC-Server und der dazugehörigen Treibersoftware für Novell-Multiprotokoll-Router.
- **Datenübertragung über ISDN-Monopolleitungen:** Standorte, die ein hohes Datenvolumen besitzen und regelmäßig mit zentralen Daten aus der Hauptverwaltung in Köln versorgt werden, werden untereinander und mit Köln über digitale 64 S-Leitungen verbunden. Bei dieser Monopolleitung handelt es sich um eine direkte Verbindung von zwei Endpunkten ohne den Einbezug einer Ortsvermittlungsstelle. Monopolleitungen sind auf längeren Strecken darüber hinaus wesentlich kostengünstiger als ISDN-SPV-Leitungen. Parallel zu dieser Monopolleitung ist als Backup eine ISDN-SO-Wählverbindung eingerichtet. Als Bridge- / Router-Produkte werden multiprotokollfähige Router der Firma ACC eingesetzt, die auf der WAN-Seite zwei X.21-Interfaces besitzen und eine Datenkompression im Faktor 2:1 durchführen. An den WAN-Schnittstellen sind ISDN-Terminaladapter angeschlossen, die den Zugang zum ISDN regeln. Damit konnte ein kombiniertes ring- und sternförmiges Backbone-Netzwerk aufgebaut werden, das eine hohe Ausfallsicherheit bietet.

Heute sind die folgenden Verbindungen realisiert: 100 Wählverbindungen zu Kaufhalle-Filialen, ISDN-Festverbindungen zwischen 3745-Rechnern, Wählverbindungen zu 7 Verbundeinkäufen und 54 Kaufhof-Filialen sowie Festverbidungen im Backbone-Bereich zwischen 10 Städten.

Damit sind folgende Anwendungen möglich:

- Netzwerk- und Serveradministration: Mit der Zunahme von dezentralen Netzwerken sowie Bürokommunikations- und Fachanwendungen wird die Administration und Pflege immer wichtiger. Hier sind insbesondere folgende Funktionen zu nennen: Überwachung der dezentralen Netzinfrastruktur, Support der Workstations in entfernt gelegenen Netzwerken der Kaufhof-Filialen und Lägern und die zentral gesteuerte Software- und Userinstallation.

- Aktualisierung von Datenbanken: Im Rahmen der Downsizing-Strategie und der Entwicklung von Informations- und Auskunftssystemen werden diese Applikationen auch dezentral eingesetzt, wobei die Daten zentral erzeugt werden. Anwendungen sind: Dateitransfer und die Verteilung und Pflege eines konzernweiten Telefonverzeichnisses.
- HOST-Connectivity: Über die Datenleitungen des ISDN-Netzwerkes können die Benutzer auch über die 3270-Terminal-Emulation auf die operativen Warenwirtschafts-Anwendungen des zentralen Großrechners in Köln zugreifen.
- Unternehmensweites Electronic Mail: Erste Erfahrungen mit Electronic Mail wurden in der Kaufhof Hauptverwaltung gewonnen, in der seit Mitte 1991 WordPerfect Office als Electronic Mail-Produkt eingesetzt wird. Mittlerweile arbeiten ca. 4000 Benutzer mit dem System. Die Anbindung der externen Standorte erfolgt über einen bzw. mehrere Connection-Server. Diese sind eingebunden in das ISDN-Konzern-Netzwerk, können eine ISDN-Wählverbindung mit anderen Connection-Servern herstellen und Nachrichten mit allen entfernten Electronic-Mail-Benutzern austauschen. Die für die dezentralen Lokationen zuständigen Connection-Server arbeiten im sog. "terminate after single cycle"-Modus, d.h. nur zur Übertragung der Nachrichten wird die ISDN-Verbindung aufgebaut (automatisches Login/Logout). Die Übertragung geschieht alle 30 Minuten und wird nach einem Zeittakt wieder abgebaut. Für den Benutzer sind alle Electronic Mail-Empfänger in einem Empfängerverzeichnis ersichtlich.

Schritt 2: Verbindung von Telekommunikationsanlagen zu einem Netzverbund

In vielen Standorten werden Telekommunikations-Anlagen der Firma Siemens (HICOM-Familie) eingesetzt. Der Ablösungsprozeß alter Anlagen vollzieht sich allerdings relativ langsam.

In verschiedenen Großstädten in Deutschland, in denen mehrere Betriebsstätten angesiedelt sind, erschien es aus Kostengesichtspunkten sinnvoll, die Hicom-Anlagen zu vernetzen. Mit Hilfe von PCM 30-Strecken wurden zum Beispiel HICOM-300-Anlagen am Standort Köln zu einem Netzknoten Köln verbunden. Netzmittelpunkt bildet die Kaufhof-Hauptverwaltung, von der aus in Sterntopologie vier weitere Verwaltungskomplexe sowie zwei Läger und eine Filiale angeschlossen sind. Das hohe interne Kommunikationsaufkommen wird von den geschalteten digitalen Festverbindungen fehlerfrei abgewickelt. Die Amtskopf-Konfiguration des Netzknotens ist so bemessen, daß eine zusätzliche Amtseinführung an den jeweiligen Standorten nicht mehr notwendig ist, jedoch aus Sicherheitsaspekten nicht ganz vernachlässigt wird.

Durch eine oftmalige Personal-Umstrukturierung innerhalb der Verwaltungs- und Lagerkomplexe ist der gesamte Netzknoten mit seinem durchdachten Rufnummernhaushalt und den variablen Leitungsanbindungen so flexibel aufgebaut, wie es von einem Konzern wie dem Kaufhof benötigt wird.

Schritt 3: Corporate Network: Gemeinsame Nutzung eines Netzwerkes für Sprache, Daten, Texte und Bilder

Die Ablösung der früheren Leitungsvielfalt im Datenfernübertragungsbereich und die Errichtung von Telekommunikations-Netzknoten in einigen ausgewählten Standorten hat bereits zu einer Reduktion der laufenden Datenfernübertragungs-Kosten geführt. Bei der Datenübertragung beläuft sich die jährliche Einsparung auf ca. 1 Millionen DM. In einigen Projekten konnte sogar eine Amortisationszeit der Hardware von ca. 6 Monaten erzielt werden (Ablösung von Datex-L durch ISDN-Wählverbindungen).

Weitere Einsparungen in den Kosten und zwar sowohl in den Übertragungskosten für Daten und Sprache, in den Management-Kosten und in den Erweiterungskosten wird durch den Aufbau eines Corporate Network erwartet. Hierbei wird ein besonderer Augenmerk auf die Einbeziehung der mit dem Kaufhof verbundenen Unternehmen der Metro- und ASKO-Gruppe gelegt.

Die wesentlichen Gestaltungsaspekte eines solchen Corporate Network für diesen Handels- und Dienstleistungsverbund sollen im folgenden dargelegt werden.

Gestaltungsaskepte eines Corporate Networks

Ausgangspunkt für die Gestaltung des Corporate Network sind die in der Kommunikations-Strategie dargelegten Ziele, die bereits weiter oben diskutiert wurden. Weitere Gestaltungsaspekte sind die Netzwerk-Topologie, der Netzwerk-Betrieb, die Frage des "make or buy" und die Projektorganisation und -schritte.

Projektorganisation und -schritte

Die Konzeption und Planung des Corporate Network ist eine Aufgabe, die zur Zeit im Rahmen eines internen Projektes abgewickelt wird. Die Entscheidung kann in sechs Schritte unterteilt werden, die in einem Zeitraum von 6-8 Monaten abläuft:

- **Projektorganisation**: Neben der Bestimmung der Projektmitglieder und der Festlegung der Projektrichtlinien ist die Projektorganisation festzulegen. Dabei kommt es darauf an, das Projekt mit kompetenten Mitarbeitern aus den Bereichen der LAN-/WAN-Technik, der Telekommunikationstechnik, des Controlling und der Leitungstarifierung und Organisation zu besetzen.
- **Definition von Zielsetzungen:** Hier stehen die Ausarbeitung der Zielsetzungen für das Corporate Network und die Festlegung der wesentlichen technischen und funktionalen Anforderungen im Mittelpunkt. Diese Planungsinformationen bilden die Grundlage für eine spätere Ausschreibung und Beurteilung von Lösungsalternativen.
- **Ist-Datenerhebung:** Eine genaue Kenntnis der unternehmensinternen Kommunikationsstrukturen ist die Voraussetzung für die Planung und Konzeption. Ein Corporate Network macht nur einen Sinn, wenn ein Unternehmen dezentrale Standorte mit einem hohen Kommunikationsbedarf hat. Zunächst müssen das Verkehrsaufkommen, die Kommunikationsmuster und -ströme, die verwendeten Kommunikationsmittel und die Kostenstruktur erhoben werden. Da eine sehr genaue Analyse in der Regel komplex und unverhältnismäßig aufwendig ist, kann mit Stichproben und anschließenden Plausibilitätsberechnungen gearbeitet werden.
- **Ausschreibung:** Im Rahmen dieses Schrittes werden Angebote von verschiedenen externen Dienstleistern eingeholt. Dabei macht es Sinn, sich über eine Vorauswahl auf 4-5 Anbieter zu beschränken. Eine eigene, interne Konzeption sollte als Vergleichsmaßstab - wenn diese intern erstellt werden kann - herangezogen werden.
- **Alternativenbewertung:** Der vorletzte Schritt ist die Bewertung der vorliegenden, verschiedenen Alternativen anhand vorgegebener Kriterien. Dabei sollten nicht nur technische und funktionale Kriterien im Mittelpunkt stehen, sondern auch betriebswirtschaftliche und strategische Aspekte (Bewertung des Anbieters, Wirtschaftlichkeit etc.). Zur Unterstützung der Alternativenbewertung bieten sich Verfahren zur multipersonellen Entscheidungsfindung, wie z.B. Nutzwertanalyse-Verfahren an.

- **1. Entscheidung:** Die Entscheidung sollte über eine Entscheidungsvorlage vorbereitet werden, in der die Ergebnisse der Alternativenbewertung für ein Management-Gremium entscheidungsgerecht aufbereitet werden.
- **Detailkonzept:** In der ersten Entscheidungsrunde wurde die Anzahl der externen Dienstleister reduziert. Mit diesen wird in einer weiteren Phase die Detaillierung der Technikkonzepte, der Migration (Umstellungsplanung), der Kosten und der Vertragsinhalte untersucht.

Netzwerk-Topologie

Im Rahmen des Corporate Network sollen die verwendeten Leitungen sowohl Datenübertragung wie auch Sprachübertragung zulassen. Basis für das Corporate Network ist ein **Backbone-Netzwerk**, das die Standorte der Kommunikationszentren (Hauptverwaltungen) und Kommunikationszentren (Standorte mit hohem Kommunikationsvolumen) miteinander verbindet. Die Backbone-Leitungen besitzen folgende Funktionen:

- Bereitstellen einer hohen **Übertragungskapazität** (>2 MB) für Daten und Sprache, die den Übertragungsvolumina und -erfordernissen angepaßt werden kann (Spitzentage im Monat, Tag-/Nachtverteilung, Verteilung der Sprachkommunikation).
- Hohe **Verfügbarkeit** des Netzwerkes durch Vermaschung und entsprechende Strukturierung des Netzwerkes sowie Back-up-Möglichkeiten.
- Bereitstellung von **Mehrwertdiensten**, wie X.400, Mailbox-Dienste, EDIFACT, Zugriff auf externe Datenbanken, Zu- und Übergänge zu anderen Netzwerken, wie andere Corporate Networks, Fernsprechnetze, internationale Netzwerke.
- **Multiprotokoll-Unterstützung** sowohl im Datenübertragungs- wie auch im Sprachübertragungsbereich mit der Möglichkeit bestimmte Protokolle zu priorisieren und bestimmte Leitungen exklusiv zu nutzen.

Die weiteren Standorte werden dann **sternförmig** über eigene Leitungen, Monopolleitungen oder Wählleitungen an den nächstgelegenen Backbone-Knoten angebunden. Bei der Planung sind die aktuellen und zukünftigen Übertragungsvolumina und entsprechende Streckenoptimierungen zu berücksichtigen.

In den einzelnen Lokationen sind die einzelnen lokalen Netzwerke mit den Telekommunikationsanlagen zu verbinden. Hierzu werden in der Regel **Sprach-Datenmultiplexer** (Access-

oder Feeder-Nodes) eingesetzt, die folgende Funktionen übernehmen:

- **Bündelung** von Sprach- und Datenverkehr auf einer oder mehreren Leitungen und dynamische Verteilung der insgesamt zur Verfügung stehenden Bandbreite.
- **Kompression** des internen Übertragungsvolumens unter Zuhilfenahme verschiedener Verfahren. Wird z.B. ein Standort mit 64 KBit/S an das Netz angebunden und die Sprache auf 9.6 KBit/S komprimiert, so entfallen bei 4 Kanälen 38.4 KBit/S auf die Sprache und für die Datenübertragung bleiben 25.6 KBit/s übrig, die wiederum auch komprimiert wird.
- **Routing-Funktionen**, die eine bessere Auslastung des gesamten Netzwerkes zulassen, und bei Überlastung bestimmter Strecken Alternativwege belegen.
- **Switching-Funktionen**, die standortübergreifend Leistungsmerkmale zur Verfügung stellen, die heute schon in der internen Sprachkommunikation benutzt werden, wie z.B. Kurzwahl, automatischer Rückruf, Anrufumleitung etc. Hinzu kommen kostensparende Funktionen, wie Least Cost Routing und einheitliche Rufnummernpläne, zentrale Auskunftsplätze.
- **Konvertierungs-Funktionen**, die gerade bei der Nutzung unterschiedlicher Protokolle einen Ausgleich herstellen.
- **Accounting**, d.h. Erfassen und Protokollieren der Datenübertragungsvolumina, der Sende- und Empfangseinheit und der Übertragungszeiten. Diese sehr wichtige Funktion erleichtert die Abrechnung.

Die heute angebotene Vielzahl von Sprach- / Datenmultiplexer macht eine Auswahl schwierig, da insbesondere die eigenen Corporate Network-Anforderungen mit der Funktionalität der Sprach- / Datenmultiplexer verglichen werden muß. Weitere Bewertungskriterien bzw. Unterscheidungsmerkmale sind: Netzwerk-Management, Anzahl verwaltbarer Knoten, Re-routing, Einbindung fremder Produkte, Schnittstellen (trunkseitig), Sprachkomprimierung, Datenkomprimierung, Ausbaubarkeit, Knotenlaufzeit etc.

Netzwerk-Betrieb

Neben den erforderlichen Güteparametern, die das Netzwerk aufweisen muß (Bitfehlerrate, Netzlaufzeit, Einweglaufzeit und Verfügbarkeit) sind insbesondere folgende Faktoren zu berücksichtigen:

- **Service-Konzept:** Das Service-Konzept erstreckt sich auf den zur Verfügung stehenden Help-Desk, der die Netzwerküberwachung durchführt und die Fehlerbehebung und Problemlösung steuert und koordiniert. Entsprechende Eskalationsprozeduren sind aufzubauen und mit einem Field- oder Vor-Ort-Service abzustimmen.
- **Netzwerk-Management**: Das Netzwerk-Management nimmt im Corporate Network eine zentrale Bedeutung ein. Mit Hilfe entsprechender Tools sind sowohl die Leitungen wie auch verschiedene Netzwerk-Komponenten permanent zu überwachen und zu steuern. Dies sollte von zentraler Stelle aus geschehen. Das Netzwerk-Management übernimmt die Funktionen Software-Verteilung und -Installation, Remote Operating, Konfiguration, Performance-Überwachung, Security-Überwachung, Accounting und Fehleranalyse. Weiterhin ist zu fordern, daß alle Kommunikationsarten, d.h. sowohl Daten- als auch Sprachverkehr, im Netzwerkmanagement integriert behandelt werden.
- **Verrechnung** der Netzwerk-Leistungen: Um eine verursachungsgerechte Kostenverteillung zu ermöglichen, ist ein detailliertes Accounting erforderlich. Auf seiner Basis sollte eine wert- und mengenmäßige Verteilung der Kosten möglich sein. Verschiedene Abrechnungspositionen sind dafür notwendig (Volumengebühren, Dienstegebühren, Komponentengebühren, Service-Kosten etc.).
- **Weiterentwicklung des Netzwerkes**: Die Planung und Realisation neuer Kommunikationsvorhaben sowie Veränderungen des Netzwerkes erfordern eine detaillierte Dokumentation des Netzwerkes, Auslastungsübersichten, Fehlerprotokolle und Qualitätsmessungen sowie eine Übersicht der verwendeten WAN-Komponenten und Konfigurationen. Neue Anforderungen sind auf dieser Basis abzustimmen und zu planen und in kurzem Zeitraum umzusetzen. Daneben ist die Beobachtung der technischen Möglichkeiten im Bereich der Multiplexer-Technik, der Netzwerk-Verfahren etc. von besonderer Bedeutung.

„Make or buy"

Seit Regelung vom 1. Januar 1993, das sowohl Sprache als auch Daten in geschlossenen Benutzergruppen in einem unternehmensweiten Netzwerk übertragen werden dürfen, bieten immer mehr externe Dienstleister bzw. Dienstleistungskonsortien kundenspezifische Corporate Networks an. Je größer die Anzahl der Anbieter wird, desto interessanter wird dieser Servicemarkt für ein Unternehmen. Die Frage des "make or buy" stellt sich dabei in entscheidendem Maße. Neben der Realisierung der oben angeführten technischen und funktionalen Anforderungen muß es dabei um eine wirtschaftlich und strategisch sinnvolle Arbeitsteilung zwischen internen und externen Ressourcen gehen. Bevor jedoch die Vor- und Nachteile des "Outsourcing" von Corporate Network-Dienstleistungen betrachtet werden, muß zunächst der Umfang definiert werden, auf den sich die Dienstleistung beziehen soll:

- **Dienstleistungen oder Funktionen**, die im Rahmen eines Corporate Network anfallen: Definition der funktionalen Anforderungen, Koordination (Planung des Netzwerkes, Festlegung der Standards), Installation (Bereitstellung der Komponenten und Einrichtung), Betrieb, Hardware-/ Software-Wartung, Netzwerk-Management, Help-Desk, Tarifierung / Abrechnung.
- **Komponenten**: Übertragungsleitungen und -wege, Sprach-/ Daten-Multiplexer, Router zur LAN-WAN-Kopplung, lokale Netzwerk-Komponenten, Telekommunikations-Anlagen.

Die Gegenüberstellung der Dienstleistungen auf der einen und der Komponenten auf der anderen Seite ergibt eine **Matrix**, in deren einzelnen Feldern jeweils die Entscheidung für eine unternehmensinterne oder eine externe Lösung (Outsourcing) getroffen werden kann.

Im folgenden werden die wichtigsten Argumente aufgelistet und bewertet. Die Aufzählung der einzelnen Vor- und Nachteile können einem Unternehmen gleichzeitig als Checkliste dienen, wobei die Einzelargumente dann aus der individuellen Situation heraus gewichtet werden müssen:

- **Geringere Kosten**: Das am häufigsten ins Feld geführte Argument ist das Kostenargument. Unterschieden werden müssen dabei die Investitionskosten und die laufenden Kosten. Gerade bei den laufenden Kosten für die verschiedenen Leistungen ergeben sich bei den externen Dienstleistern Vorteile durch die Ausnutzung der "economies of scale", insbesondere beim Personal und der Ausnutzung der Leitungskapazitäten. Ein weiterer Vorteil kann in der Übersichtlichkeit und der Kalkulierbarkeit der Kosten für den Kunden liegen. Die Kostenkontrolle gestattet auch eine genauere und schnellere Zuordnung der Kosten auf den Verursacher. In Ausnahmefällen kann allerdings auch eine überwiegend interne Lösung wirtschaftlicher sein. Eine genaue und detaillierte Wirtschaftlichkeits-Gegenüberstellung ist daher notwendig.

- **Verbesserte Leistung**: Die umfassende Kompetenz des Dienstleisters - die natürlich einer kritischen Prüfung unterzogen werden sollte - unterstützt durch moderne Technik, Methoden und Werkzeuge, bewirkt eine qualitative Verbesserung der Leistung. Vertragliche Verhältnisse regeln die definierten Leistungen, Termine und Verantwortlichkeiten. Ein ganz wichtiges Argument ist, daß die Verantwortung für die jeweils modernste Technologie auf den Outsourcing-Partner verlagert werden sollte. Auf der anderen Seite muß beachtet werden, daß internes Know-how erhalten wird, um sich mit dem externen Partner abzustimmen und auf ihn einzuwirken. Bei sehr spezifischen Lösungen, in denen bereits internes Know-how existiert, macht es jedoch Sinn, Teile der Dienstleistungen intern zu erbringen.
- **Entlastung von Personalproblemen**: Der rasche technologische Wandel im Bereich der Kommunikationstechnik und die immer kürzer werdenden Innovationszyklen schlagen sich beim internen Personal in einem permanenten Qualifizierungsdruck nieder. Interne Experten sind zu rekrutieren und zu halten. Durch Outsourcing wird dieses Problem auf den externen Dienstleister verlagert. Allerdings ist aus strategischen Gründen eine vollkommene Abhängigkeit vom externen Dienstleister abzulehnen.
- **Strategische Vorteile**: Die Freisetzung von personellen Kapazitäten für strategisch wichtige Aufgaben der Planung und Konzeption ist ein Ziel, das durch Outsourcing erreicht werden kann. In vielen Unternehmen ist ein Großteil der Mitarbeiter im Bereich der Kommunikationstechnik mit Routineaufgaben beschäftigt, so daß für strategisch wichtige Tätigkeiten wenig Zeit verbleibt. Daher ist es sinnvoll, gerade alle administrativen und statischen Tätigkeiten, wie z.B. Installationen, Hardware-Wartung, Help-Desk nach außen zu verlagern.
- **Wettbewerbs-Risiken**: Angesichts der strategischen Bedeutung der Kommunikation und ihrem Einsatz als Wettbewerbsinstrument kann eine Auslagerung möglicherweise den damit verbundenen Wettbewerbsvorsprung zunichte machen, da die Exklusivität nicht gesichert werden kann.

- **Know-how-Verlust**: Besonders kritisch ist der Know-how-Verlust an den externen Dienstleister, da dieser Prozeß in der Regel irreversibel ist, d.h. nur sehr langfristig wieder eigenes Know-how aufgebaut werden kann. Daher ist es notwendig, detailliert zu prüfen und zu beurteilen, in welchen Bereichen eigene Fachkompetenz behalten werden muß.
- **Interne Organisation**: Sowohl beim vollkommenen Outsourcing wie auch bei der Verlagerung von Teilbereichen müssen interne organisatorische Vorkehrungen getroffen werden, um einen effektiven und reibungslosen Ablauf der Zusammenarbeit sicherzustellen. Insbesondere die Spezifizierung der Leistungen und die Kontrolle der Leistungserbringung müssen an der Schnittstelle zum externen Partner sichergestellt werden.
- **Qualitäts-Risiken**: Die fehlende Anwendernähe des externen Partners kann zu Akzeptanzproblemen in der Zusammenarbeit führen. Insbesondere bei Engpaßsituationen kann dies auftreten. Mit Hilfe vertraglicher Regelungen und durch entsprechende Kontrollmechanismen müssen daher Mindest-Standards definiert werden, die Verfügbarkeitsprobleme, instabile Leistungen, Technik- und Service-Probleme und Qualitätsschwankungen ausschalten.

Eine eindeutige Antwort auf die Frage des "make or buy" kann generell nicht gegeben werden. Ein genaues Abwägen der Vor- und Nachteile bei jeder einzelnen Dienstleistung bzw. den einzelnen Komponenten ist daher sinnvoll. Dies sollte im Rahmen eines internen Projektes entschieden werden.

Schlußbetrachtung

Die Ausführungen zur Entwicklung von einer heterogenen Kommunikationsinfrastruktur über eine ISDN-Konzern-WAN hin zu einem Corporate Network haben gezeigt, daß die Realisierung eine umfassende Auseinandersetzung mit den technischen wie auch den wirtschaftlichen Möglichkeiten und dem Anbietermarkt durch den Anwender voraussetzt und systematisch angegangen werden muß.

Zusammenfassend sind in diesem Zusammenhang drei wichtige Aspekte hervorzuheben:

Kenntnis der internen Kommunikation

Eine wesentliche Voraussetzung für die Beschäftigung mit dem Thema "Corporate Network" ist die Kenntnis der internen Kommunikationsströme, -arten und -kosten. Weiterhin ist die Aufteilung der Kommunikation nach Kommunikationspartnern notwendig. Diese Informationen sind die Grundlage für die Analyse und Entscheidung, welche Kommunikation über das Corporate Network abgewickelt werden kann. Weiterhin können nur so Einsparungspotentiale abgeschätzt werden, die sich durch die Bündelung von Leitungen, den Einsatz neuester Kompressionstechnologien und Routing-Techniken und Optimierungen im Datenverarbeitungs- und Telekommunikations-Equipment ergeben.

Corporate Network Markt

Als Anbieter von Corporate Network-Dienstleistungen für Dritte sind eine ganze Reihe von Unternehmen neben der Deutschen Telekom tätig. Ihre Herkunft ist recht unterschiedlich: Traditionelle Carrier, EDV-Unternehmen, Telekommunikationsunternehmen und Eigner bzw. Nutzer von internen Telekommunikationsnetzen. Die Flächendeckung des Angebotes ist ebenso unterschiedlich wie die Erfahrung. Diese beiden Aspekte werden sicherlich schnell bei allen Anbietern gleichartig ausgeprägt sein. Differenzierungsbereiche werden in der Integration (Integration von Daten und Sprache etc., Umsetzung von Protokollen, Angebot von Zusatzdienstleistungen), in der Internationalisierung (internationale Übergänge und Partner, one-stop-shopping und -billing), der Flexibilität (kundenspezifische Lösungen) und in der Wirtschaftlichkeit (Preis-/Leistungsverhältnis) liegen. Gerade dieser letztgenannte Aspekt ist in der Regel der dominante Antriebsmotor für den Aufbau eines Corporate Network. Kosteneinsparungen können aber nur dann an den Kunden weitergeben werden, wenn der Dienstleister in der Lage ist, "economies of scale" weiterzugeben, die durch verschiedene Maßnahmen zu erzielen sind: Erhöhtes Übertragungsaufkommen bei unveränderter Netzkonfiguration, Erhöhung der Flächenausdehnung und damit Sinken der Kosten pro Anschluß, Erhöhung der Übertragungskapazität und Senkung der Durchschnittskosten. Daher kann man davon ausgehen, daß nur derjenige langfristig in diesem Markt eine herausragende Stellung einnehmen kann, der Leitungsnetze mit hoher Übertragungskapazität verwendet, die von vielen Kunden genutzt werden und der an vielen geographisch verteilten Punkten präsent ist.

Innovative Dienste und Anwendungen

Der Aufbau und der Betrieb bzw. die Nutzung eines Corporate Network verbessert bereits die Kommunikationsinfrastruktur. Es stellt darüber hinaus aber eine Plattform zur Verfügung, um schnell und umfassend neue Dienste und Anwendungen einzuführen und auf breiter Ebene zu nutzen. Im Mittelpunkt stehen dabei Mehrwert-Dienste und Anwendungen, die von den Carriern angeboten oder auf Kundenwunsch ins Netzwerk integriert werden. Beispiele für Mehrwert-Dienste sind Electronic Mail und X.400-Dienste, Telefax-Dienste, EDI/EDIFACT-Anwendungen oder der Zugriff auf Online-Datenbanken. Hinzu kommen kundenspezifische Multimedia-Anwendungen und Service-Dienste (Call Center, Service-Telefonnummern).

Der externe Markt entwickelt sich in rapiden Innovationszyklen, gesetzliche Regelungen werden gelockert und verändert und neue Anwendungsmöglichkeiten werden eröffnet, die Wettbewerbsvorteile bieten. Weiterhin werden mit Hilfe von Corporate Networks Kostenvorteile erwartet, die ca. 30-40% unter den heutigen Kosten liegen. Ein frühzeitiges Beginnen mit den notwendigen Planungs- und Konzeptionsarbeiten ist daher gefragt, die allerdings stufenweise und detailliert durchgeführt werden sollten.

Session A

Corporate Networks / Virtual Private Networks

Forderungen an Monopoldienste

Dr. Bernd Jäger

Telecom Consulting

Themen-Übersicht

- **DIE THEORIE ...**
  - **Optimaler Ordnungsrahmen als grundlegende Annahme der Wachstumsprognosen für den Telekommunikationssektor und Schlußfolgerungen für Anforderungen an Monopoldienstleistungen**
  - **Umsetzung dieser Anforderungen in den Regulierungsvorschriften der Europäischen Union und der Bundesregierung**
- **UND DIE PRAXIS IN DEUTSCHLAND ...**
  - **Ist-Analyse: Tarifniveau, Angebotsvielfalt und Qualität bei Monopolübertragungswegen und beim Telefondienst**
  - **Auswirkungen/Beispiele: Deutsches Forschungs-Netz, ARD-Netz**
- **GRÜNDE FÜR DIE DISKREPANZ VON THEORIE UND PRAXIS UND FORDERUNGEN AUS ANWENDER- UND AUS REGULIERUNGSSICHT**

II.1##

Telecom Consulting Dr. Bernd Jäger TC

Ökonomische Hebelwirkung der Telekommunikation

- **Telekommunikation als größter Wachstumsmarkt: Verdreifachung des Anteils am BSP auf 7% bis zum Jahr 2010 *möglich* (zum Vergleich: Automobilindustrie heute 6%)**
- **Beispiele:**
  - **Welt-Umsatz bei Kommunikationsdiensten 1991 bei 700 Mrd. DM und 2010 bei 1.800 Mrd. DM**
  - **Welt-Umsatz für Telekommunikations-Ausrüstungen und -Endgeräte 1992 ca. 180 Mrd. DM und 2010 bei 250 Mrd. DM**
- **Hebelwirkung der Telekommunikation noch größer: 60% aller Arbeitsplätze sind im Jahr 2010 zumindest mittelbar von der Telekommunikation abhängig**

II.1##

Telecom Consulting Dr. Bernd Jäger TC

Strategische Bedeutung von Netzen und Diensten

- Gründe für hohes Wachstum der Telekommunikation:
  - erheblich gestiegenes Leistungsspektrum der IuK-Technologien und damit mehr Nutzungsoptionen von Netzen, Diensten und Endgeräten
  - Schneller, über Netze und Dienste der Telekommunikation abgewickelter ortsübergreifender Informationsaustausch als bedeutsamer Wettbewerbsfaktor (wegen der sich vertiefenden internationalen Arbeitsteilung, bei kürzeren Produktzyklen und bei steigendem F&E-Aufwand ist eine schnelle Marktreaktion notwendig)
- Daher zentrale strategische Bedeutung der Übertrgagungswege als "Rohstoff" für den dienstegestützten Informationsaustausch und strategsiche Funktion einer hohen Angebotsvielfalt bei Diensten

II.I ##

Telecom Consulting Dr. Bernd Jäger

TC

Bedingung für Wachstum: optimaler Ordnungsrahmen

- Die Ausschöpfung der prognostizierten Wachstumspotentiale ist nur dann möglich, wenn der *Ordnungsrahmen die Errichtung und Nutzung preisgünstiger und leistungsfähiger Netze- und Diensteangebote ermöglicht*
- "First-best Solution": freier Marktzutrittauf Netz- und Diensteebene (Annahme: Markt nicht zutrittsresistent - wegen kostengünstiger Alternativtechnologien und steigender Nachfrage verlieren Größenvorteile selbst im Ortsnetz an Bedeutung) undLeistungswettbewerb zwischen den Anbietern
- Bei Monopolstellung: Der Monopolist muß Dritten Monopoldienstleistungen diskriminierungsfrei und kostenorientiert zur Verfügung stellen
  - Beispiel: Ist ein Netzmonopolist zugleich Anbieter im wettbewerblich strukturierten Dienstemarkt, ist das Monopol nur dann ordnungspolitisch vertretbar, wenn der Monopolist Übertragungswege anderen Diensteanbietern diskriminierungsfrei und kostenwahr zur Verfügung stellt.

II.I ##

Telecom Consulting Dr. Bernd Jäger

TC

Nutzerforderungen an Monopoldienstleistungen

- **Preisgünstigkeit**
- **nachfragegerechte Angebotsvielfalt**
- **schnelle Bereitstellung und hohe zeitliche Verfügbarkeit**
- **hohe Leistungsfähigkeit hinsichtlich der Dienstemerkmale**
- **Beispiele:**
  Rechnervernetzung und Massendatentransfer; Fernzugriff auf Datenbanken; Tele-Teamwork; Tele-Medizin; Tele-Publishing; interative Unterhaltungsangebote; Home-Teaching

  ÜBEREINSTIMMUNG DER ANWENDERFORDERUNGEN MIT DEN REGULIERUNGSFORDERUNGEN UND -ZIELEN:

Telecom Consulting Dr. Bernd Jäger TC

Umsetzung in Regulierungsvorschriften

- **In Deutschland sind Monopoldienstleistungen: Standard-Festverbindungen (MÜW) sowie der Telefondienst (Sprachvermittlung für die Öffentlichkeit)**
- **Vorschriften zur Abgrenzung/Regulierung der Monopoldienstleistungen und zur Festlegung von Anforderungen an Monopoldienstleistungen:**
  - **Europäische Union, v. a.**
    - » **ONP - Open Network Provision (90/387/EWG)**
    - » **ONP für Mietleitungen (92/44/EWG)**
    - » **Diensterichtlinie (90/388/EWG)**
  - **Umsetzung in nationale Vorschriften v. a. durch**
    - » **Verwaltungsvorschrift Netzmonopol**
    - » **Verwaltungsvorschrift Telefondienstmonopol**
- **Ziel des Rechtsrahmens: Schaffung der Bedingungen für chancengleiche Wettbewerbsbedingungen, um leistungsfähige, nachfragegerechte und preisgünstige Netz- und Dienstangebote zu fördern und den Anforderungen der Anwender gerecht zu werden**

Telecom Consulting Dr. Bernd Jäger TC

Nutzerforderungen an Monopoldienstleistungen

- **Preisgünstigkeit**
- **nachfragegerechte Angebotsvielfalt**
- **schnelle Bereitstellung und hohe zeitliche Verfügbarkeit**
- **hohe Leistungsfähigkeit hinsichtlich der Dienstemerkmale**
- **Beispiele:**
  Rechnervernetzung und Massendatentransfer; Fernzugriff auf Datenbanken; Tele-Teamwork; Tele-Medizin; Tele-Publishing; interative Unterhaltungsangebote; Home-Teaching

  ÜBEREINSTIMMUNG DER ANWENDERFORDERUNGEN MIT DEN REGULIERUNGSFORDERUNGEN UND -ZIELEN:

II.I##

Telecom Consulting Dr. Bernd Jäger TC

Umsetzung in Regulierungsvorschriften

- **In Deutschland sind Monopoldienstleistungen: Standard-Festverbindungen (MÜW) sowie der Telefondienst (Sprachvermittlung für die Öffentlichkeit)**
- **Vorschriften zur Abgrenzung/Regulierung der Monopoldienstleistungen und zur Festlegung von Anforderungen an Monopoldienstleistungen:**
  - Europäische Union, v. a.
    - ONP - Open Network Provision (90/387/EWG)
    - ONP für Mietleitungen (92/44/EWG)
    - Diensterichtlinie (90/388/EWG)
  - Umsetzung in nationale Vorschriften v. a. durch
    - Verwaltungsvorschrift Netzmonopol
    - Verwaltungsvorschrift Telefondienstmonopol
- **Ziel des Rechtsrahmens: Schaffung der Bedingungen für chancengleiche Wettbewerbsbedingungen, um leistungsfähige, nachfragegerechte und preisgünstige Netz- und Dienstangebote zu fördern und den Anforderungen der Anwender gerecht zu werden**

II.I##

Telecom Consulting Dr. Bernd Jäger TC

Praxis: MÜW/Bereitstellungszeiten

Erreichte Bereitstellungszeiten

ÜW	DBP Telekom	Internationaler Standard
Analoge ÜW mit geringer	90% in max. 3 Monaten	Ortsnetz: max. 20 Werktage Fernnetz: max. 20 Werktage
Digitale ÜW 64 kb/s	53% in max. 3 Monaten	s.o.
Digitale ÜW 2Mb/s	2- 4 Monate	max. 60 Werktage (z.T. auch innerhalb weniger Tage)
Digitale ÜW 34 Mb/s	4- 18 Monate	max. 60 Werktage

Quelle: Analysys 1993, Jäger/ Melzer/ Strawe 1993

Telecom Consulting Dr. Bernd Jäger

TC

Praxis: MÜW/Tarifniveau: 64 Kbit/s

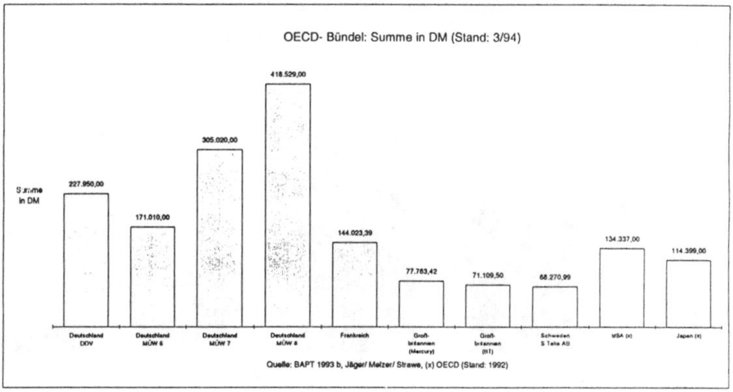

Telecom Consulting Dr. Bernd Jäger

TC

Praxis: MÜW/Tarifniveau: 2 Mbit/s

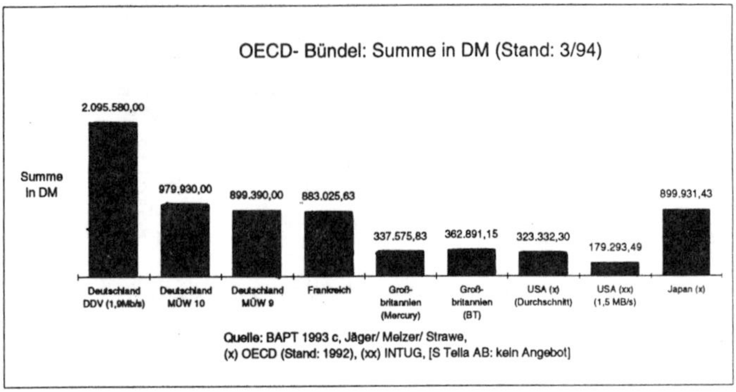

Telecom Consulting Dr. Bernd Jäger TC

Praxis: MÜW/Tarifniveau: 34 Mbit/s

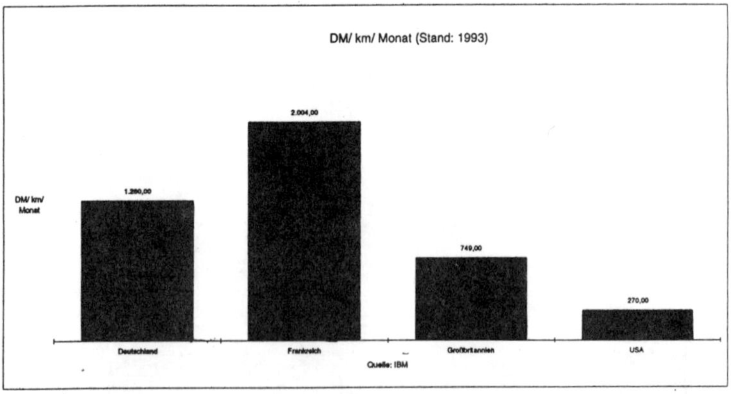

Telecom Consulting Dr. Bernd Jäger TC

Praxis: MÜW/Tarifniveau: Vergleich Monopol/Wettbewerb

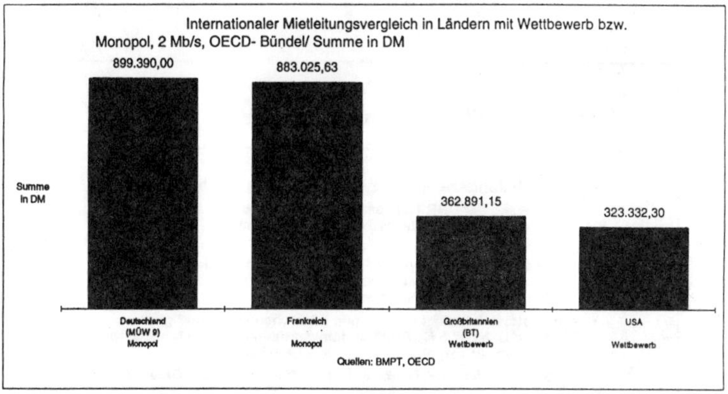

Telecom Consulting Dr. Bernd Jäger TC

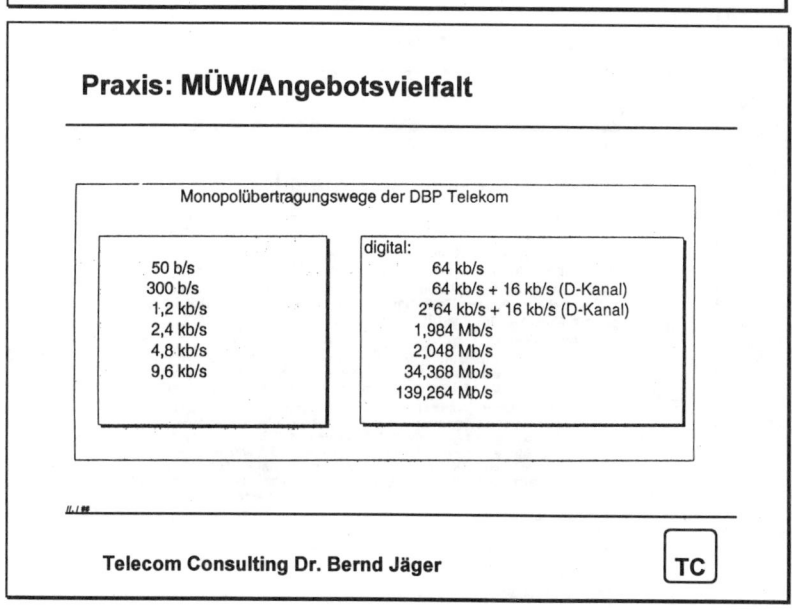

Praxis: MÜW/Angebotsvielfalt

Monopolübertragungswege der DBP Telekom

50 b/s 300 b/s 1,2 kb/s 2,4 kb/s 4,8 kb/s 9,6 kb/s	digital: 64 kb/s 64 kb/s + 16 kb/s (D-Kanal) 2*64 kb/s + 16 kb/s (D-Kanal) 1,984 Mb/s 2,048 Mb/s 34,368 Mb/s 139,264 Mb/s

Telecom Consulting Dr. Bernd Jäger TC

Praxis: MÜW/ Zusammenfassung/I

- **Bereitstellungszeiten trotz Verbesserungen zu hoch**
  - Einwand der DBP Telekom: VTM, Jäger und BAPT haben nur einen Ausschnitt aller MÜW untersucht (700 bzw. 6.000 von insgesamt 800.000)
  - Gegenäußerung: repräsentativer Querschnitt; oder aber DBP Telekom stellt privaten Carriern Leitungen zu einer schlechteren Qualität bereit, was ihr aber untersagt ist
- **Angebotsvielfalt nicht hoch genug (Zwischengeschwindigkeiten fehlen; z. B. MÜW 5 für Breitbandanwendungen nicht mit digitalem Angebot verfügbar, obwohl Nachfrage gegeben)**
  - Einwand der DBP Telekom: Rückgriff auf DDV oder Datex-M
  - Gegenäußerung: unerlaubte Verknüpfung von Monopolrechten und Wettbewerbsangeboten; Monopolist hat nachfragegerechtes MÜW-Angebot zu gewährleisten
- **geringer Marktumfang (in USA doppelt soviele Umsätze pro Einwohner; 80% der EU-Mietleitungen in GB)**

Telecom Consulting Dr. Bernd Jäger — TC

Praxis: MÜW/ Zusammenfassung/II

- **Tarifniveau ungeachtet mehrer Tarifsenkungen deutlich zu hoch: gegenüber Tarifen in USA und GB um den Faktor 3-10 höher**
  - Einwände der DBP Telekom: "einseitige Auswahl der Vergleichsländer; wir befinden uns im OECD-Durchschnitt" und "politische Lasten müssen aus Monopoleinnahmen finanziert werden"
  - Gegenäußerung:
    - » Wegen der Bedeutung der MÜW für den Wirtschaftsstandort Deutschland ist ein Vergleich mit den leistungsstarken Ländern USA und GB wichtig, nicht dagegen mit schwächeren Ländern
    - » Finanzierung "politischer Lasten" erklärt hohes Tarifniveau nicht, zumal Vorschläge zur Befreiung von angeblichen politischen "Lasten" gerade von der DBP Telekom abgekehnt werden; z. B.: Errichtung privater Netze in den nBl, oder z. B. Verkauf des Bk-Netzes. Außerdem wurde die DBP Telekom von wirklichen Lasten befreit (z. B. Deckelung der Pensionsverpflichtungen; Ersetzung der Abführungspflicht durch Unternehmenssteuerrecht)
    - » interne Netzstrukturen sind weiterhin zu optimieren

Telecom Consulting Dr. Bernd Jäger — TC

Praxis: Telefondienst/Bereitstellungszeiten

- **Deutschland:**
  - **bei Überschreitung von 20 Tagen leistet die DBP Telekom eine Zahlung an den Kunden**
  - **VdP: erreicht werden 15-25 Tage; ISDN: 3-5 Monate**
  - **Mobilfunk: wenige Stunden**
- **USA:**
  - **wenige Stunden bis 1 Tag**
- **Großbritannien**
  - **wenige Tage**

Telecom Consulting Dr. Bernd Jäger

TC

Praxis: Telefondienst/Tarifniveau

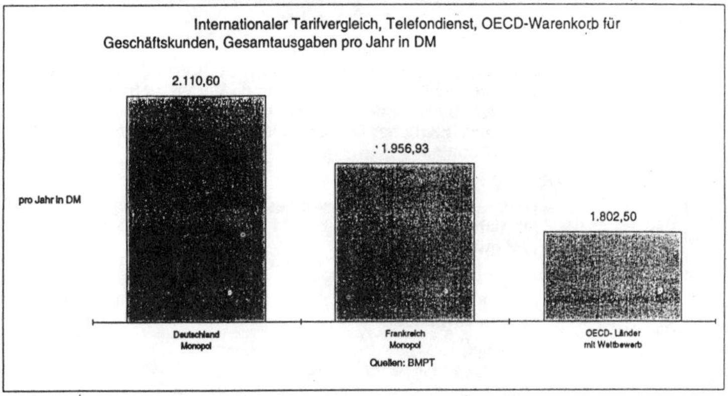

Telecom Consulting Dr. Bernd Jäger

TC

Praxis: Telefondienst/ Zusammenfassung

- Ungeachtet der mit dem "Tarif 90" erfolgten Niveausenkung und Strukturanpassung übersteigt das inländische Tarifniveau dasjenige in Ländern mit Telefondienstwettbewerb um ca. 20%.
- Umsatzrendite ca. 14 Mrd. DM bei ca. 42 Mrd. DM Umsatz
- Trotz der in den letzten Jahren erreichten Verbesserungen (z. B. Optimierung der Auftragsbearbeitung) zu hohe Wartezeiten bei der Bereitstellung
- zu geringe Dienstevielfalt (z. B. Anis nur für ISDN-Anschlüsse; AT&T bringt jährlich ca. 190 Mehrwertdienste auf den Markt)

II. / 98

Telecom Consulting Dr. Bernd Jäger TC

Praxis-Folgen: Beispiele

- Deutsches Forschungs-Netz:
  - deutlicher Rückstand gegenüber USA; hohe Mietleitungskosten können vom Deutschen Forschungs-Verein nicht finanziert werden; daher keine 34 Mbit/s- und fast keine 2 Mbit/s-Leitungen; erheblicher Standortnachteil für deutsche Forschungseinrichtungen
- ARD:
  - Mietleitungskosten für analoges Backbone-Netz ca. 155 Mio. DM jährlich; bei Digitalisierung 224 Mio. DM; Private können ca. 35% preisgünstiger anbieten
- Priate Kabelnetzbetreiber:
  - MÜW 5 nur auf analoger Basis, obgleich Bedarf für digitale Leitungen vorhanden

II. / 98

Telecom Consulting Dr. Bernd Jäger TC

Schlußfolgerungen/I

- Forderungen an die DBP Telekom:
  - Absenkung des Tarifniveaus bei MÜW sowie beim Telefondienst auf ein wettbewerbsfähiges Niveau (Telekom plant neue Tarife für 1995); Telefondienst ab 1996 (unzureichende Absenkung)
  - Erhöhung der Angebotsvielfalt bei Monopoldiensten
  - Schnellere Bereitstellung und höhere zeitliche Verfügbarkeit bei MÜW
  - Schnellere Bereitstellung von Telefonhauptanschlüssen

II.I 98

Telecom Consulting Dr. Bernd Jäger

TC

Schlußfolgerungen/II

- Die Wirkungsgrenze der Monopolregulierung ist erreicht:
  - Die 1989 eingeleiteten staatlich-administrativen Schritte zur Absenkung des überhöhten Tarifniveaus führen nicht zu einem international wttbewerbsfähigen Tarifniveau.
  - Die Qualitätsregulierung bietet keine ausreichende Handhabe zur zügigen Bereitstellung eines nachfragegerechten Produktangebots.
- Der anonyme Wettbewerbsprozeß dagegen schafft erfahrungsgemäß ein nachfragegerechtes, preisgünstiges und leistungsfähiges Angebot.

II.I 99

Telecom Consulting Dr. Bernd Jäger

TC

wettbewerbsdiskriminierender Faktor: Netzmonopol

- **Die DBP Telekom behält auch nach der "Postreform II" das Übertragungswegemonopol und bleibt damit monopolistischer Lieferant von Mietleitungen:**
  - Sie bestimmt also weiterhin wesentliche Kostenbestandteile privater Netzbetreiber und Diensteanbieter (also ihrer Mitbewerber)
  - Beispiel: hohe Mietleitungskosten für Mannesmann Mobilfunk und E-Plus: ca. 30% der Gesamtkosten sind an den Netzmonopolisten zu leistende Mietleitungskosten, der zugleich über seine Tochtergesellschaft DeTeMobil als Mitbewerber auf dem Mobilfunkmarkt auftritt
  - Der Gesetzgeber verwehrt den Privaten die Errichtung eigener Netze sowie die Anmietung der Netzstrukturen Dritter und damit eine Senkung von Betriebskosten.
  - Fraglich ist, ob die DBP Telekom für eigene Diensteangebote marktgerechte interne Verrechnungspreise für die Nutzung von Monopoldienstleistungen ansetzt und hierbei die gleiche technische Qualität nutzt (Die ONP wurde vom deutschen Regulierer zwar umgesetzt, aber deren Einhaltung wird nicht hinreichend kontrolliert: Problem der Intransparenz der Kostenrechnung).

Telecom Consulting Dr. Bernd Jäger

TC

wettbewerbsbeeinträchtigender Faktor: Postreform II

- **Mit der "Postreform II" erhält die DBP Telekom einen wachsenden unternehmerischen Handlungsspielraum, den sie wettbewerbsverzerrend einsetzen kann. Dadurch droht sich die Wettbewerbssituation zu Lasten privater Netzbetreiber und Diensteanbieter zu verschärfen.**
  - Entpolitisierung unternehmerischer Entscheidungen der DBPT
  - Zufluß erheblicher Finanzressourcen: Eigenkapitalerhöhung, Änderung der Besteuerung, "Deckelung" der Pensionsverpflichtungen
  - Quersubventionierung von Wettbewerbsdiensten aus Monopoleinnahmen zu Lasten privater Diensteangebote ist weiter erlaubt (Beispiele für wettbewerbsbeeinträchtigende Auswirkungen: Datex-P; Übertragung des C-Netzes auf DeTeMobil, die ökonomisch wie eine Quersubventionierung wirkt)

Telecom Consulting Dr. Bernd Jäger

TC

Regierungskommission Fernmeldewesen (1987)

- "Die Telekom behält das Netzmonopol, solange sie Mietleitungen (Festverbindungen) zu angemessenen und wettbewerbsfähigen Bedingungen entsprechend dem qualitativen und quantitativen Bedarf anderen überläßt. Die Bundesregierung überwacht die Entwicklung des Wettbewerbs. Die Überprüfung der Entwicklung erfolgt jeweils nach drei Jahren. Im Falle einer nicht befriedigenden Marktentwicklung läßt die Bundesregierung die Errichtung konkurrierender Netze zu."
- "Falls (..) z. B. privaten Dienstleistungsunternehmen die gewünschte qualitative und quantitative Übertragungskapazität zu wettbewerbsfähigen Bedingungen nicht überlassen wird, sieht die Kommission die Konsequenz, private Netze zu gestatten."

Telecom Consulting Dr. Bernd Jäger

TC

Äußerungen - auch aus der DBP Telekom

- "Die noch bestehenden Monopole sind heute überdies mit deutlichen Nachteilen verbunden, da sie mehr und mehr ausgehöhlt werden und Telekom dabei an Preisfesseln und Altlasten gebunden bleibt."
(Helmut Ricke, "Ungleiches Rennen", in: Telekom Monitor, 9/94, S. 2)
- "(...), müßten die heutigen Telefondiensttarife in Deutschland um insgesamt ein Drittel, die Tarife für Monopolübertragungswege um die Hälfte gesenkt werden." (...) Die AG TMD sieht allein im Infrastrukturwettbewerb den Schlüssel dazu, die Stückkostendegression für die Bereitstellung von breitbandigen Übertragungswegen so voranzutreiben, daß die für eine weitere Belebung des Telekommunikationssektors notwendige Angebotsvielfalt und Preisoptimierung erreicht werden kann."
(aus einer Broschüre der VDMA AG TMD zur Regulierung der Telekommunikation aus 6/94; mitwirkendes Unternehmen u. a.: DBP Telekom)

20.10.1994, / 27

Telecom Consulting Dr. Bernd Jäger

TC

"Postreform III": Liberalisierung und Re-Regulierung

- **Forderungen zur Liberalisierung**
  - **Abschaffung des Übertragungswegemonopols zum 1.1.96 (auch im Rahmen der EU; Bedeutung der deutschen Ratspräsidentschaft)**
  - **Netzerrichtungsrechte für Private auf öffentlichem Grund ab 1.1.95**
  - **Problem: Ortsnetzzugang; daher schnelle DECT-Regulierung und Sicherstellung eines diskriminierungsfreien Ortsfestnetzzugangs**
  - **Telefondienstliberalisierung zum 1.1.97; vorher Anpassung des FAG an die Diensterichtlinie (einschl. Mischkommunikationsformen und Rechtsbeziehungen in geschlossenen Benutzergruppen)**
- **Forderungen zur Re-Regulierung**
  - **Asymmetrische Regulierung: günstigere Netzzugangs-Tarife für neue Anbieter**
  - **Verbot der Quersubventionierung; Beweislastumkehr bei vermuteten Regulierungsverstößen**
  - **Auch neue Anbieter sind der Regulierung unterworfen (Ausbauverpflichtung im Telefondienst, diskriminierungsfreier Netzzugang, Verbot von Quersubventionen aus Monopoleinnahmen)**

Telecom Consulting Dr. Bernd Jäger **TC**

TELEKOM-ANWENDER KONGRESS

Session A

Corporate Networks / Virtual Private Networks

Neue Leistungsmerkmale und Tarife bei Standard-Festverbindungen 1995 *

Bert Müller, Manfred Osterloh-Stümer

DBP Telekom

* Hinweis

Zum Zeitpunkt der Drucklegung lag die Genehmigung des BMPT für die nachfolgend beschriebenen Maßnahmen noch nicht vor. Alle nachfolgenden Angaben gelten daher unter dem Vorbehalt der Genehmigung durch den BMPT.

Telekom-Anwender-Kongress ´94

Übersicht | Seite

I	Hintergrund für die Leistungs- und Tarifänderungen 1995	2
II	Leistungen und Tarife für analoge Standard-Festverbindungen	3
III	Leistungen und Tarife für digitale Standard-Festverbindungen	11
IV	Zusätzliche Leistungen für Standard-Festverbindungen	18
V	Einführung der Standard-Festverbindung Digital 155M	22
VI	Preisnachlaßstruktur und Preisnachlaßmaßnahmen	23

·T·e·l·e·k·o·m· B. Müller/M. Osterloh-Stümer Seite 1

Telekom-Anwender-Kongress ´94

I Hintergrund für die Leistungs- und Tarifänderungen 1995

- ❑ Vorgaben des Regulierers hinsichtlich der Tarifgestaltung für digitale Übertragungswege bis 1995
- ❑ Vorgaben des Regulierers hinsichtlich der Einführung einer Rabattsystematik
- ❑ Notwendigkeit der Angleichung an ein international vergleichbares Tarifniveau für Bereitstellungs- und monatliche Preise
- ❑ Weiterentwicklung der Produktpalette und Leistungsmerkmale entsprechend der Marktnachfrage
- ❑ Berücksichtigung der EG-Diensterichtlinie

·T·e·l·e·k·o·m· B. Müller/M. Osterloh-Stümer Seite 2

Telekom-Anwender-Kongress ´94

II Leistungen und Tarife für analoge Standard-Festverbindungen

Kernpunkte der hierunter aufgeführten Maßnahmen:

- ❑ Anhebung der Bereitstellungspreise in mehreren Stufen
- ❑ Erweiterung der Möglichkeit des Typenwechsels
- ❑ Neue Tarifierungsart für mehrdrähtige Schnittstellen
- ❑ Absenkung der monatlichen Verbindungstarife in der Fernzone (Ferntarife)
- ❑ Stufenweise Heranführung der Verbindungstarife in der Ortszone 2 an die Ferntarife
- ❑ Begrenzung des Preisanstiegs für Übertragungswege der Übergangsregelung ´94 (Ortszone 1 und 2) auf maximal 50% (Analog TG, TE, TA, TN)
- ❑ Einführung von 2 Produktvarianten mit konkreten Dämpfungsobergrenzen, die insbesondere zum Einsatz in Corporate Networks geeignet sind

·T·e·l·e·k·o·m· B. Müller/M. Osterloh-Stümer Seite 3

Telekom-Anwender-Kongress ´94

➔ Anhebung der Bereitstellungspreise in mehreren Stufen

- ❑ Die Preise betragen für alle analogen SFV einmalig 450 DM je Ende (1. Stufe 1995: Anhebung von 300 DM je Ende (Tarif ´94) auf 450 DM je Ende)

➔ Erweiterung der Möglichkeit des Typenwechsels

- ❑ Für alle analogen SFV, mit Ausnahme der TG0 *) ist ein Typenwechsel möglich, der ohne Aufwand (vor Ort) 65 DM kostet und, wenn er mit einem Aufwand verbunden ist, pauschal 600 DM kostet. Damit wurde der Preis für einen derartigen Typenwechsel in der heutigen Größe eingefroren.
- ❑ Für die TG0 kostet der Wechsel von 2-Draht nach 4-Draht oder 6-Draht bzw. umgekehrt ebenfalls 600 DM

*) nähere Einzelheiten werden auf Seite 8 dargestellt

·T·e·l·e·k·o·m· B. Müller/M. Osterloh-Stümer Seite 4

Telekom-Anwender-Kongress '94

➔ Neue Tarifierungsart für mehrdrahtige Schnittstellen

- **Vierdraht- und Sechsdraht-Zuschläge sind bisher Bestandteil des Tarifs und in jeweils einer eigenen Preisliste dargestellt. Ab 1995 soll nur noch eine Preisliste für den Grundübertragungsweg (Analog G) gelten mit Zuschlägen für die 4- bzw. 6-Draht Schnittstelle.**
- **Bei Fernverbindungen sind die Mehrdraht-Kostenanteile für die jeweiligen Anschlußleitungsabschnitte bisher nur teilweise im Tarif berücksichtigt. Bei der neuen Regelung gelten die Mehrdrahtzuschläge auch für Fernverbindungen, wodurch sich in bestimmten Fällen leichte Preiserhöhungen ergeben können.**
- **Nur bei der SFV Analog TG0 werden künftig keine Mehrdrahtzuschläge bezahlt, da aufgrund der digitalen Führung bis zum Kunden kein Mehraufwand entsteht.**

Telekom **B. Müller/M. Osterloh-Stümer Seite 5**

Telekom-Anwender-Kongress '94

- **Preissystem für analoge SFV**

  Für analoge SFV gelten folgende Mehrpreise (bezogen auf die Analog G) und Zuschläge auf die monatlichen Verbindungspreise:

		monatlicher Mehrpreis zur Analog G	monatlicher Mehrdraht-Zuschlag zum Preis der jeweiligen SFV	
SFV-Typ	Tarifbereich	2-Draht	4-Draht	6-Draht
G	OZ1	0,00 DM	60,00 DM	entfällt
	OZ2 / FZ	0,00 DM	120,00 DM	entfällt
1025	OZ1	1,50 DM	61,50 DM	entfällt
	OZ2 / FZ	30,00 DM	123,00 DM	entfällt
1020	OZ1	23,00 DM	83,00 DM	entfällt
	OZ2 / FZ	150,00 DM	166,00 DM	entfällt
TG/TE/TA	OZ1	10,00 DM	70,00 DM	130,00 DM
	OZ2 / FZ	10,00 DM	120,00 DM	240,00 DM
TN	OZ1	20,00 DM	70,00 DM	130,00 DM
	OZ2 / FZ	40,00 DM	120,00 DM	240,00 DM
TG0	OZ1	190,00 DM	0,00 DM	0,00 DM
	OZ2 / FZ	250,00 DM	0,00 DM	0,00 DM
TG5	OZ1	25,00 DM	70,00 DM	130,00 DM
	OZ2 / FZ	25,00 DM	120,00 DM	240,00 DM

Telekom **B. Müller/M. Osterloh-Stümer Seite 6**

Telekom-Anwender-Kongress ´94

➡ Absenkung der monatlichen Verbindungstarife in der Fernzone (Ferntarife)

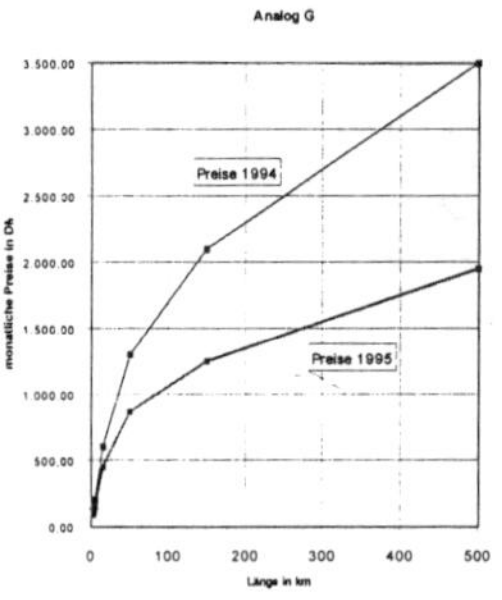

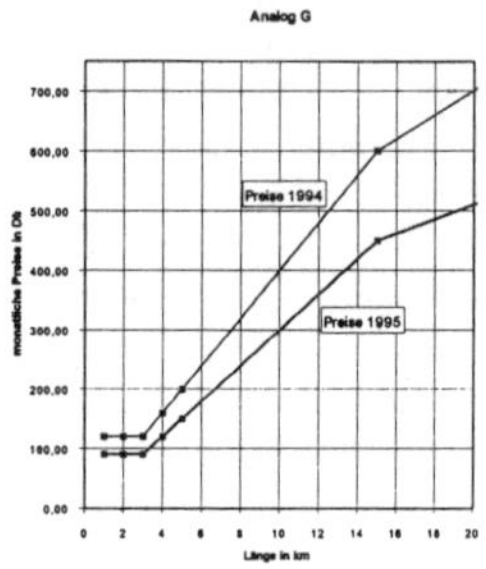

Telekom · B. Müller/M. Osterloh-Stümer Seite 7

Telekom-Anwender-Kongress ´94

➡ Stufenweise Heranführung der Verbindungstarife in der Ortszone 2 an die Ferntarife

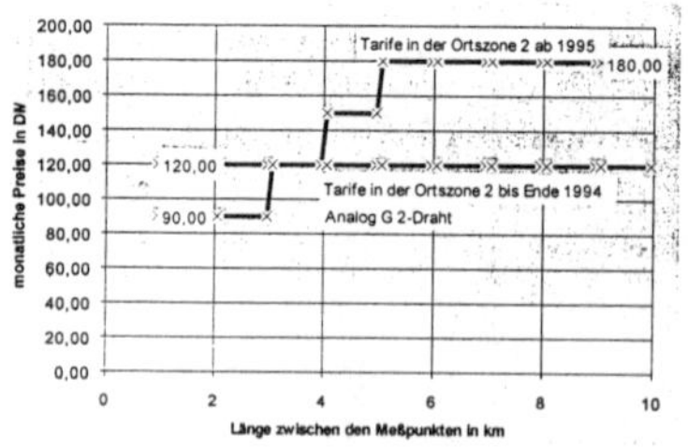

- ❑ **Der Mindestpreis beträgt 90 DM**
- ❑ **Der Höchstpreis beträgt in diesem ersten Schritt 180 DM**
- ❑ **Den Höchstpreis gibt es nur in der Ortszone 2, es ist keine Übergangsregelung, die Regelung gilt auch für neue SFV**

Telekom · B. Müller/M. Osterloh-Stümer Seite 8

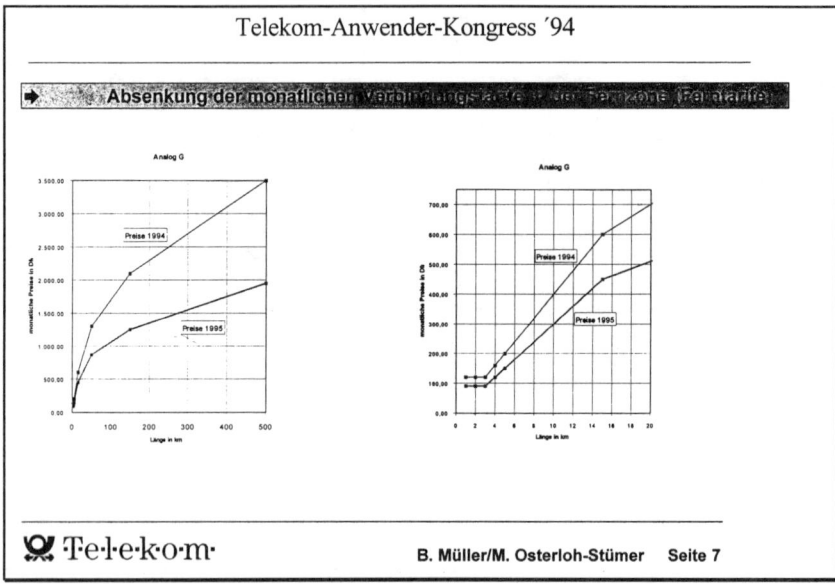

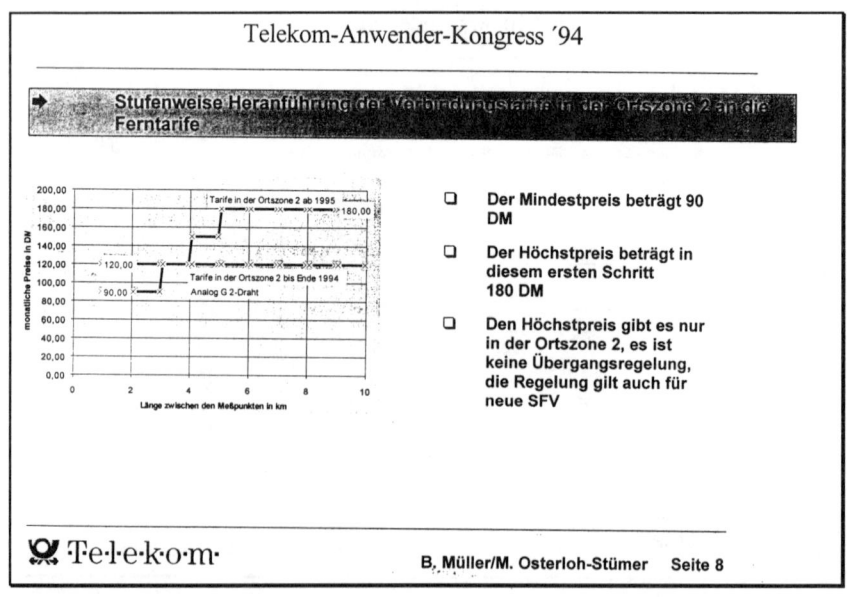

Telekom-Anwender-Kongress ´94

Begrenzung des [illegible] Übergangsregelung [illegible] TE, TA, TN)

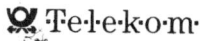

- Bezugsbereich: Übertragungswege, die vor dem 01.08.1992 bereitgestellt wurden und für die derzeit noch nicht der Regeltarif bezahlt wird (Hintergrund: Diese Übergangsregelung wurde bisher zwei mal (1993, 1994) verlängert)
- Die Preise werden 1995 höchstens 50% teurer
- In den kommenden Jahren wird weiter an den Regeltarif angeglichen
- Mit der Tarifmaßnahme 1995 bleiben dann in der Ortszone 1 nur noch die SFV in der Übergangsregelung, die zwischen den Endstellen 100 m bzw. 200m lang sind, diese kosten als 2-Draht-Führung 57 DM bzw. 69 DM (bisher 38 DM bzw. 46 DM)
- In der Ortszone 2 gilt ab 1995 eine neue, längenabhängige Tarifierung, in die alle SFV der Übergangsregelung über Jahre "hineinwachsen" werden

Telekom — B. Müller/M. Osterloh-Stümer — Seite 9

Telekom-Anwender-Kongress ´94

Einführung von [illegible] die insbesondere zum [illegible]

- Standard-Festverbindung Analog TG0
  Restdämpfung bei 1000 Hz:
  mit 2-Draht Schnittstelle: 2 dB
  mit 4- oder 6-Draht-Schnittstelle : 0 dB
- Standard-Festverbindung Analog TG5
  Restdämpfung bei 1000 Hz:
  mit 2-, 4- oder 6-Draht-Schnittstelle: $\leq$ 5 dB
- Die Laufzeit beträgt höchstens 12 ms, es tritt höchstens eine Quantifizierungsverzerrungseinheit und/oder ein Rückkopplungskreis auf.
- Da Kunden u.a. keine Angaben mehr über ihre Netzkonfiguration machen müssen, können in solchen Fällen in Zukunft keine analogen Übertragungswege mit Telefondienstqualität individuell eingemessen und bereitgestellt werden. Die neuen Typen mit definierten Dämpfungswerten entsprechen den Telefondienstqualitätsanforderungen und sind für die o.g. Netzkonfigurationen geeignet

Telekom — B. Müller/M. Osterloh-Stümer — Seite 10

Telekom-Anwender-Kongress ´94

III Leistungen und Tarife für digitale Standard-Festverbindungen

Kernpunkte der hierunter aufgeführten Maßnahmen:

- ❑ Anhebung der Bereitstellungspreise
- ❑ Deutliche Absenkung der monatlichen Verbindungstarife (Orts- und Fernzone) unter das vom BMPT vorgegebene maximal genehmigungsfähige Tarifniveau
- ❑ Begrenzung des Preisanstiegs für Übertragungswege der Übergangsregelung ´94 auf maximal 50%

·T·e·l·e·k·o·m· B. Müller/M. Osterloh-Stümer Seite 11

Telekom-Anwender-Kongress ´94

➔ Anhebung der Bereitstellungspreise

- ❑ Erhöhung der Bereitstellungspreise

	Bereitstellungspreis je Ende ab 1995	1994
Gruppe 64 (64S, 64U, S01, TS01, S02, TS02)	2000 DM	600 DM
Gruppe 2M (2MS, T2MS, 2MU)	4000 DM	600 DM
Gruppe >2M (34M, 140M, 155M)	längenabhängig	600 DM
34M:	30.000 DM + 10.000 DM je km	
140M und 155M:	45.000 DM + 15.000 DM je km	

- ❑ Die Bereitstellungspreise werden an das internationale Niveau angeglichen

·T·e·l·e·k·o·m· B. Müller/M. Osterloh-Stümer Seite 12

Telekom-Anwender-Kongress '94

➡ Absenkung der monatlichen Verbindungstarife (Orts- und Fernzone) unter das vom BMPT vorgegebene maximal genehmigungsfähige Tarifniveau

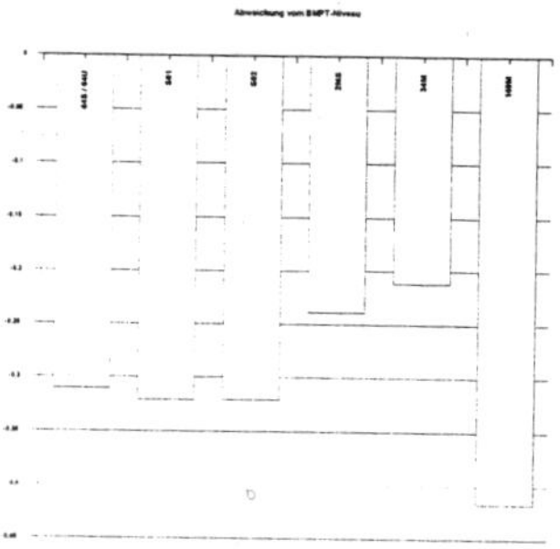

- ❑ **Reduzierung der monatlichen Tarife**
- ❑ **Das vom Regulierer festgelegte Niveau (Absenkung von 1994 nach 1995 >10%) orientiert sich am international verwendeten Warenkorb der OECD**
- ❑ **Die neuen Tarife liegen erheblich unter dem Niveau, welches der Regulierer für digitale SFV für das Jahr 1995 festgelegt hat *)**
- ❑ **Die Abweichung vom vorgegebenen Niveau ist in der nebenstehenden Graphik dargestellt**
- ❑ **dementsprechend liegen die neuen Tarife bis zu 50% unter den Tarifen 1994**
- ***) Bei der Berechnung der Unterschreitung des vorgegebenen Tarifniveaus wurde die Anhebung der Bereitstellungspreise berücksichtigt**

·T·e·l·e·k·o·m· **B. Müller/M. Osterloh-Stümer Seite 13**

Telekom-Anwender-Kongress '94

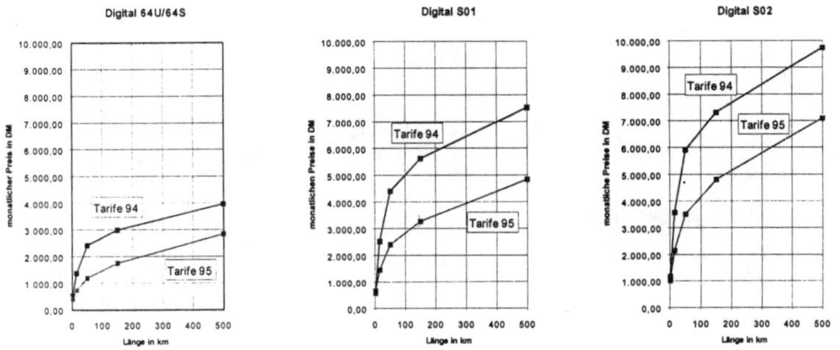

SFV mit 64 kbit/s im Vergleich der neuen Tarife mit den Tarifen für 1994

·T·e·l·e·k·o·m· **B. Müller/M. Osterloh-Stümer Seite 14**

Telekom-Anwender-Kongress '94

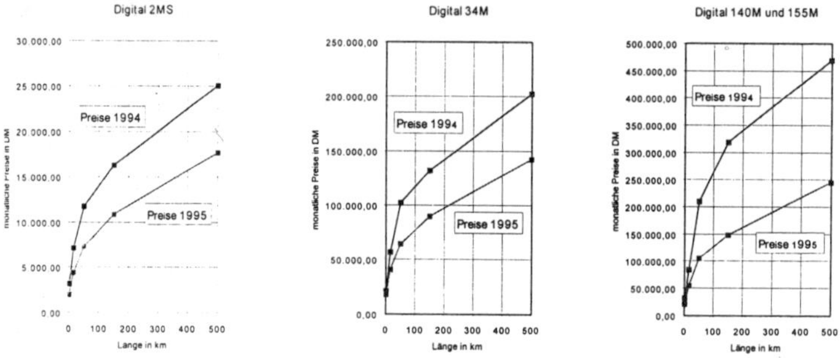

SFV Digital 2MS, 34M und 140M im Vergleich der neuen Tarife mit den Tarifen für 1994

Te·l·e·k·o·m· B. Müller/M. Osterloh-Stümer Seite 15

Telekom-Anwender-Kongress '94

Relative Darstellung der Preissenkung bei SFV mit 64kbit/s

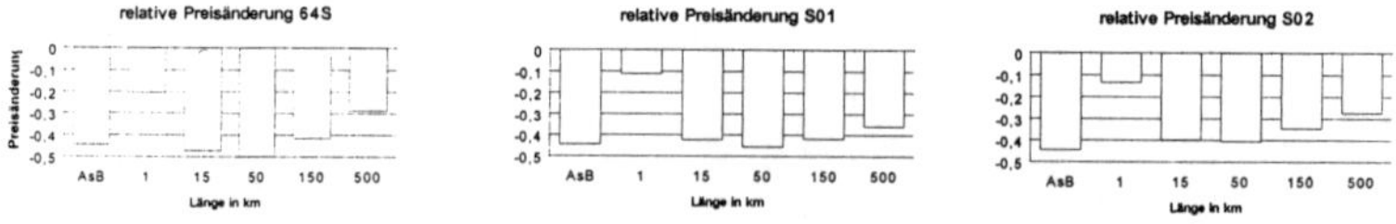

sowie für 2 Mbit/s und höher

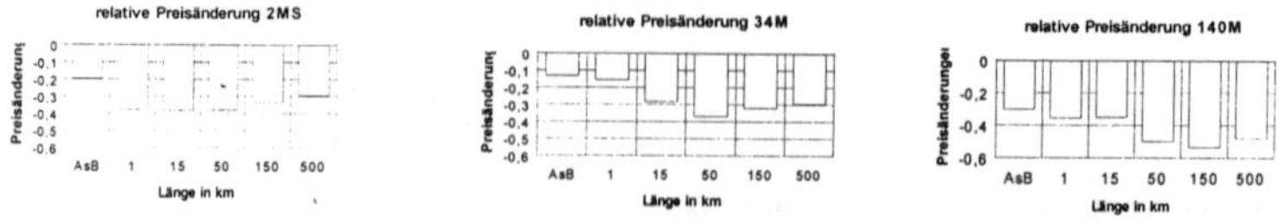

Te·l·e·k·o·m· B. Müller/M. Osterloh-Stümer Seite 16

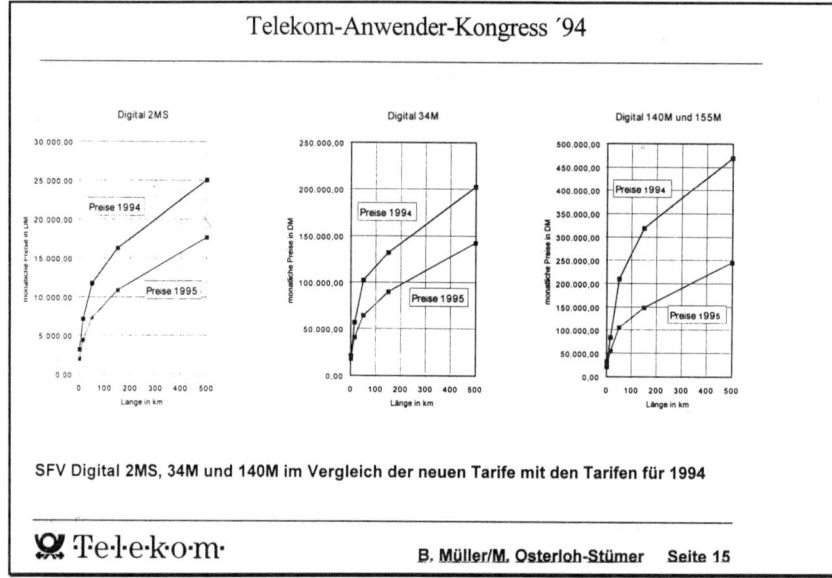

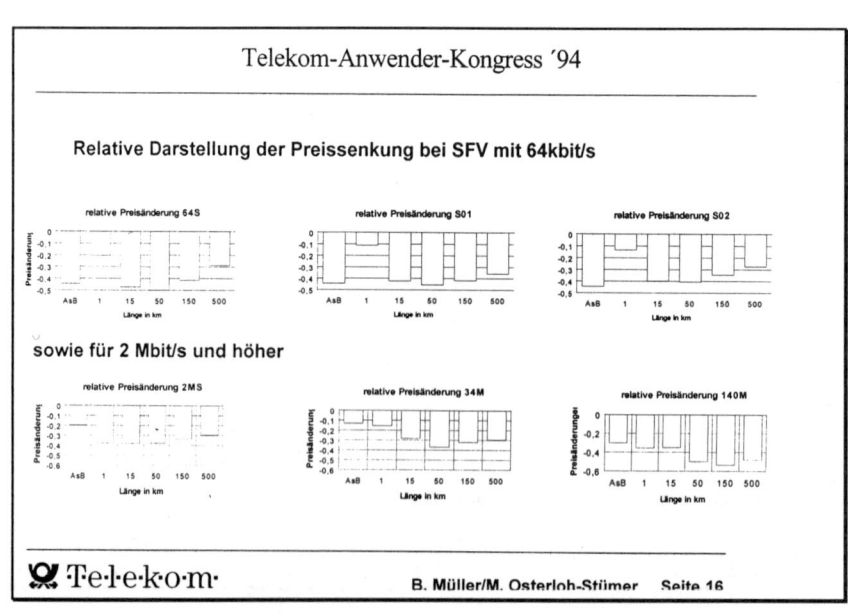

Telekom-Anwender-Kongress ´94

➔ Begrenzung des Preisanstiegs für Übertragungswege der Übergangsregelung ´94 auf maximal 50%

- ❑ Bezugsbereich: Übertragungswege, die vor dem 01.08.1992 bereitgestellt wurden und für die derzeit noch nicht der Regeltarif bezahlt wird
- ❑ Für SFV der Übergangsregelung sind die ab 01.01.1995 geltenden Preise höchstens um 50% teurer

S01/TS01

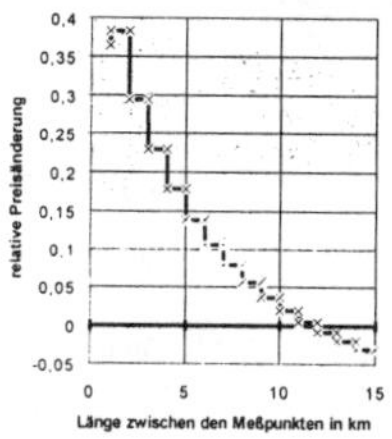

S02/TS02

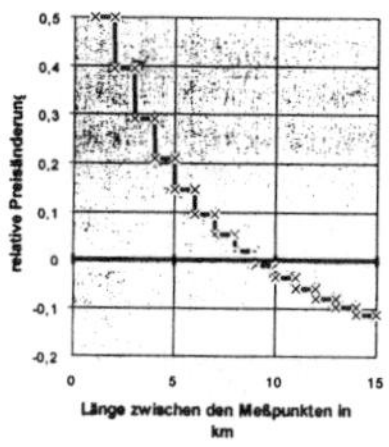

Telekom   B. Müller/M. Osterloh-Stümer   Seite 17

Telekom-Anwender-Kongress ´94

IV Zusätzliche Leistungen für Standard-Festverbindungen

Kernpunkte der hierunter aufgeführten Maßnahmen:

- ❑ Ortsveränderung von Standard-Festverbindungen
- ❑ Feste Reservierung für drei Monate
- ❑ Ändern des Standard-Festverbindungstyps innerhalb bestimmter Gruppen
- ❑ Einführung einer Kurzmietzeit-Regelung für Standard-Festverbindungen mit mehr als 2 Mbit/s

Telekom   B. Müller/M. Osterloh-Stümer   Seite 18

Telekom-Anwender-Kongress ´94

➡ Ortsveränderung von [illegible]

- ❑ Ausgangssituation 1994: Die Ortsveränderung einer Endstelle ist nur mittels Kündigung und Neuauftrag (bei vollem Bereitstellungspreis für die neue SFV) möglich
- ❑ Der bisherige SFV-Typ bleibt erhalten
- ❑ Ein Ende bleibt unverändert
- ❑ Der Betrieb wird während der Umschaltung unterbrochen
- ❑ Die neue Schaltung wird unverzüglich vorgenommen
- ❑ Der Vertrag wird nicht unterbrochen
- ❑ Für die Ortsveränderung wird der Preis nur für das geänderte Ende in Höhe des Bereitstellungspreises bezahlt

·T·e·l·e·k·o·m· B. Müller/M. Osterloh-Stümer Seite 19

Telekom-Anwender-Kongress ´94

➡ Feste Reservierung für drei Monate

- ❑ Ausgangssituation 1994: Vorerkundung/feste Reservierung entgeltfrei
- ❑ Ab 1995: Aufteilung der bisherigen zusätzlichen Leistung in:

Vorerkundung einer SFV [illegible]

Feste Reservierung für 3 Monate [illegible]

➡ Ändern des Standard-Fest[illegible]

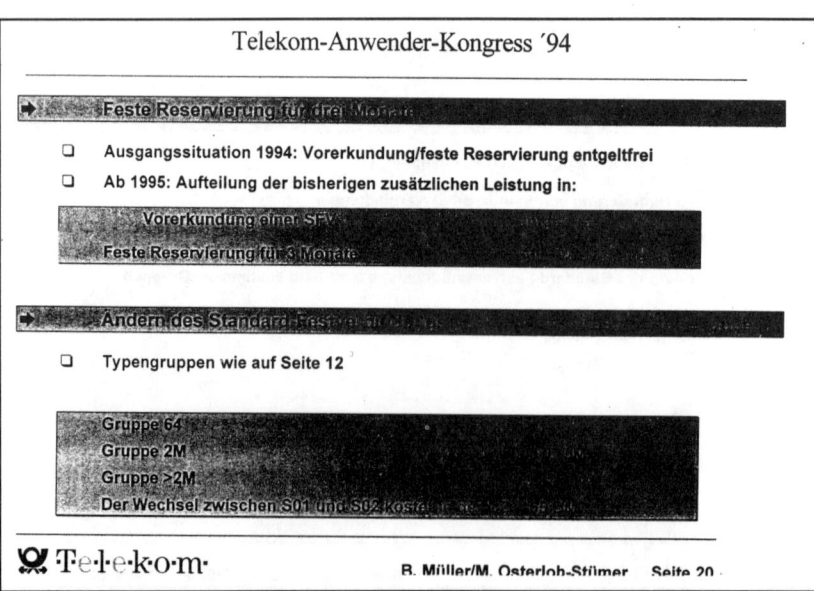

- ❑ Typengruppen wie auf Seite 12

Gruppe 64 [illegible]

Gruppe 2M [illegible]

Gruppe >2M [illegible]

Der Wechsel zwischen S01 und S02 kostet [illegible]

·T·e·l·e·k·o·m· B. Müller/M. Osterloh-Stümer Seite 20

Telekom-Anwender-Kongress ´94

➡ Einführung einer Kurzmietzeit-Regelung für Standard-Festverbindungen mit mehr als 2 Mbit/s

- ❑ Diese SFV haben eine Mindestmietzeit von 3 Jahren
- ❑ Mit der Einführung einer Kurzmietzeit-Regelung soll für diese SFV auch die Möglichkeit eröffnet werden, diese Übertragungsleistungen für eine kürzere Zeit in Anspruch zu nehmen

·T·e·l·e·k·o·m· B. Müller/M. Osterloh-Stümer Seite 21

Telekom-Anwender-Kongress ´94

V Einführung der Standard-Festverbindung Digital 155M

- ❑ Leistungsmerkmale

  Bruttobitrate 155.520 kbit/s, Nettobitrate 149.760 kbit/s

  SDH-Rahmenstruktur

  STM 1-Schnittstelle nach CCITT-Empfehlung G703/G707 bis G709
- ❑ Preise und zusätzliche Leistungen entsprechen den Preisen und zusätzlichen Leistungen der Digital 140M

·T·e·l·e·k·o·m· B. Müller/M. Osterloh-Stümer Seite 22

Telekom-Anwender-Kongress ´94

VI Preisnachlaßstruktur und Preisnachlaßmaßnahmen

Kernpunkte der hierunter aufgeführten Maßnahmen:

- ❑ Einführung eines Preisnachlaßsystems
- ❑ Einführung eines Bereitstellungs-Preisnachlasses
- ❑ Einführung eines Mietzeit-Preisnachlasses

·T·e·l·e·k·o·m· B. Müller/M. Osterloh-Stümer Seite 23

Telekom-Anwender-Kongress ´94

➡ Einführung eines Preisnachlaßsystems

- ❑ Das Preisnachlaßsystem für Standard-Festverbindungen wird sich zunächst aus einem Bereitstellungs-Preisnachlaß und einem Mietzeit-Preisnachlaß zusammensetzen
- ❑ Die Einführung eines Umsatz-Preisnachlasses ist zu einem späteren Zeitpunkt vorgesehen
- ❑ Es werden getrennte Preisnachlaßgruppen für analoge Standard-Festverbindungen und für digitale Standard-Festverbindungen mit den Übertragungsbitraten < 2 Mbit/s, = 2 Mbit/s und > 2 Mbit/s gebildet
- ❑ Für Standard-Festverbindungen einer Preisnachlaßgruppe werden gleichartige Preisnachlässe gewährt

·T·e·l·e·k·o·m· B. Müller/M. Osterloh-Stümer Seite 24

Telekom-Anwender-Kongress ´94

Einführung eines Bereitstellungs-Preisnachlasses

- Der Bereitstellungs-Preisnachlaß wird für alle analogen und digitalen SFV angeboten
- Der Anspruch des Kunden entsteht, wenn folgende Kriterien gleichzeitig erfüllt sind:
  - Gleichzeitige Bestellung
  - Beauftragung zum gleichen Bereitstellungstermin
  - Mindestanzahl von Standard-Festverbindungen derselben Preisnachlaßgruppe, deren Abschlußeinrichtungen sich jeweils im gleichen Gebäude befinden

Einführung eines Mietzeit-Preisnachlasses

- Der Mietzeit-Preisnachlaß wird, vor allem aus Kostendeckungs-Gesichtspunkten heraus, nur für digitale SFV angeboten
- Er bezieht sich nur auf die monatlichen Verbindungspreise ohne Zuschläge

Nachrichtlich:
Bei SFV > 2Mbit/s ist eine Mindestmietzeit von 3 Jahren gegeben

Telekom B. Müller/M. Osterloh-Stümer Seite 25

Telekom-Anwender-Kongress ´94

Bereitstellungspreise je Ende:

SFV-Gruppe	für die 1. SFV	für die 2. bis 7. SFV	für die 8. und mehr SFV
Analog	450 DM	350 DM	350 DM
Gruppe 64	2000 DM	1900 DM	1500 DM
Gruppe 2M	4000 DM	3600 DM	2800 DM
Gruppe >2M	voller Preis	nur Sockelbetrag	

Mietzeit-Preisnachlaß für eine Mietzeit von

	3 Jahren	5 Jahren	7 Jahren
Analog	0%	0%	0%
Gruppe 64	2%	5%	10%
Gruppe 2M	2%	5%	10%
Gruppe >2M	0%	3%	7,5%

Telekom B. Müller/M. Osterloh-Stümer Seite 26

Session A

Corporate Networks / Virtual Private Networks

Local Loop: Kommunale Netze als alternative Strukturen?

Dr.-Ing. Thomas Plückebaum

Alternative Infrastrukturen in Düsseldorf
Die ISIS Net Multimedia GmbH

Vortrag auf dem Telekom-Anwender Kongreß ´94
23. und 24. November 1994, Bonn

Gliederung:

1. **Der Markt bisher**
2. **Lösungen für Breitbandkommunikation**
3. **Die ISIS Net Multimedia GmbH**
4. **Perspektiven**

Dr.-Ing. Thomas Plückebaum
WestLB Kommunikationstechnik

WestLB Kommunikationstechnik | **ISIS Net Multimedia GmbH**

Zwischen den Gebäuden eines Unternehmens müssen verschiedene Protokolle übertragen werden (Beispiel WestLB in Düsseldorf/ Münster)

- **Online-Netz**
  - ESCON Kanal der IBM Großrechner
  - IBM PU4
  - IBM PU2 und 2.1
  - Data-Switch Schaltmatrix Satelliten
- **LAN-Verbindungen**
  - Token Ring
  - Ethernet

  ggf. auch über Chipcom Hubsysteme für Ethernet und Token Ring ...
  - u.U. FDDI
- **ISDN-Verbindungen für TK-Anlagen**
  - S_{2MFV}
  - S_{0FV}

Stand: //
PLTELAK2/ ##

WestLB Kommunikationstechnik — ISIS Net Multimedia GmbH

Die Telekom muß aus dem Netzmonopol heraus nur bestimmte, durch die Regulierungsbehörden vorgegebene Übertragungswege anbieten

Übertragungswegeangebot der DBP Telekom:

Geschwindigkeit	Übertragungsart	Preis in OZ 1
bis 28,8 kbit/s	analog	60,- DM/ Monat
64 kbit/s	digital	450,- DM/ Monat
1.948 kbit/s	digital	2250,- DM/ Monat
34.368 kbit/s	digital	>= 11.600,- DM/ Monat
139.264 kbit/s	digital	>= 19.000,- DM/ Monat

Der Bedarf der WestLB in Düsseldorf läßt sich mit dem Angebot der DBP Telekom nicht decken

Geschwindigkeit	Übertragungsart	Anwendung
165 x 80.000 kbit/s	optisch	Escon Kanäle
1 x 100.000 kbit/s	optisch	FDDI (DQDB)
16 x 16.000 kbit/s	digital	Token Ring LAN
16 x 1.948 kbit/s	digital	TK-Anlagen Verbund

3,4 Mio. DM/Monat ?

© 1994 Autor: Dr.-Ing. Thomas Plückebaum — Stand: // PLTELAK2/ ##

WestLB Kommunikationstechnik — ISIS Net Multimedia GmbH

Das Angebot der DBP Telekom bleibt auch bei neuen Breitbanddiensten sehr teuer

ATM-Gebühren der DBP Telekom

Bandbreite (in Mbit/s)	Grundgebühr (in DM/ Monat)	Ortszone (in DM/ Stde.)	Weitzone (in DM/ Stde.)	Gesamt/ Monat* (in DM/ Monat)
2	2.000	47	470	6.700
34	25.000	350	3.500	60.000
155	64.000	850	8.500	149.000

* 5 Std. am Tag, 20 Tage/ Monat, Ortszone

(nach: Computerwoche14, 18. April 1994, S. 7)

© 1994 Autor: Dr.-Ing. Thomas Plückebaum — Stand: // PLTELAK2/ ##

WestLB **Kommunikationstechnik** — **ISIS Net Multimedia GmbH**

Gliederung:

1. Der Markt bisher
2. **Lösungen für Breitbandkommunikation** ☞
3. Die ISIS Net Multimedia GmbH
4. Perspektiven

Stand: //
PLTELAK2/ ##

WestLB **Kommunikationstechnik** — **ISIS Net Multimedia GmbH**

Die WestLB hat den Bau eines privaten Glasfasernetzes untersucht

- ❑ **Deutsche Bundespost Telekom**
  Sprache ?, Kosten ?, Nutzungsrechte ?, Flexibilität, ...
- ❑ **Tiefbauunternehmen**
  Wegerechte ?, Kosten sehr günstig, ...
- ❑ **Stadtwerke**
  idealer Partner (Wegerechte, Erfahrungen im Tiefbau, Koordination von Bauarbeiten im Stadtgebiet, ...)
- ❑ **ISIS Net Multimedia GmbH**
  Gründung einer Gesellschaft für Breitbandkommunikationsdienste

Stand: //
PLTELAK2/ ##

WestLB **Kommunikationstechnik** | **ISIS Net Multimedia GmbH**

Gliederung:

1. Der Markt bisher
2. Lösungen für Breitbandkommunikation
3. **Die ISIS Net Multimedia GmbH** ☞
4. Perspektiven

© 1994
Autor: Dr.-Ing. Thomas Plückebaum | Stand: // PLTELAK2/ ##

WestLB **Kommunikationstechnik** | **ISIS Net Multimedia GmbH**

Multimedianetz Gesellschaft Düsseldorf
Ein Gemeinschaftsunternehmen der WestLB und der Stadtwerke Düsseldorf

Die **WestLB** und die **Stadtwerke Düsseldorf** haben gemeinsam eine Gesellschaft für neue Telekommunikationsdienstleistungen auf der Basis von **Breitband-Kommunikationsinfrastrukturen im Stadtgebiet Düsseldorf** gegründet.

Ziel:

- Beseitigung infrastruktureller Engpässe im Stadtgebiet Düsseldorf
- Stärkung des Wirtschaftsstandortes Düsseldorf
- Bereitstellung neuer Telekommunikationsdienstleistungen
- Senkung der Telekommunikationskosten, insbesondere für hohe Bandbreiten

Stadtwerke Düsseldorf AG

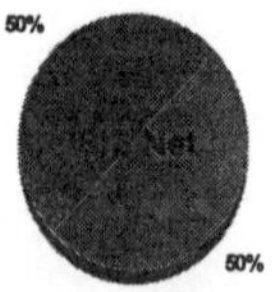

Westdeutsche Landesbank Girozentrale

© 1994
Autor: Dr.-Ing. Thomas Plückebaum | Stand: // PLTELAK2/ ##

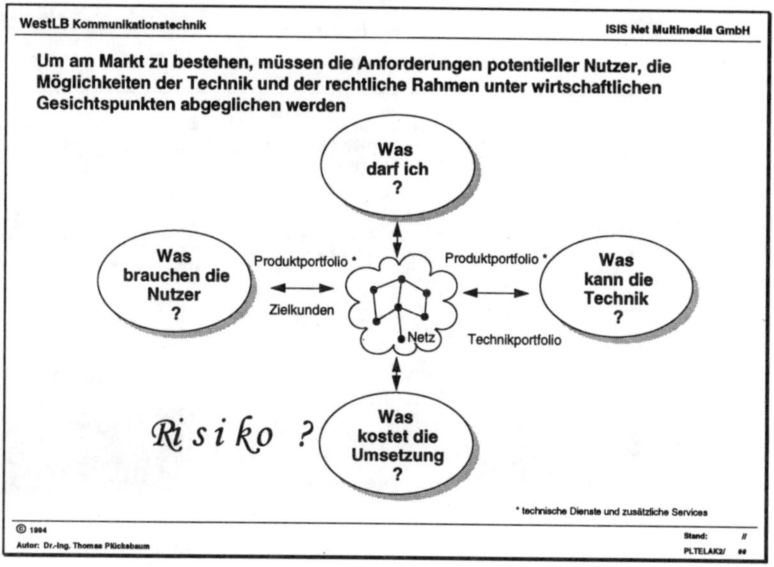
WestLB Kommunikationstechnik
ISIS Net Multimedia GmbH
Um am Markt zu bestehen, müssen die Anforderungen potentieller Nutzer, die Möglichkeiten der Technik und der rechtliche Rahmen unter wirtschaftlichen Gesichtspunkten abgeglichen werden
Was darf ich ?
Was brauchen die Nutzer ?
Produktportfolio *
Zielkunden
Netz
Produktportfolio *
Technikportfolio
Was kann die Technik ?
Risiko ?
Was kostet die Umsetzung ?
* technische Dienste und zusätzliche Services
© 1994
Autor: Dr.-Ing. Thomas Plückebaum
Stand: //
PLTELAK2/ ##

WestLB Kommunikationstechnik
ISIS Net Multimedia GmbH
Die Chancen einer neuen Gesellschaft wurden unter verschiedenen Aspekten untersucht
ISIS Net Multimedia GmbH
kaufmännisch/ gesellschafts-rechtlich
Steuern
Fernmelderecht
Technik
Markt
Regulierung/ Wettbewerber
Planrechnungen
Kapitalstrukur, Kapitalbedarf
Ausstattung der Bet.gesellschaft
Aufbauorga., Management, Personal
Untern.ausgestltg. Ablauforganis.
Risikobeurtlg.
Techn. Abwicklg.
steuerliche Auswirkungen bei den Gesellschaftern
Auswirkungen bei der Gesellschaft
Fernmelderechtl. Möglichkeiten, Telefondienst- und Netzmonopol
Produkte/ Dienste
Prognose der Entwicklung/ Liberalisierung
Risikobeurtlg. fernmelderechtl. Entwicklung
Technische Möglichkeiten
Produkte/ Dienste
Vorhandene Infrastruktur
Technische Umsetzung
Kosten
Risikobeurtlg. technologischer Entwicklung
Risikobeurtlg. bezgl. Produktqualität
Abnehmer/ Zielkunden
Produkte/ Dienste
Vertrieb/ Marketing
Umsatz-/ Ertragsprognose, Wachstumsperspektive
Wettbewerb
Konkurrenten
Rechte
Auflagen
© 1994
Autor: Dr.-Ing. Thomas Plückebaum
Stand: //
PLTELAK2/ ##

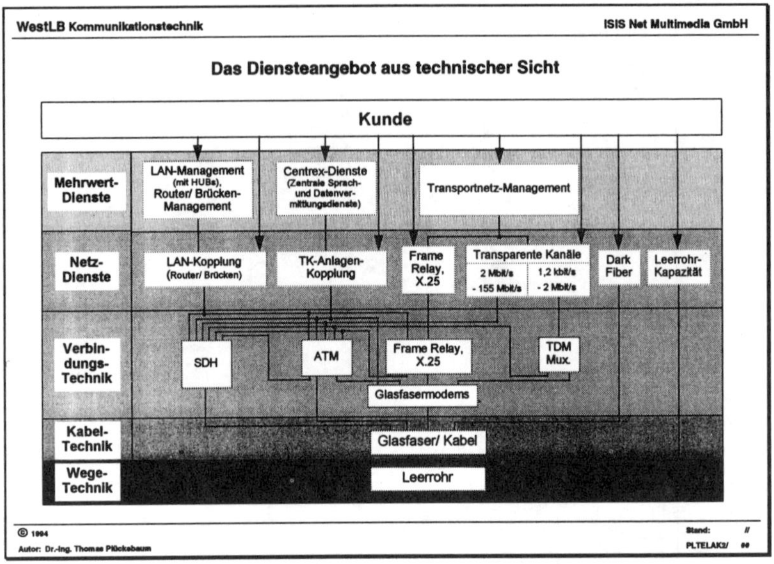
WestLB Kommunikationstechnik
ISIS Net Multimedia GmbH
Das Diensteangebot aus technischer Sicht
Kunde
Mehrwert-Dienste
LAN-Management (mit HUBs), Router/ Brücken-Management
Centrex-Dienste (Zentrale Sprach- und Datenvermittlungsdienste)
Transportnetz-Management
Netz-Dienste
LAN-Kopplung (Router/ Brücken)
TK-Anlagen-Kopplung
Frame Relay, X.25
Transparente Kanäle
2 Mbit/s - 155 Mbit/s
1,2 kbit/s - 2 Mbit/s
Dark Fiber
Leerrohr-Kapazität
Verbindungs-Technik
SDH
ATM
Frame Relay, X.25
TDM Mux
Glasfasermodems
Kabel-Technik
Glasfaser/ Kabel
Wege-Technik
Leerrohr
© 1994
Autor: Dr.-Ing. Thomas Plückebaum
Stand:

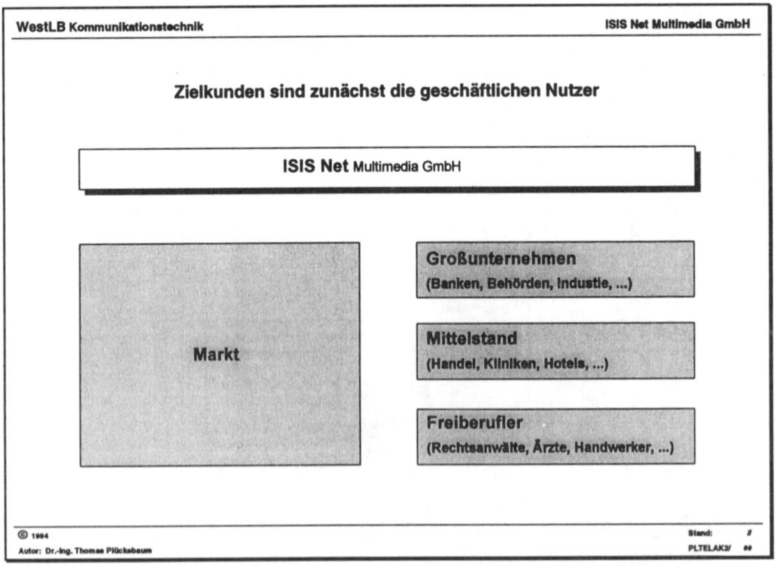
WestLB Kommunikationstechnik
ISIS Net Multimedia GmbH
Zielkunden sind zunächst die geschäftlichen Nutzer
ISIS Net Multimedia GmbH
Markt
Großunternehmen
(Banken, Behörden, Industie, ...)
Mittelstand
(Handel, Kliniken, Hotels, ...)
Freiberufler
(Rechtsanwälte, Ärzte, Handwerker, ...)
© 1994
Autor: Dr.-Ing. Thomas Plückebaum
Stand:

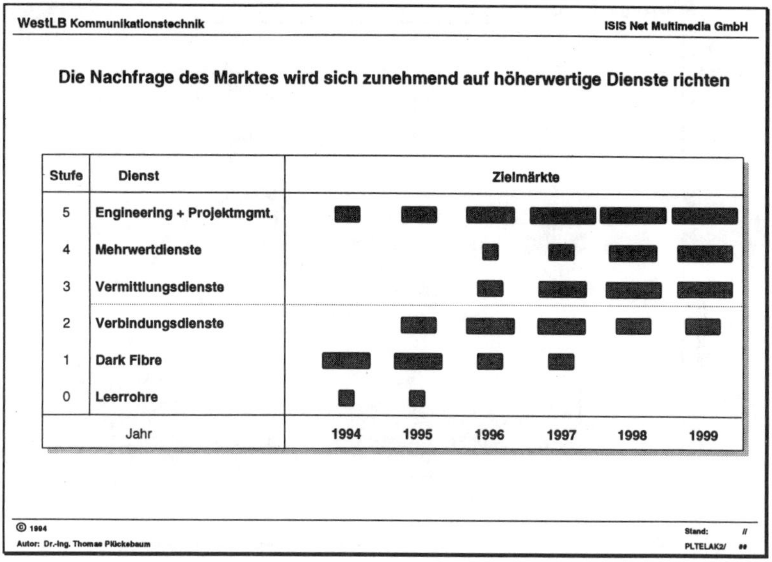

WestLB Kommunikationstechnik — **ISIS Net Multimedia GmbH**

Die Nachfrage des Marktes wird sich zunehmend auf höherwertige Dienste richten

Stufe	Dienst	Zielmärkte 1994	1995	1996	1997	1998	1999
5	Engineering + Projektmgmt.	■	■	■	■	■	■
4	Mehrwertdienste			■	■	■	■
3	Vermittlungsdienste			■	■	■	■
2	Verbindungsdienste		■	■	■	■	■
1	Dark Fibre	■	■	■	■		
0	Leerrohre	■	■				

© 1994
Autor: Dr.-Ing. Thomas Plückebaum
Stand: //
PLTELAK2/ ##

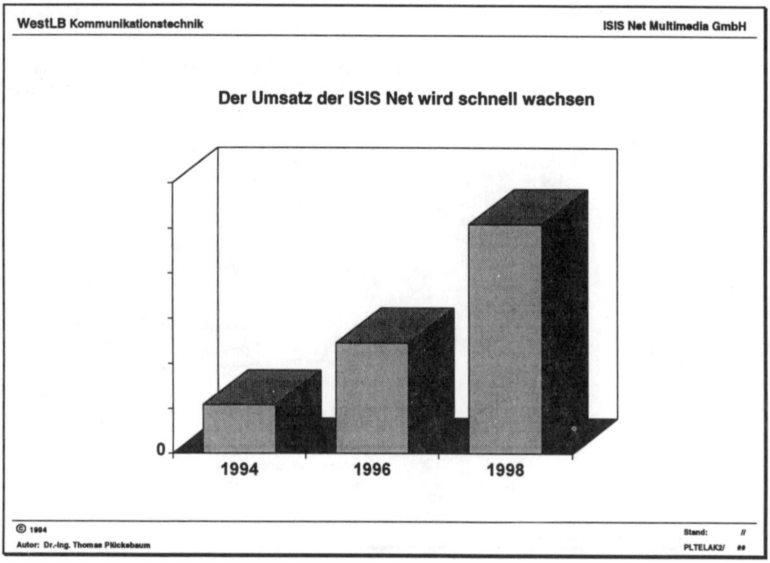

WestLB Kommunikationstechnik — **ISIS Net Multimedia GmbH**

Der Umsatz der ISIS Net wird schnell wachsen

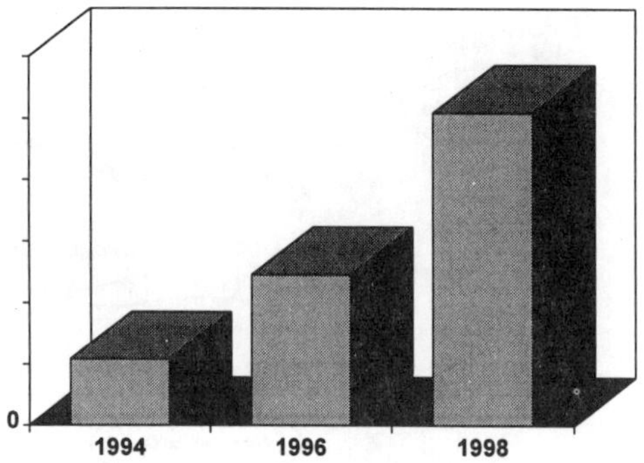

© 1994
Autor: Dr.-Ing. Thomas Plückebaum
Stand: //
PLTELAK2/ ##

WestLB Kommunikationstechnik — ISIS Net Multimedia GmbH

Gliederung:

1. Der Markt bisher
2. Lösungen für Breitbandkommunikation
3. Die ISIS Net Multimedia GmbH

☞ **4. Perspektiven**

Stand: //
PLTELAK2/ ##

WestLB Kommunikationstechnik — ISIS Net Multimedia GmbH

Die Verfügbarkeit eines preiswerten Local Loop für hohe Bandbreiten ist eine wesentliche Voraussetzung für innovative Angebote in der Telekommunikation

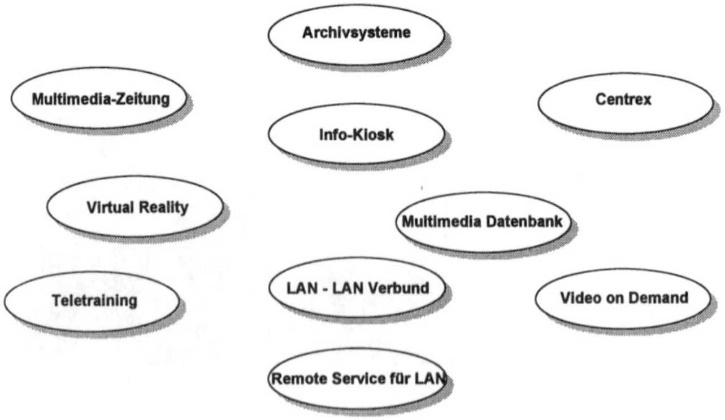

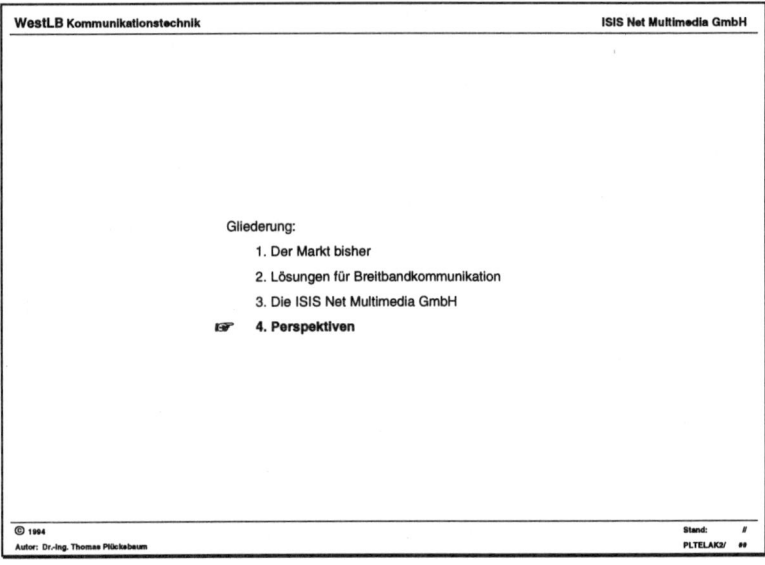

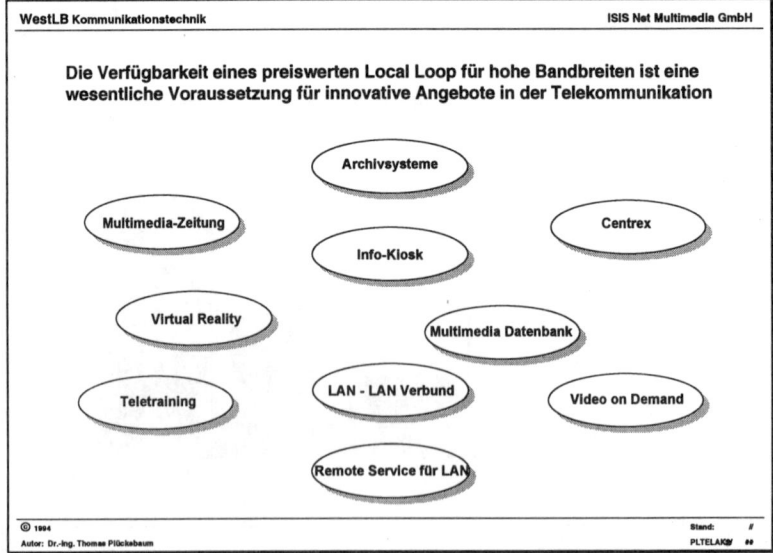

Stand: //
PLTELAK2/ ##

TELEKOM-
ANWENDER
KONGRESS

Session B

Nationale / Internationale Telekommunikation und Wettbewerb

Leitung:

Erwin H. Schäfer

DEUTSCHE TELECOM e.V.

Session B - Nationale Telekommunikation und Wettbewerb

Telekommunikationsstrategien neuer Wettbewerber

Session B

Nationale Telekommunikation und Wettbewerb

Telekommunikationsstrategien neuer Wettbewerber

Ulf Bohla

VEBACOM

VEBA**COM**

Telekommunikationsstrategien neuer Wettbewerber

Ulf Bohla
Vorsitzender der Geschäftsführung
VEBA**COM** GmbH

Telekom-Anwender-Kongreß ´94

VEBA**COM**

Telekommunikationsstrategien neuer Wettbewerber (1)

1. Hohe Attraktivität des Telekommunikationsmarktes für neue private Wettbewerber

- Starkes Marktwachstum durch Deregulierung

Der Telekommunikationsmarkt wird in den nächsten Jahren stark wachsen: In Deutschland wird das jahresdurchschnittliche Marktwachstum bei ca. 6%, in Europa bei etwa 5% liegen. Deregulierung öffnet den Markt für private Anbieter. Und diese werden den Markt in eine neue Wachstumsphase führen.
Per heute sind erst ca. 20% des europäischen TK-Marktes liberalisiert und für private Anbieter zugänglich. Ab 1998 wird dies für ca. 80% des Marktes der Fall sein. Das für Privatanbieter adressierbare Marktpotential wird dadurch von ca. 50 Mrd. DM auf mehr als 300 Mrd. DM ansteigen.

- Technischer Wandel ermöglicht neue Anwendungen und kostengünstiges Angebot durch integrierte Netze

International geltende Standards erleichtern grenzenlose Kommunikation. Wettbewerbsbehinderungen durch anbieterspezifische Schnittstellen werden so verringert. Die digitale Übertragung von Sprache, Daten und Bildern ermöglicht die Verwendung eines integrierten digitalen Hochleistungsnetzes mit interaktiven Anwendungen.

- Anspruchsvolle Nachfrage eröffnet Chancen für kundenorientierte Anbieter

Für private Anbieter ist Kundenorientierung der wichtigste Erfolgsfaktor. TK-Dienste müssen vom Markt her definiert sein und individuelle Kundenprobleme lösen. Ein großer Teil des Marktwachstums der nächsten Jahre wird daher aus neuen Anwendungen und kundenspezifischer Differenzierung bestehender Produkte resultieren. Maßgeschneiderte Lösungen und integrierte Dienstleistungen sowie flexible serviceorientierte Organisationen und Systeme sind entscheidend für den erfolgreichen Einstieg in diese Wachstumsmärkte.

VEBA**COM**

Telekommunikationsstrategien neuer Wettbewerber (2)

2. Gute Ausgangslage VEBA**COM**

Für VEBA bedeutet der Ausbau des TK-Bereichs keine bloße Diversifikation, sondern die Erweiterung bereits vorhandener Aktivitäten auf der Basis hoher bereits bestehender Kompetenz in diesem Geschäft und einer großen Nähe zum Kerngeschäft:

- Erfolgreiches Management komplexer Netze und Technologien sowie Besitz von Wegerechten
- Ausreichende Finanzkraft des Konzerns für das investitionsintensive Geschäft
- Erfahrung mit entsprechenden Abrechnungssystemen
- Marketing-Know-how aus den Dienstleistungsbereichen des VEBA-Konzerns
- Branchenübergreifende Verbindungen und Know-how in zahlreichen Industrien

Die für VEBA**COM** relevanten TK-Bereiche sind

- Übertragungswege
- Netz- und Basisdienste sowie
- Mehrwertdienste

In allen liberalisierten Segmenten ist VEBA**COM** bereits durch Tochter- und Beteiligungsgesellschaften vertreten

VEBA**COM**

Telekommunikationsstrategien neuer Wettbewerber (3)

3. Die VEBA**COM**-Strategie basiert auf fünf Grundgedanken:

- Entwicklung der heutigen Geschäftsfelder zur Erschließung des sich öffnenden Monopolmarktes (öffentliche Telefonie und Infrastruktur)
- Ausbau der Einzelsegmente als sich selbst tragende Geschäfte (keine Quersubventionen)
- Aktive Gestaltung des Liberalisierungsprozesses zum Aufbau einer wettbewerbsfähigen Telekommunikationslandschaft
- Nutzung der starken Marktposition in Deutschland als Ausgangspunkt für eine europäische Präsenz
- Zugriff auf Märkte und Geschäftserfahrung durch Allianzen

Die Ziele von VEBA**COM** sind anspruchsvoll, aber realistisch:

Die geplanten Investments sind hoch. Bereits ab 1998 wird der Break-even-Punkt erreicht. Dabei wird VEBA**COM** signifikante Marktanteile erzielen und eine Vielzahl neuer, moderner Arbeitsplätze schaffen.

VEBACOM

Hohe Attraktivität des Telekommunikationsmarktes für neue private Wettbewerber

Marktentwicklung	Hohes Wachstum durch Deregulierung
Technologie	Neue Anwendungen und kostengünstiges Angebot durch integrierte Netze
Kundenanforderungen	Anspruchsvolle Nachfrage eröffnet Chancen für kundenorientierte Anbieter

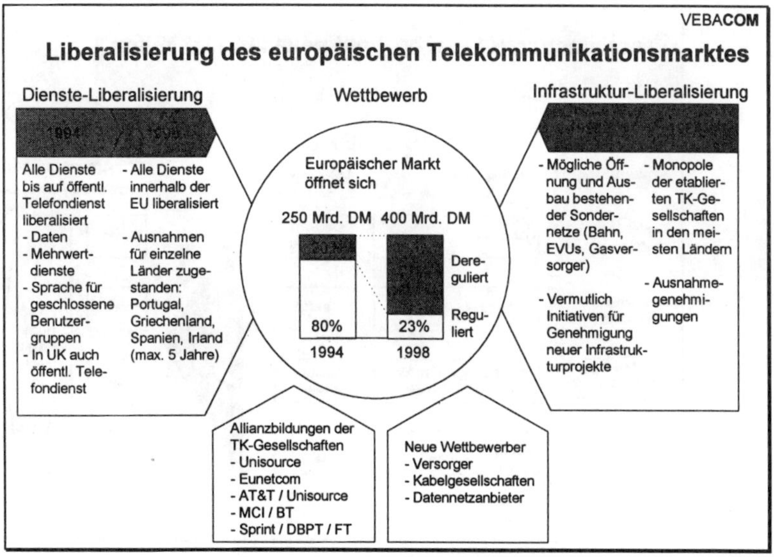

VEBACOM
Liberalisierung des europäischen Telekommunikationsmarktes
Dienste-Liberalisierung
Wettbewerb
Infrastruktur-Liberalisierung
Alle Dienste bis auf öffentl. Telefondienst liberalisiert
- Daten
- Mehrwert-dienste
- Sprache für geschlossene Benutzer-gruppen
- In UK auch öffentl. Tele-fondienst
- Alle Dienste innerhalb der EU liberalisiert
- Ausnahmen für einzelne Länder zuge-standen: Portugal, Griechenland, Spanien, Irland (max. 5 Jahre)
Europäischer Markt öffnet sich
250 Mrd. DM
400 Mrd. DM
Dere-guliert
Regu-liert
80%
23%
1994
1998
- Mögliche Öff-nung und Aus-bau bestehen-der Sonder-netze (Bahn, EVUs, Gasver-sorger)
- Vermutlich Initiativen für Genehmigung neuer Infrastruk-turprojekte
- Monopole der etablier-ten TK-Ge-sellschaften in den mei-sten Ländern
- Ausnahme-genehmi-gungen
Allianzbildungen der TK-Gesellschaften
- Unisource
- Eunetcom
- AT&T / Unisource
- MCI / BT
- Sprint / DBPT / FT
Neue Wettbewerber
- Versorger
- Kabelgesellschaften
- Datennetzanbieter

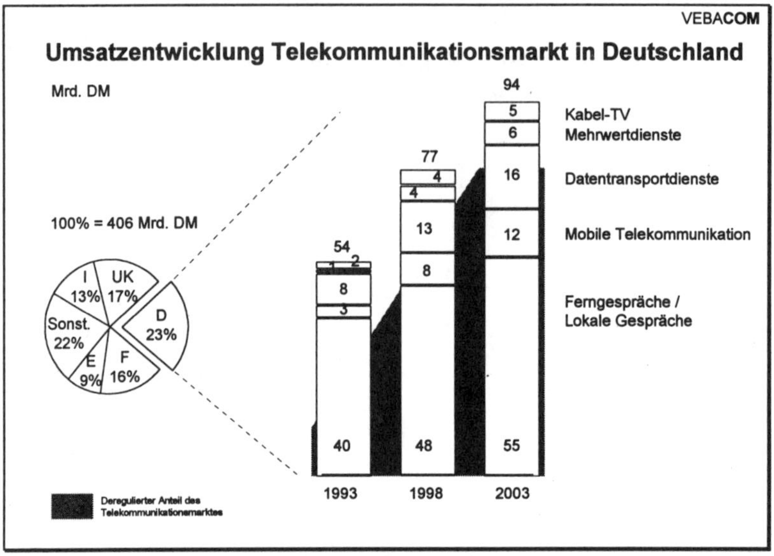
VEBACOM
Umsatzentwicklung Telekommunikationsmarkt in Deutschland
Mrd. DM
100% = 406 Mrd. DM
I 13%
UK 17%
Sonst. 22%
E 9%
F 16%
D 23%
54
77
94
1
2
8
3
40
4
4
13
8
48
5
6
16
12
55
1993
1998
2003
Kabel-TV
Mehrwertdienste
Datentransportdienste
Mobile Telekommunikation
Ferngespräche /
Lokale Gespräche
Deregulierter Anteil des Telekommunikationsmarktes

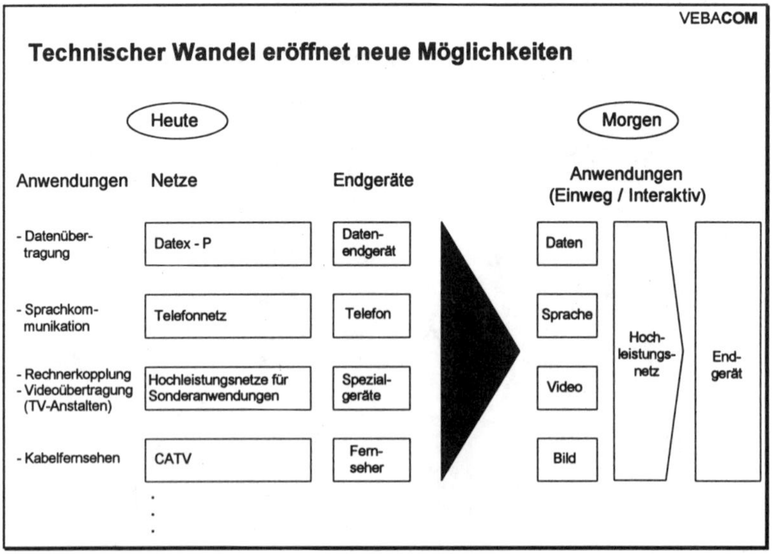
VEBACOM
Technischer Wandel eröffnet neue Möglichkeiten
Heute
Morgen
Anwendungen
Netze
Endgeräte
Anwendungen
(Einweg / Interaktiv)
- Datenüber-
tragung
Datex - P
Daten-
endgerät
- Sprachkom-
munikation
Telefonnetz
Telefon
- Rechnerkopplung
- Videoübertragung
(TV-Anstalten)
Hochleistungsnetze für
Sonderanwendungen
Spezial-
geräte
- Kabelfernsehen
CATV
Fern-
seher
Daten
Sprache
Video
Bild
Hoch-
leistungs-
netz
End-
gerät

VEBACOM

Anspruchsvolle Nachfrage eröffnet Chancen für kundenorientierte Anbieter

KUNDENANFORDERUNGEN	DIFFERENZIERUNGSMÖGLICHKEITEN NEUER WETTBEWERBER
- Maßgeschneiderte individuelle Lösungen	Diensteangebote mit integrierten intelligenten Netzen
- Hohe Leistungsanforderungen	Einsatz neuester Technologien
- Perfekter Service	Aufbau flexibler serviceorientierter Organisation und Systeme
- Niedrige Kosten	Neueste Technologie und Strukturen ohne Altlasten

VEBACOM

Ressourcen in anderen Geschäftsfeldern des Konzerns bereits vorhanden

- Erfolgreiches Management komplexer Netze und Technologien sowie Besitz von Wegerechten
- Ausreichende Finanzkraft des Konzerns für investitionsintensives Geschäft
- Erfahrung mit entsprechenden Abrechnungssystemen
- Marketing-Know-how aus den Dienstleistungsbereichen des Konzerns
- Branchenübergreifende Verbindungen und Know-how in zahlreichen Industrien

VEBACOM

Die VEBACOM-Strategie basiert auf fünf Grundgedanken

- Entwicklung der heutigen Geschäftsfelder zur Erschließung des sich öffnenden Monopolmarktes (öffentliche Telefonie und Infrastruktur)

- Ausbau der Einzelsegmente als sich selbst tragende Geschäfte (keine Quersubventionen)

- Aktive Gestaltung des Liberalisierungsprozesses zum Aufbau einer wettbewerbsfähigen Telekommunikationslandschaft

- Nutzung der starken Marktposition in Deutschland als Ausgangspunkt für eine europäische Präsenz

- Zugriff auf Märkte und Geschäftserfahrung durch Allianzen

VEBACOM

Integration VEBACOM-Geschäftsfelder

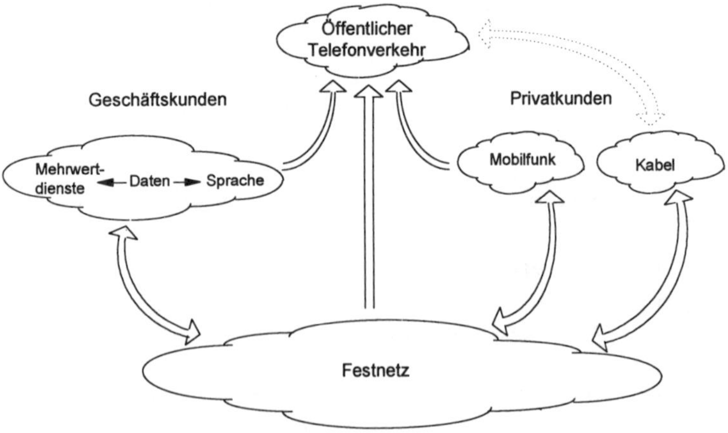

TELEKOM-ANWENDER KONGRESS

Session B

Nationale Telekommunikation und Wettbewerb

Telekom zwischen Regulierung und Wettbewerb

Hans-Willi Hefekäuser

DBP Telekom

Session B - Nationale Telekommunikation und Wettbewerb

Telekom zwischen Regulierung und Wettbewerb

Hans-Willi Hefekäuser

Nationale Telekommunikation und Wettbewerb

Telekom zwischen Regulierung und Wettbewerb

Telekom-Anwender Kongreß '94

23./24. November, Bonn

Hans-Willi Hefekäuser

Geschäftsbereichsleiter
Regulierungs- und Wettbewerbsstrategie, Preispolitik
Deutsche Bundespost Telekom

Telekom — VV2, 11.94 (1)

Telekom zwischen Regulierung und Wettbewerb

Privatisierung

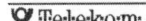

- **Internationaler Trend zur Privatisierung von Telekommunikations-Unternehmen**
- **Privatisierung ermöglicht Steigerung der Flexibilität, Kosten- und Wettbewerbsorientierung**
- **Erhöhung der Eigenkapitalquote bei Deutsche Telekom AG wird durch Privatisierung gesichert**

Telekom — VV2, 11.94 (2)

Telekom zwischen Regulierung und Wettbewerb

Kapitalerhöhung der Deutschen Telekom AG

- Eigenkapitalquote von 22 % muß auf internationales Niveau von 40 % erhöht werden
- Bereits erfolgte und noch geplante Investitionen bedingen eine stabile Kapitalbasis
- Börsenvortritt von Telekom gegenüber dem Bund
- Einnahmen aus Kapitalerhöhung kommen Telekom zugute

Telekom VV2, 11.94 (3)

Telekom zwischen Regulierung und Wettbewerb

Unternehmenswert von Telekom

- Erfolg des Börsengangs abhängig von den Einschätzungen potentieller Anleger bezüglich der Erfolgschancen von Telekom
- Erfolgreiche Börsenplazierung maßgeblich abhängig vom Regulierungsrahmen
- Bankengutachten: Gemäßigte Regulierung steigert Unternehmenswert

Telekom VV2, 11.94 (4)

Telekom zwischen Regulierung und Wettbewerb

Die Auflösung der Monopole

- Aufhebung des Netz- und Telefondienstmonopols in Sicht
- Aufhebung der Monopole muß von der Befreiung von gemeinwohlorientierten Lasten begleitet werden
- Wettbewerbsverzerrungen bestehen aufgrund einseitiger Infrastrukturlasten und Gemeinwohlverpflichtungen

⇨ Belastungen gefährden die Chancen von Telekom im Wettbewerb

Telekom — VV2, 11.94 (5)

Telekom zwischen Regulierung und Wettbewerb

Liberalisierung der Infrastruktur

- Zulassung Alternativer Infrastrukturen bedeutet faktisch die vorzeitige Auflösung des Netzmonopols
- Energieversorgungsunternehmen, Kommunen, Bahnen etc. verfügen über umfangreiche Netzkapazitäten
- Finanzierung Alternativer Infrastrukturen aus telekommunikationsfremden Monopolen

⇨ birgt die Gefahr unregulierter Quersubventionierung

Telekom — VV2, 11.94 (6)

Telekom zwischen Regulierung und Wettbewerb

Grundsatzpositionen zu Wettbewerb und Regulierung

- Wettbewerb ist bestes Ordnungsprinzip zur effizienten Verwendung knapper Ressourcen
- Sektorspezifische Regulierung ist für die Telekommunikationsmärkte ein ordnungspolitisches Auslaufmodell
- Ausgewogener, verläßlicher Regulierungsrahmen ist Grundvoraussetzung für erfolgreichen Wettbewerb
- Beseitigung einseitiger, politischer Lasten zugunsten gleicher Rechte und Pflichten aller Anbieter erforderlich

Telekom VV2, 11.94 (7)

Telekom zwischen Regulierung und Wettbewerb

Fazit

- Chancen und Risiken von Telekom liegen im Wettbewerb
- Die Privatisierung allein sichert nicht den Erfolg
- Regulatorische Rahmenbedingungen entscheiden weitgehend über die Erfolgschancen von Telekom

Telekom VV2, 11.94 (8)

Session B

Nationale Telekommunikation und Wettbewerb

Postreform II - und wie geht es weiter?

Peter Paterna

SPD

Session B - Nationale Telekommunikation und Wettbewerb

Postreform II - und wie geht es weiter?

Peter Paterna

Zunächst ein kurzer historischer Rückblick:

Die von dem damaligen Postminister Schwarz-Schilling betriebene, am 1.7.1989 in Kraft getretene Postreform wurde seinerzeit von der Bundesregierung plakatiert als "Post 2000". Es wurde also der Eindruck erweckt, es handele sich um eine Reform, die zumindest für die 90er Jahre zukunftssicher sei. Tatsächlich begann die Diskussion um eine "Reform der Reform" schon wieder Mitte 1991. Schwarz-Schilling hatte diesen Bemühungen geschickt das Etikett "Postreform II" verpaßt, um damit den Eindruck zu erwecken, als handele es sich um einen logischen und zwangsläufigen Schritt in die gleiche Richtung wie die nachträglich umgetaufte "Postreform I". Es wurde von der Regierung auch der Eindruck erweckt, als wäre man diesen zweiten Schritt am liebsten schon 1989 gegangen, wenn nur die Sozialdemokraten damals schon zu einer Grundgesetzänderung bereit gewesen wären. Auch dies ist ein eindeutiger Fall von Geschichtsfälschung: Die "Regierungskommission Fernmeldewesen" hatte vor 1989 den unmißverständlichen Regierungsauftrag, Reformvorschläge für das Fernmeldewesen "im Rahmen der geltenden Verfassung" zu entwickeln, und ich habe viele Textbelege aufbewahrt, denen zufolge Schwarz-Schilling den Vorwurf, die Deutsche Bundespost in drei selbständige Unternehmen aufzuteilen und deren Privatisierung zumindest vorzubereiten, als böswillige Propaganda der Opposition und der Deutschen Postgewerkschaft denunzierte. So weit kurze Bemerkungen zur Historie, die deshalb notwendig sind, weil heute Schuldige dafür gesucht werden, warum die jetzige Reform so spät gekommen ist.

Nun einige Stichworte zu Trendanalysen aus meiner Sicht, die über die Telekom im engeren Sinne hinausgehen, mit ihr aber eng verbunden sind und zur beliebten Debatte "Standort Deutschland" bzw. "Standort Europa" gehören:

Europa ist nach wie vor stark in der Kommunikations- und schwach in der Computer-Industrie. Die Stärke nimmt im weltweiten Vergleich ab, die Schwäche zu. Der Außenhandelsüberschuß der Kommunikationsindustrie nimmt ab, die Importabhängigkeit im Computer- und Mikroelektroniksektor wächst.

- Wenn man die Marktanteile Europas mit dem Rest der Welt vergleicht, fällt auf, daß sich in diesem Rest der Welt die Gewichte seit den 80er Jahren zu Lasten der USA und zugunsten von Japan und des angrenzenden asiatischen Raumes verschieben. Die Gewichtsverteilung innerhalb der Triade ist deshalb nicht stabil.
- Wenn der Welttelekommunikationsmarkt für 1992 bereits mit mehr als 400 Milliarden ECU angegeben und das Wachstum ständig wiederholt und nie belegt bis zum Jahr 2000 auf einen Anteil von 7 % am Bruttoinlandsprodukt der Europäischen Union geschätzt wird, ist zu beachten, daß der Prozentsatz des Anteils der Dienste kontinuierlich wächst, der des Equipments sinkt. Derzeit wird das Verhältnis auf ca. 80 : 20 geschätzt. Beim Equipment fällt auf, daß der Anteil der Vermittlungstechnik, der traditionellen Stärke Europas, sinkt, der Anteil der Terminals wächst.
- Europa zerfällt in den Sektoren Übertragungs-, Vermittlungs- und Endgerätetechnik traditionell in viele kleine Marktsegmente. Man kann darüber streiten, ob dies eher ein Vor- oder Nachteil war. Einerseits verteuerten die Anpassungen an nationale Standards und Pflichtenhefte und die damit verbundenen kleinen Losgrößen die Produkte und erschwerten damit den Export in außereuropäische Länder. Andererseits war umgekehrt dieser zerstückelte Markt aus den gleichen Gründen wenig attraktiv für Exportoffensiven der Amerikaner und Asiaten. Es wird sich erst in Zukunft erweisen, wer von einem einheitlichen europäischen Binnenmarkt stärker profitiert - die Europäer oder ihre Konkurrenten. Meine Prognose ist, daß letzteres der Fall sein wird.
- Der Anteil der Wertschöpfung an Forschung und Entwicklung wächst, und er sinkt in der Fertigung. Dies führt zusammen mit der Beschleunigung des Innovationstempos dazu, daß die Überlebensfähigkeit der Hersteller von Kom-

munikationsequipment nur bei wachsenden Weltmarktanteilen gesichert ist. Die seit Jahren verstärkt zu beobachtenden Konzentrationsprozesse werden begleitet von heftigen Preiskämpfen, von denen Konsumenten und Anwender natürlich profitieren.

- Die Telekom hat sich mit ihren Investitionsvolumina übernommen. Sie lagen schon Mitte der 80er Jahre in Westdeutschland um die 15 Milliarden DM mit steigender Tendenz, Anfang der 90er Jahre allein in den alten Bundesländern bei annähernd 20 Milliarden. Hinzu kamen seit 1991 jährlich mehr als 10 Milliarden DM für den Netzausbau in den neuen Bundesländern, während dort die jährlichen Umsätze noch unter 50 % der jährlichen Investitionssumme liegen. Es kann nicht lange gut gehen, wenn ein jetzt privatwirtschaftliches Unternehmen mit absehbar endlichen Monopolrechten unter wachsendem Wettbewerbsdruck, der nicht zuletzt ein Preisdruck und ein Kampf um das attraktive Kundensegment der Großkunden sein wird, mehr als 50 % des Umsatzes investiert, und dies weitestgehend über Neuverschuldung. Der flächendeckende Ausbau der Netzkapazität wird deshalb meines Erachtens drastisch reduziert werden müssen zugunsten einer stärkeren Auslastung bereits vorhandener Netzkapazitäten. Unter diesem Aspekt scheint mir auch fraglich, ob eine Strategie des fibre to the private home realistisch ist. Von höchstem Interesse scheint mir deshalb zu sein, gerade in Deutschland Lösungen zu finden, die zu einer Vervielfachung der Transportkapazität der Breitbandverteilnetze und zu deren Umrüstung mit Vermittlungsfunktionen für interaktive Dienste führen, und es wird darauf ankommen, das Schmalband-ISDN optimal zu nutzen, wobei weite Bereiche der Kommunikationsanforderungen bis zur Videokommunikation und zur Übertragung sehr erheblicher Datenmengen durch Bündelung jetzt bis zu 30 Einzelkanälen erfüllt werden können.
- Für die Einschätzung der Amortisationsfähigkeit der klassischen terrestrischen Netze und deren mögliche Ausbaustrategien wird auch der zunehmende Einsatz von Satelliten und der boomende Mobilfunk, der zunehmend nicht nur Wachstums-, sondern auch Substitutionseffekte haben wird, eine wesentliche Einflußgröße sein.

Nun zu einigen Aspekten der inzwischen beschlossenen und am 1.1.95 in Kraft tretenden Postreform II, die für die Startposition der Telekom von Bedeutung sind:

- Es gibt keine verfassungsrechtlich geforderte Mehrheitsbeteiligung des Bundes. Diese ergibt sich lediglich faktisch aus der einfachgesetzlichen Bestimmung, daß der Bund bis 1999 keine eigenen Aktien verkaufen darf - mit Ausnahme des Falles erwünschter strategischer Allianzen mit Zustimmung des Vorstandes - und die Erhöhung des Grundkapitals mit Ausgabe junger Aktien zur Stärkung der Eigenkapitalbasis fünf Jahre lang Vorrang hat. Ob innerhalb dieser fünf Jahre bereits die Emissionsvolumina so hoch sein werden, daß der Bundesanteil rechnerisch unter 50 % fällt, ist spekulativ, bei einem jetzt gesetzten Grundkapital von 10 Mrd DM aber immerhin möglich. Die Aufgabe der Mehrheitsbeteiligung des Bundes galt zumindest zu Beginn der Verhandlungen über die Postreform II bei allen Fraktionen als unerwünscht, weil man die Notwendigkeit sah, Versuchen zur feindlichen Übernahme von vornherein vorzubeugen, und weil man die Einflußmöglichkeiten des Bundes als Mehrheitsaktionär zur Sicherung infrastrukturell erwünschter Unternehmensziele erhalten wollte. Die SPD hatte dabei auch die Durchsetzung industriepolitischer Ziele im Visier. Infrastrukturelle Aspekte werden jetzt fast ausschließlich der Regulierung zugewiesen.
- Der Umwandlungsprozeß erfolgt per Gesetz steuer- und abgabenfrei, und die finanzielle Belastung durch übliche Unternehmensbesteuerung wird vermutlich in absehbarer Zeit geringer sein als das bisher praktizierte System der Ablieferung. Außerdem wird der Finanzausgleich an Postdienst entfallen. Die bisherige Kreditaufnahme der Unternehmen ist gesetzlich weiterhin als quasi öffentliche Schulden festgeschrieben. Damit wurde die Verteuerung bisheriger Kredite - bei einem Schuldenstand von inzwischen deutlich über 100 Mrd DM ein beachtlicher Posten - vermieden. Der Telekom AG wird auch der geldwerte Vorteil der Freiheit von Konzessionsabgaben bis auf weiteres erhalten, längstens allerdings wohl bis zum Ende des Festnetzmonopols. In diesem Zusammenhang ist zu erwähnen, daß die Telekom zunächst bis Ende 1997 auch weiterhin mit der eigentlich hoheitlichen Durchführung von Planverfahren beim Netzausbau beliehen worden ist, um Investitionen so rasch wie möglich umsetzen zu können.

- Negativ zu Buche schlägt, daß man mit Rücksicht auf den Finanzminister eine Reihe von "Altlasten" aus dem Personalbereich auf die Unternehmen abwälzt, so daß sie deutlich schlechtergestellt sein werden als vergleichbare Wettbewerber: In den ersten fünf Jahren soll die Telekom (ebenso wie Postdienst und Postbank) die vollen Pensions- und Beihilfelasten - für die es bekanntlich so gut wie keine Rückstellungen gibt - weiter tragen und danach einen Beitrag in Höhe von 33 % der Beamten-Bruttobezüge an die sog. Unterstützungskasse abliefern. Auf solche Prozentsätze umgerechnet entsprechen die ersten fünf Jahre einer Belastung von mehr als 45 %. Angemessen wären nach meiner Auffassung 20 bis maximal 25 %. Außerdem werden die wachsenden Deckungslücken für die Beamtenkrankenkasse und die Verbindlichkeiten der Zusatzversorgung für das Tarifpersonal auf das Unternehmen abgewälzt. Hinzu kommt, daß die bei freiwilligem Wechsel eines Beamten ins Tarifverhältnis fällige Nachversicherung von dem Unternehmen getragen werden soll. Ich halte diese vom Finanzminister diktierte Lösung für kurzschlüssig, weil die Mehrbelastungen und zum Teil nicht kalkulierbaren Risiken den Börsenerlös der Telekom empfindlich schmälern werden, so daß dies nicht nur auf den Wert des Aktienpaketes des Bundes und seiner Dividendenerlöse durchschlägt, sondern auch das Kurs-Gewinn-Verhältnis bei Emission junger Aktien und damit die Eigenkapitalquote schmälert. Immerhin ist es in quasi letzter Minute gelungen, die Abwicklung der gesamten aufgelaufenen Pensionsverpflichtungen grundsätzlich von dem Unternehmen weg auf die Unterstützungskasse in der Gewährträgerhaftung des Bundes zu ziehen.
- Die von der SPD geforderte Management-Holding über den Unternehmen wird es in dieser Form nicht geben. Eingriffe ins operative Geschäft der Unternehmen durch die Holding sind ausgeschlossen, Koordinierungsfunktionen basieren weitestgehend auf Freiwilligkeit und werden für die Unternehmen faktisch keine nennenswerte Wirkung entfalten.
- Die Befristung u. a. des Telegraphenwegegesetzes, des Fernmeldeanlagen- und Regulierungsgesetzes auf den 31.12.97 soll signalisieren, daß es zu Beginn der nächsten Legislaturperiode weiterer grundsätzlicher gesetzlicher Neuregelungen bedarf, insbesondere eines Telekommunikationsgesetzes und der Etablierung einer möglichst regierungs-

fernen Regulierungsinstanz, die spätestens zum Zeitpunkt des Wegfalls der Monopolrechte voll funktionsfähig sein muß. Nach meiner Überzeugung wäre es besser gewesen, jetzt bereits die organisatorischen und gesetzlichen Voraussetzungen für die Zielorganisation ab 1998 zu schaffen, aber das war in den letzten Monaten dieser Legislaturperiode nicht mehr zu leisten. Hinzuweisen ist darauf, daß die Befristung nicht ein Verfallsdatum für die Monopolrechte auf nationaler Ebene bedeutet. Vielmehr stellt der Ausschußbericht klar, daß ein deutscher Sonderweg nicht erwünscht ist, sondern daß wegen der infrastrukturellen Bedeutung Sonderrechte bei uns so lange gelten sollen wie nach dem Recht der Europäischen Union zulässig. Für das Ende des Telefondienstmonopols zum 1.1.98 gibt es bereits einen Ministerratsbeschluß, der zwar keine Rechtsverbindlichkeit hat, in absehbarer Zeit aber in eine Richtlinie mit Gesetzeskraft umgesetzt werden dürfte. Über das vermutliche Ende des Netzmonopols wage ich keine Prognose. Während der Debatten zur Postreform II wurde das Jahr 2000 für wahrscheinlich gehalten. In letzter Zeit mehren sich - nicht zuletzt angeführt vom Postminister selbst - die Stimmen für ein früheres Ende, etwa auch zum 1.1.98.

- Während das Telegrafenwegegesetz für die Übergangszeit bis zum 31.12.97 nur soweit als unbedingt notwendig den neuen Rahmenbedingungen angepaßt wurde, werden die derzeit bestehenden Ermessensspielräume des Postministers drastisch eingeschränkt: Die Monopolrechte werden - verfassungsrechtlich ausdrücklich abgesichert - per Gesetz auf die Unternehmen übertragen, Regulierungsziele per Gesetz definiert und Regulierungsentscheidungen weitgehend an einen paritätisch aus Bundestag und Bundesrat zusammengesetzten Regulierungsrat übertragen. Dieses sehr viel transparentere Verfahren halte ich für einen erheblichen Fortschritt gegenüber der Praxis der letzten fünf Jahre. Ich halte allerdings für fraglich, ob der Regulierungsrat - zusammengesetzt aus je einem Vertreter der 16 Bundesländer und weiteren 16 Bundestagsabgeordneten - hinreichend arbeitsfähig ist. Ich hätte mir angesichts der Bedeutung und Komplexität dieser Aufgabe ein erheblich kleineres, fachkompetenteres Gremium gewünscht.

- Eines der für vorrangig erklärten Reformziele war die "Befreiung von den Fesseln des öffentlichen Dienstrechts". Es ist eindeutig, daß dieses Ziel nicht annähernd erreicht wurde und auch gar nicht erreicht werden konnte: Beförderungsexspektanzen in den gewohnten Hierarchien und Unkündbarkeit der pensionsberechtigten Beamten waren und sind individuell erworbene, auch durch den Gesetzgeber nicht abdingbare Rechte. Ähnliches gilt für den Tarifbereich des weitgehend dem Beamtenrecht angenäherten öffentlichen Dienstes. Bei einem Personalbestand der Telekom von ca. 230.000 Mitarbeiterinnen und Mitarbeitern, einer jährlichen Fluktuationsrate von ca. 7000 und einem prognostizierten Personalabbau von mindestens 30.000 ist klar, daß zumindest in den ersten fünf Jahren nur ein sehr geringer Prozentsatz von Anstellungsverhältnissen neuen Typs erfolgen kann. Welche Friktionen die Personalführung erschweren wird, wenn ein AG-Vorstand faktisch zum Dienstherrn von Beamten gemacht wird - eigentlich ein Widerspruch in sich - bleibt abzuwarten.

Die Telekom geht jedenfalls schweren Zeiten entgegen. Unabhängig von der bis auf weiteres gesetzlich noch zulässigen Dauer der Monopolrechte ist zu konstatieren, daß es bereits im Satelliten- und Mobilfunkbereich kein Netzmonopol mehr gibt. Das Telefondienstmonopol wird im lukrativen Großkundensegment auf corporate networks auch vor dem 1.1.1998 bereits ausgehöhlt. Selbst wenn die Telekom auf diesem Sektor den bereits faktischen Wettbewerb gewinnen sollte, dann nur über drastische Gebührenreduzierungen. Die gewohnten milliardenschweren Überschüsse im Tagesweitverkehr werden rasch verschwinden und damit zur internen Quersubventionierung der meisten übrigen Geschäftsfelder nicht mehr zur Verfügung stehen. Ich habe auch erhebliche Zweifel, ob die Telekom mit dem unternehmensintern verfügbaren Know-how überhaupt in der Lage sein wird, Qualitätsvergleiche mit Wettbewerbern um das Management von corporate networks auszuhalten. Erschwerend kommt hinzu, daß sie sich in absehbarer Zeit Konglomeraten von Netzwerkanbietern gerade auf den attraktiven Fernstrecken zwischen den Ballungsgebieten gegenübersehen wird, die drastische Kostenvorteile in die Waagschale zu werfen haben - ich denke insbesondere an Konkurrenten unter Beteiligung der Elektrizitätsversorgungsunternehmen oder auch die Bahn mit ihren verfügbaren Trassen. Wenn die Telekom nicht nur in Deutschland d e r dominant carrier auf wirtschaftlich gesunder Basis sein und bleiben, sondern auch international zu einem erfolgreichen global player werden will, wird sie nach meiner Überzeugung sowohl horizontale wie vertikale strategische Allianzen eingehen müssen. Vordringlich ist auch, die innerbetrieblichen Strukturen sehr viel rascher als bisher modernen Management-Methoden mit klarer Geschäftsfeldplanung, Kostentransparenz, Kundennähe und Resultatsverantwortung anzupassen. Diesbezüglich ist in den vergangenen fünf Jahren viel kostbare Zeit vertan worden mit dem Ruf nach Privatisierung, als wäre die Rechtsform Aktiengesellschaft ein Wundermittel, das alles schon quasi von selbst richten werde. Postdienst hat - allerdings bei einer sehr viel überschaubareren Produktpalette - vorgemacht, wie man auch unter den Bedingungen eines öffentlichen Unternehmens grundlegende Strukturveränderungen so auf den Weg bringen kann, daß man sich eine erfolgversprechende Startposition in privatwirtschaftliche Verhältnisse verschafft. Entgegen dem jahrzehntelangen Image ist Postdienst eher auf dem Marsch in die schwarzen, Telekom auf dem Marsch in die roten Zahlen. Der Telekom sind schwere Altlasten ins Marschgepäck gelegt worden. Außerdem kommen besonders schwierige Aufgaben auf das Management zu, weil die klassische Abschottung nationaler Märkte nicht mehr funktioniert, die klassische Unterscheidung zwischen Individual- und Massenkommunikation, zwischen dem traditionellen Fernmeldewesen und der Datenverarbeitung, zwischen Übertragungs- und Vermittlungsfunktionen, zwischen Netzen und Endeinrichtungen nicht mehr gilt. Es ist höchste Zeit, daß sich die Telekom auf völlig veränderte Branchenstrukturen und Wettbewerbsverhältnisse einstellt; angesichts einer hervorragenden technischen Infrastruktur, die weltweit keine Vergleiche zu scheuen braucht, und exzellent ausgebildeter Mitarbeiter hat sie durchaus Chancen, die großen Herausforderungen der nächsten Jahre zu bestehen. Und ich hoffe, daß die Politik die Telekom bei diesen fälligen Umstrukturierungen fürsorglich begleiten wird. Telekommunikation ist keine x-beliebige Dienstleistungsbranche, sondern Infrastruktur und Nervensystem für eine moderne, international wettbewerbsfähige Volkswirtschaft. Und eine attraktive Telekom hat auch eine Schlüsselfunktion bei der Erschließung der Märkte in Ost- und Südost-Europa und in den Schwellenländern. Telekommunikation ist keine beliebige Spielwiese, auf der ein freier, ungeregelter Wettbewerb alles im Selbstlauf zum Besten richtet. Sie bedarf der Einbettung in industrie- und entwicklungspolitische Strategien, weltweit verstärkter Normungs- und Standardisierungsbemühungen, der Beachtung von Datenschutz und Datensicherheit, der Ausgewogenheit zwischen dem Schutz individueller und kollektiver Grundrechte einerseits und Aspekten der inneren und äußeren Sicherheit andererseits und der Einbettung in eine Medienpolitik, die der zunehmenden Vermassung und Vermachtung dieser Märkte Zügel anlegt. Nach getaner Arbeit an der Postreform II gibt es also wahrlich keinen Grund, die Hände selbstzufrieden in den Schoß zu legen.

Session B

Internationale

Telekommunikation und Wettbewerb

Internationale Anbieter im Wettbewerb

Das BT-Konzept und seine Umsetzung

Dr. Lutz Blank

BT Telecom (Deutschland) GmbH

Session B - Internationale Telekommunikation und Wettbewerb

Internationale Anbieter im Wettbewerb: Das BT-Konzept und seine Umsetzung

Dr. Lutz Blank, BT Telecom (Deutschland) GmbH

Einleitung

BT hat sich in den letzten zehn Jahren in England von einem Monopol- und Staatsbetrieb zu einem privaten Dienstleistungsunternehmen gewandelt. Die Firma steht im harten Konkurrenzkampf mit einer Vielzahl von Mitbewerbern. Als Folge sind Firmenstrukturen so erneuert und eine strategische Neuausrichtung so umgesetzt worden, daß nun eine ausgezeichnete Ausgangsbasis für die geplanten weiteren Geschäftsentwicklungen der Zukunft erzielt worden ist.

In dieser Zusammenfassung wird aufgeführt werden, welche die nächsten Ziele von BT sind und wie zur Zeit eine Umsetzung auf weltweiter Basis vorangetrieben wird.

BT im weltweiten Telekommunikationsumfeld

Als Folge der frühen Marktöffnung in Großbritannien mit Liberalisierung von öffentlichem Sprachverkehr bereits Mitte der achtziger Jahre übernahm British Telecom / BT eine Vorreiterrolle in Europa in der Entwicklung der Telekommunikation. Es wurde frühzeitig klar, daß eine Ausweitung der Firmenaktivitäten über Großbritannien hinaus für die Zukunft vonnöten sein würde. Aufgrund der internationalen Telekommunikationsbedürfnisse von Großkonzernen und nun auch von einer ständig wachsenden Anzahl mittlerer und kleinerer Firmen konnte eine ernstgemeinte Ausweitung des geographischen Betätigungsfeldes von BT sich nicht auf eine bestimmte Region der Welt beschränken. BT entschloß sich deshalb frühzeitig, sein neues Dienstleistungsangebot weltweit aufzubauen.

Syncordia

Als bedeutender Schritt in Richtung eines wirklich weltweit operierenden Telekommunikationsanbieters für Daten und Sprache wurde 1991 Syncordia als Tochterfirma von BT gegründet. Mit Geschäftssitz in Atlanta betreibt Syncordia ein globales Daten- und Sprachnetz, das zur Unterstützung von Outsourcing-Verträgen mit internationalen Großkunden dient. Syncordia übernimmt die Verwaltung von Telekommunikationsbedürfnissen von Großkunden mit weltweiten Anforderungen, bis hin zur Übernahme von kundeneigener Infrastruktur und Personal, falls dies gewünscht wird. Die Erfahrungen aus diesen Aktivitäten sind nun in den Aufbau von Concert eingebracht worden, der Joint Venture Firma von BT und MCI.

Concert - BT's Joint Venture Firma mit MCI

Concert - Joint Venture mit MCI

Zwei Jahre nach der Gründung von Syncordia schloß BT eine Vereinbarung mit MCI in den Vereinigten Staaten, die es ermöglicht hat, das Syncordiamodell eines weltweit-operierenden Netzwerks auf eine Reihe von Standard Daten- und Sprachdiensten und über das Outsourcingkonzept hinaus auszudehnen. Die im Jahre 1993 geschlossene Vereinbarung zwischen BT und MCI beinhaltet außer der Investition bei BT in MCI im Umfang von $ 4.3 Milliarden die Gründung der gemeinsamen Firma Concert, im Rahmen eines weiteren Investitionsvolumens von $1 Milliarde. Concert hat heute bereits ein weltweites Netzwerk, das zur Lieferung von Daten- und Sprachdiensten an global- oder regional-operierende Kunden geeignet ist. Über vernetzte Netzwerk- und Servicemanagementzentren in London, Paris, Sydney, Tokyo und North Carolina wird das Netz 24 Stunden pro Tag und 364 Tage im Jahr überwacht.

Concert entwickelt das globale Netz kontinuierlich weiter, und hat für die internationalen Dienstleistungen wie Datenpaketvermittlung und Sprachvermittlung die Produktverantwortung. BT und MCI vertreiben in Europa und Fernost (BT) und Nord- und Südamerika (MCI) die Concert Dienste und entwickeln nationale Anschlußnetze in den einzelnen Ländern, um lokal flächendeckende Abdeckung zu erreichen. Das Ziel ist es hierbei, nicht nur ein weltweit technisch einheitliches internationales Produktportfolio vor Ort anzubieten, sondern es auch durch weitere nationale Angebote nach lokalen Bedürfnissen zu ergänzen.

Erreicht wird dies durch weiteren Ausbau von eigenständigen BT Aktivitäten in einzelnen Ländern, durch gemeinsame Geschäftsentwicklung mit nationalen Firmen, z.B. im Rahmen von Joint Venture Firmen, oder durch Kooperation mit existierenden Telekommunikationsfirmen, die als lokale Vertriebsorganisation unserer internationalen Dienstleistungen auftreten.

Internationale und Nationale Dienstleistungen

Das internationale Concert-Angebot umfaßt Daten, Sprache und Anwendungen wie folgt:

Global Network Services:
Paketvermittelte Datenübertragung, Bandbreitendienste

Virtual Network Services:
Virtuelle private Netzwerkdienste, z.B. globale Sprachdienste

Global Application Services:
z.B. X.400, EDI, Audio- und Videokonferenzdienste

Das NMS: Service View

Global Customer Management Services:
z.B. Syncordia Outsourcing Service View, das BT-entwickelte Netzwerkmanagementsystem, das alle gängigen Netzwerkelemente überwacht und eine Vielzahl von Managementfunktionen beinhaltet

Ein weiterer Ausbau des Concert-Dienstleistungsangebots geschieht auf der Basis der jeweils besten bei BT und MCI vorhandenen Lösungen sowie unter Verwendung neuester Technologien und Anwendungen, die zu einem großen Teil auf der Forschungs- und Entwicklungsarbeit von BT basieren, mit seinen circa 7.000 Beschäftigten in den relevanten technischen Forschungs- und Entwicklungsbereichen. Über die Weiterentwicklung des internationalen Dienstleistungsangebotes hinaus ist es bereits heute klar, daß eine ständig wachsende Anzahl von Kunden von einem Telekommunikationsanbieter nicht nur entweder nationale oder internationale Dienste in Anspruch nehmen will, sondern vermehrt nach Komplettlösungen fragt. Diese müssen Daten und Sprache, internationale und nationale Dienste beinhalten. Mit der zunehmend fortschreitenden Liberalisierung von Telekommunikationsdiensten, ganz besonders in Europa, ist es jetzt wichtig, als internationaler Anbieter auch nationale Dienstleistungen entsprechend den Anforderungen der lokalen Märkte bereitzustellen. Um diesen Anforderungen gerecht zu werden, ergänzen BT und MCI in ihren jeweiligen Regionen der Welt das internationale Angebot durch kompatible nationale Dienste, um vor Ort Komplettlösungen anbieten zu können. Die resultierende Kompatibilität weltweit und das integrierte Netz- und Servicemanagementkonzept sind als Folge ein besonderes Merkmal des Dienstleistungsangebotes von BT und MCI.

Zusammenfassung

Osteuropa und Asien

In Partnerschaft mit MCI betreibt BT ein weltweites Telekommunikationsnetz, über das ein breites Produktspektrum von Dienstleistungen einheitlich angeboten wird. Nachdem der Schwerpunkt der Investitionen für BT in den letzten Jahren bei dem Aufbau des globalen Netzes gelegen hat, ist es die Aufgabe der nächsten Jahre, das Angebot besonders in Osteuropa und Asien verstärkt auszubauen und in den bereits gut abgedeckten Ländern der industrialisierten Welt das internationale Angebot durch nationale Dienstleistungen zu ergänzen. Dies ermöglicht es dem Kunden in Europa, seine kompletten Telekommunikationsdienste aus einer Hand von BT erwerben zu können.

Session B

Internationale

Telekommunikation und Wettbewerb

Internationale Anbieter im Wettbewerb

Implementierung eines WVPN - World Virtual Private Network

Geerlof Los

Worldpartners

Session B - Internationale Telekommunikation und Wettbewerb

Internationale Anbieter im Wettbewerb: Implementierung eines WVPN

Geerlof Los, Worldpartners

Überblick

1) Wer ist Worldpartners
2) Wer ist Unisource
3) Was bedeutet EVUA
4) Wie baut man ein Virtual Private Network
5) Was sind die Vorteile eines Virtual Private Network
6) Warum enscheidet sich ein Anwender für ein Virtual Private Network
7) Was sind die momentanen Möglichkeiten für eine Implementierung

Wer ist Worldpartner

Worldpartners ist ein Zusammenschluß folgender Partner:

- AT&T
- KDD
- Singapore Telecom
- Unisource

Das Unternehmen Worldpartners arbeitet außerdem mit Mitgliedern, den sogenannten Members, zusammen.

Members sind neben den obengenannten Partnern folgende Firmen:

- UNITEL
- Korea Telecom
- TELSTRA
- New Zealand

Die gesamte Zusammenarbeit von 'Partners' und 'Members' heißt WorldSource und wird von einer zentralen Organisation mit 50 Mitarbeitern geleitet.

Die Idee von WorldSource ist

Making your business world a single world

„MAKING YOUR BUSINESS WORLD A SINGLE WORLD"

Das Angebotsportfolio umfaßt folgende Services:

- Private Line
- Virtual Network Services
- Frame Relay

Integriert sind die Attribute:

- One Stop Shopping
- Ordering
- Maintenance
- Billing Support

- Standard Performance Levels
- Standard Feature/functionality

- Billing options
  Language choice
  Currency choice
- Network management reports
- Premises-to-premises service
- Follow-the-sun network management

Die WorldSource Aktivitäten werden momentan in Europa implementiert, wobei Unisource der Partner in Europa ist.

Die Zielgruppe sind multinationale Unternehmen:

- 1100 mit Headquarters in den USA
- 400 mit Headquarters in Japan
- 830 mit Headquarters in Europe

Unisource

Wer ist Unisource

Unisource wurde im Juni 1992 als Joint Venture gegründet. Die Idee stammte vom Präsidenten der PTT Telecom Niederlande in Zusammenarbeit mit dem Präsidenten der PTT Schweden, heute Telia. Inhalt des neuen Unternehmens sollte sein, eine mehr international orientierte Telecom Aktivität zu starten.

Inzwischen wird Unisource von 4 Anteilseignern getragen. Nämlich:

- PTT Telecom Niederlande
- Telia Schweden
- Telecom PTT Schweiz (seit Juli 1993)
- Telefónica Spanien (Letter of Agreement im Juli 1994)

Die Mission

Unisource will bis 1998 der führende Anbieter weltweiter Telekommunikationsdienste in Europa werden.

Die Holding hat ihren Sitz in den Niederlanden.

Folgende Unternehmensbereiche gehören zu Unisource:

- Unisource Business Networks
- Unisource Voice Services
- Unisource Satellite Services
- Unisource Mobile Services
- Unisource Card Services
- Unisource Carrier Services

Die Gesamtorganisation besteht aus derzeit 1100 Mitarbeitern.

Unisource ist in 13 Ländern Europas vertreten. Es steht ein „International Backbone Network“ zur Verfügung von 32 Mb/s mit Network Management Centres in Den Haag und Stockholm.

Unisource bildet außerdem eine Allianz mit SITA, dem wohl weltweit größten 'Data Communications Supplier'. Sita ist der Service Provider von 530 Fluggesellschaften und in über 210 Ländern mit etwa 40.000 Anwendern vertreten. Aufgrund dieser globalen Reichweite kann Unisource den großen multinationalen Unternehmen den erwünschten Service bieten.

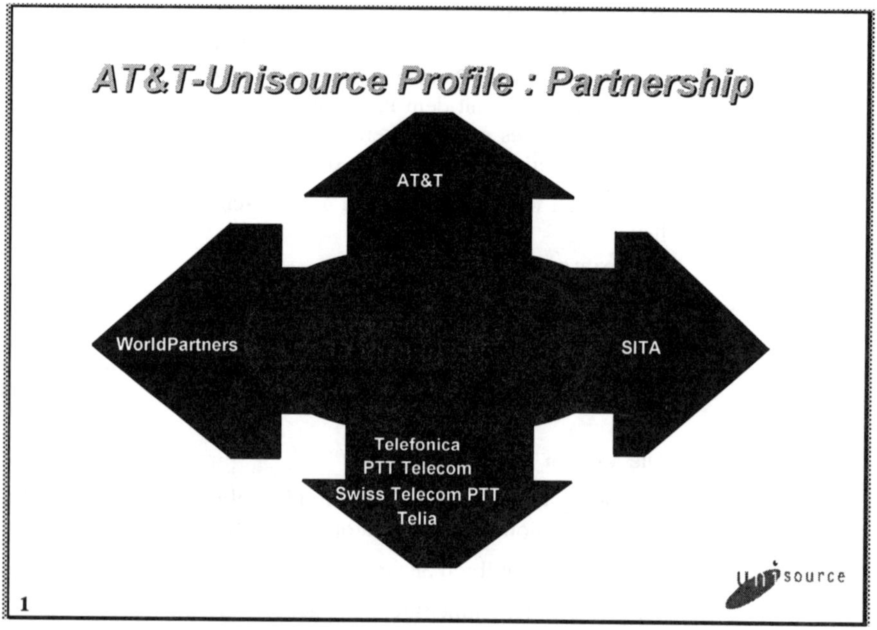

Was bedeutet EVUA

EVUA
European VPN User Association

Etwa 30 internationale Großunternehmen haben sich in einer ' User Group' organisiert. Es handelt sich um Unternehmen aus Europa, mit einem bestimmten Jahresumsatz im Telekommunikationsbereich.

EVUA bedeutet European VPN User Association.

Hauptinitiative dieser User Association war die Ausschreibung eines „Request for Proposal" (RFP). Ziel dieses RFP war die Ausarbeitung eines Angebotes für VPN Services basierend auf den vorgegebenen Spezifikationen der EVUA.

Die Kooperation von Unisource und AT&T wurde als Anbieter, sprich Lieferant, ausgewählt.

Diese Initiative der EVUA läßt einige wichtige Schlüsse zu.

Erstens gibt sie an, wie eingreifend sich die Telekommunikations-Industrie in Europa ändert; zweitens verdeutlicht sie die wachsende Deregulierung und Liberalisierung im europäischen Telekommunikationsmarkt, speziell auf dem Gebiet der Sprachdienste. Hierbei tritt die Kundenorientierung und die Definition „Closed User Group“ mehr und mehr in den Vordergrund.

Für Unisource ist das RFP von EVUA außerdem die beste Möglichkeit, seine Sprachdienste - insbesondere die VPN Services - in kürzester Zeit zu realisieren.

Wie baut man ein VPN?

Wie baut man ein Virtual Private Network?

Die derzeit implementierte Unisource Network Architecture ist auf Abbildung 3 zu sehen:

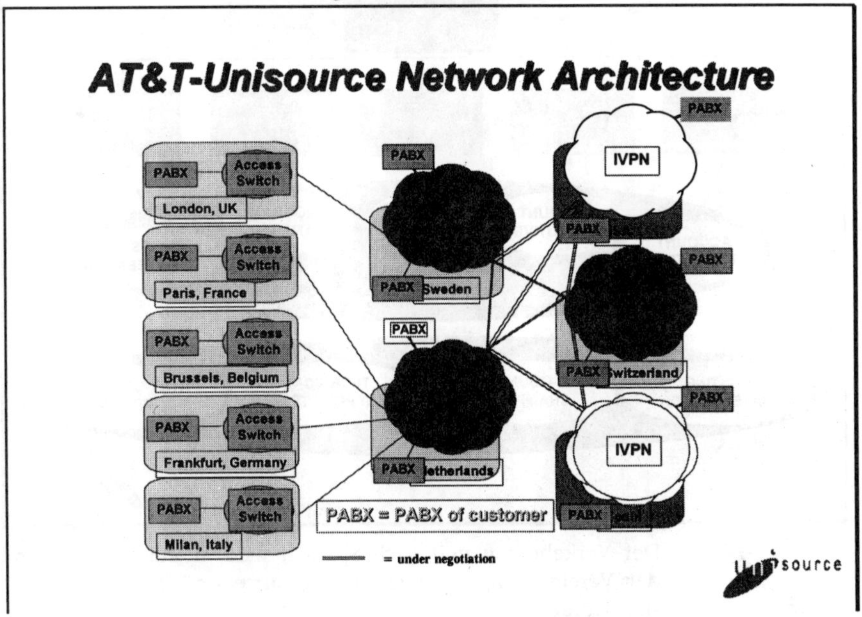

Diese erste Phase des AT&T-Unisource IVPN Service basiert auf einem Kern-Netzwerk, gekoppelt mit den bereits existierenden Netzwerken der Unisource Mutterländer; FlexNet (CH), Intercall (S) und WVPN (NL).

Der Telekommunikationsverkehr von UK und aus nordischen Gebieten wird über Schweden abgewickelt. Verkehr aus Frankreich, Belgien, Deutschland und Italien wird über die Niederlande geleitet.

AT&T-Unisource bieten komplette ON-Net und Off-Net Deckung von und nach Europa und den USA. Um der momentanen FCC und Accounting Rate Regulierung zu entsprechen und doch gleichzeitig eine Sofortlösung anbieten zu können, wird Datenverkehr von den USA nach Europa auf Basis des bestehenden bilateralen Abkommens zwischen den USA und den europäischen Ländern abgewickelt. Der Verkehr von Europa nach den USA jedoch wird aufgrund der Hubbing Vereinbarungen für inter-europäischen Verkehr verrechnet. Dies ermöglicht eine deutliche Kostenreduzierung.

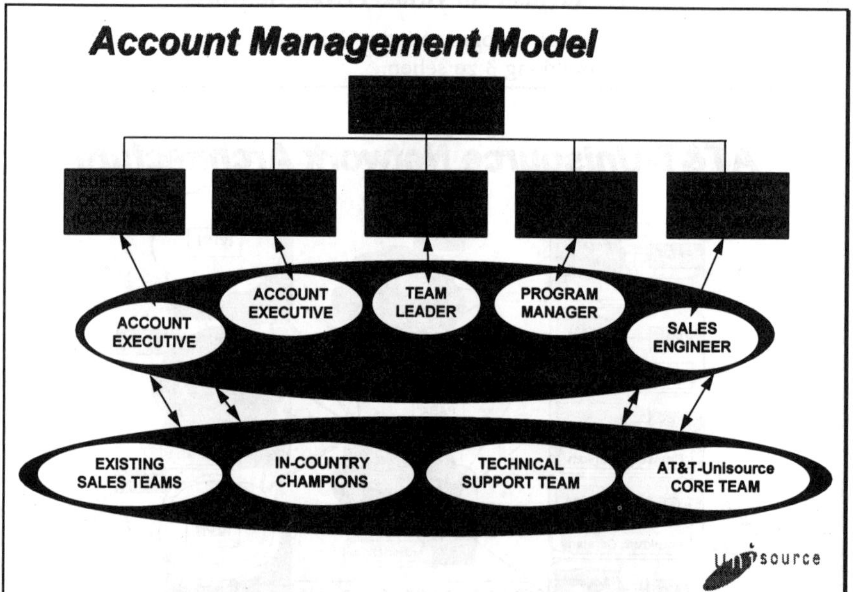

Der Verkehr von und nach Spanien wird in Zukunft aufgrund der Vereinbarungen zwischen Unisource und Telefónica realisiert werden.

Es bestehen drei Typen von ON-Net-Calls: Unter einem ON-Net-Plus-Call versteht man einen Call der innerhalb des Unisource IVPN Netzes entsteht und endet. Der Call kann sich aus einer privaten oder öffentlichen Nummer zusammensetzen.

Ein On-Net-Call ist ein innerhalb des AT&T-Unisource IVPN Netzes und eines anderen IVPN Suppliers initiierter Call. Dieser Call wird aufgrund eines Interconnect Agreement zwischen dem Supplier und einem Mutterland realisiert. Der Call kann sich aus einer privaten oder öffentlichen Nummer zusammensetzen.

Unter einem Virtual-On-Net-Call versteht man einen Call der vom Kunden initiiert und in den privaten Nummerplan integriert ist. Der Call-Empfänger ist nicht in den IVPN Dienst aufgenommen, besitzt keinen eigenen IVPN Dienst und wird auch nicht durch ein Abkommen abgedeckt. Der Call wird mit privaten Nummern des kundeneigenen Nummernplan aufgebaut.

Ein Off-Net-Call entsteht bei einem Kunden des AT&T-Unisource IVPN Dienstes und endet bei einem Call-Empfänger, der nicht in den Dienst aufgenommen ist. Der Call wird mit einer öffentlichen Nummer aufgebaut.

Die Zugangsmöglichkeiten sind:

- Direkter Zugang zum AT&T-Unisource IVPN mit Festverbindungen
- Verbindungen über ein PSTN (vermittelter Zugang)
- Remote Zugang: mit Card oder Mobile anrufende Kunden können über PSTN mit dem AT&T-Unisource IVPN verbunden werden

AT&T-Unisource haben eine Customer Care Organisation aufgebaut um spezielle Wünsche der EVUA Members zu realisieren.

Vorteile eine VPN

Welche Vorteile bietet ein Virtual Private Network?

Ein Virtual Private Network ist ein Teil eines Corporate Telecommunications Network. Dies bietet Corporate Networking zwischen Kundenstandorten auf Basis einer geschalteten Netzwerk Infrastruktur.

VPN - Definition

Definition eines VPN

a) VPN verwendet öffentliche Switched Networks, um Calls zu routen, oder erstellt Point-to-Point Verbindungen

b) VPN kann entweder von einer PABX und/oder einem Centrex System bedient werden

c) Für Verbindungen innerhalb einer Organisation sind die Tarifkosten niedriger als für vergleichbare Verbindungen im öffentlichen Netz

d) Die anfallenden Kosten für Verbindungen zu anderen Organisationen können niedriger sein als die üblichen öffentlichen Netzkosten. Diese Möglichkeit ist jedoch abhängig von nationalen Regulierungen.

Größter Vorteil eines IVPN: Kostenreduzierung; dazu kommen Kostenübersicht und Nummernplan. Die derzeit noch nicht optimale Funktionalitätsgestaltung aufgrund der nicht vorhandenen optimalen Signalisierung wird kaum als Nachteil gesehen.

Warum entscheidet sich ein Anwender für ein Virtual Private Network?

„Drei" Argumente für ein VPN

Aufgrund drei wichtiger Argumente entscheidet sich der Anwender für ein VPN:

1) Kostenreduzierung
2) Kostenreduzierung
3) Kostenreduzierung

Die Kostenreduzierung kann dabei bis zu 35 % betragen.

Möglichkeiten der Implementierung

Welche Möglichkeiten einer Implementierung bestehen zur Zeit?

Dupont signs VPN contract

In April Unisource was given the chance to prove it could provide high level services for handling international telephone traffic for Du Pont in the United Kingdom, Belgium, and Germany.

By August the pilot project proved a success and Unisource was awarded a one year contract to provide Du Pont de Nemours with international voice services covering the European countries where the company has major business activities.

The service forms part of Du Pont's overall telecommunications strategy of optimising both its own private "DUCOM" voice network and its use of Virtual Private Networks (VPN's).

Unisource won this business against strong competition of BT.

The positioning of Unisource as one European partner offering considerable financial benefits for Du Pont was essential for winning

The help and continuous support of the Unisource Voice Services' sales support group in preparing the proposal and a contract for these new services additionally contributed to this success.

Du Pont, as the first customer of the European Unisource Voice Services, gives Unisource international voice traffic with a volume of about 10 Million DM per year.

This contract can be seen as a very important initial step. Unisource got the change to prove as the right partner for telecommunication business of Du Pont in Europe.

Du Pont, is a diversified international company specialising in chemicals, speciality products and energy. It has annual sales of over $37 billion and 115,000 employees throughout the world. The company's sales in its Europe, Middle East and Africa marketing region amount to over one-third of its world-wide turnover, and its work force in the region totals 21,500.

Zur Zeit ist das VPN international orientiert. Es werden die lokalen Zugangsknoten über das Unisource Backbone an die VPN Feature Switches in den Niederlanden und der Schweiz angeschlossen. Zu einem späteren Zeitpunkt werden auch die Dienste aus Schweden und Spanien integriert.

Die Kunden-PABX wird über eine Standleitung angeschlossen. Die Signalisierung ist momentan CAS/E&M und DPNSS; in Zukunft wird Q-Sig unterstützt werden.

Das ganze Netz wird derzeit modernisiert und an das Intelligent Network Konzept angepaßt, wobei auch nationale Switch-Mölichkeiten vorhanden sind. Dabei können auch nationale VPNs angeboten werden.

... bei Dupont abgeschlossen

Das Abrechnungsverfahren wird schon jetzt zentral durchgeführt und entspricht so den Kundenwünschen.

Die Implementierung bei Dupont ist mit Erfolg abgeschlossen.

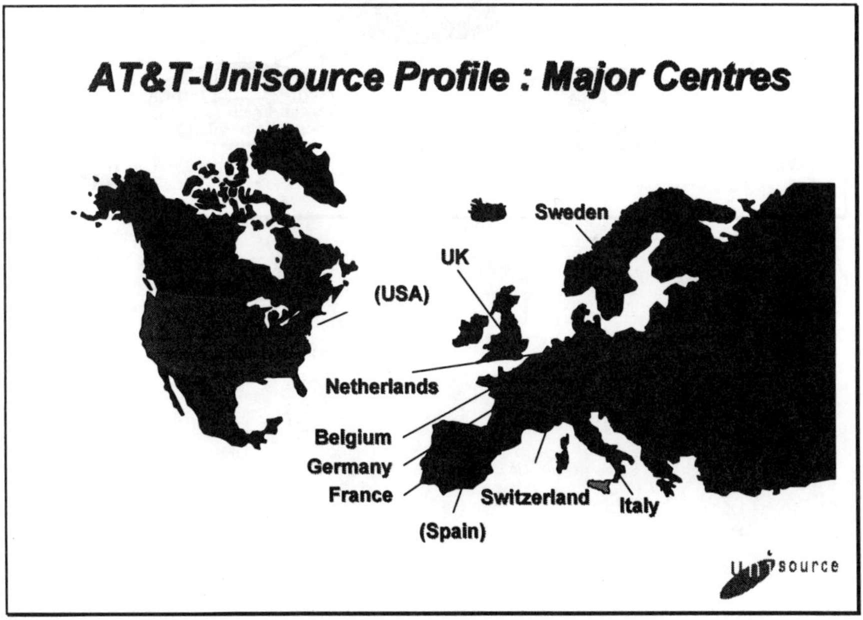

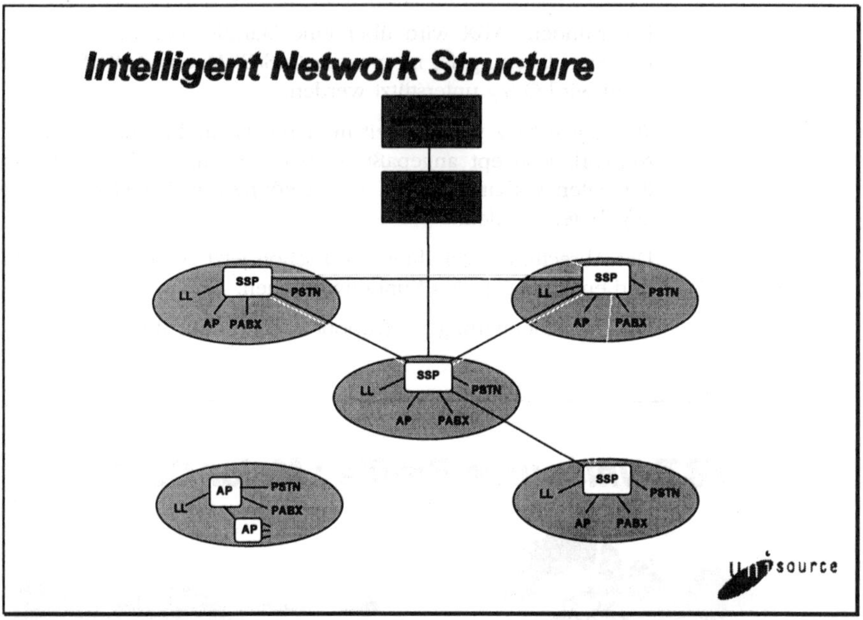
Intelligent Network Structure
SSP
LL
PSTN
AP
PABX
SSP
LL
PSTN
AP
PABX
SSP
LL
PSTN
AP
PABX
AP
PSTN
LL
PABX
AP
SSP
LL
PSTN
AP
PABX

Session B

Internationale

Telekommunikation und Wettbewerb

Systemlösungen für große Kunden

Dr. Herbert May

DeTeSystem

Session B - Internationale Telekommunikation und Wettbewerb

Systemlösungen für große Kunden

Dr. Herbert May, DeTeSystem

Die DeTeSystem GmbH mit Sitz in Frankfurt/Main ist am 01.01.1994 von der Deutschen Bundespost Telekom gegründet worden. Ziel der DeTeSystem ist es, kundenindividuelle Systemlösungen anzubieten.

Durch die Einführung der Digitaltechnik in der Telekommunikation ist die Verschmelzung der Datenverarbeitung und der Telekommunikation möglich geworden. In beiden Bereichen existieren heute eine Vielzahl von Einzellösungen. Da diese sich teilweise überschneiden, sind für den Kunden eine geringere Leistungsfähigkeit der einzelnen Systeme und höhere Kosten die Folge.

Durch *Systemintegration* unter Verwendung der jeweils geeignesten und innovativsten Technologien werden durch DeTeSystem homogene Lösungen entwickelt, die die individuellen Bedürfnisse und Wünsche der Kunden sowie die jeweiligen Organisationsstrukturen berücksichtigen.

Hierbei handelt es sich um dynamische Systeme, die eine hohe Flexibilität aufweisen und eine regelmäßige Anpassung an den sich verändernden Bedarf ermöglichen.

Um diese Aufgaben zu erfüllen, bietet DeTeSystem eine flächendeckende Präsenz und eine enge Zusammenarbeit mit internationalen Beteiligungsgesellschaften und Kooperationspartnern.

Das Angebot „Systemlösungen“ umfaßt sowohl den Vertrieb von Telekom-Produkten als auch den Einsatz von Produkten anderer Anbieter. Systemberatung und -design sowie Netzmanagement, Betrieb und Service vervollständigen die Komplettlösung. Somit ist gewährleistet, daß der Systemkunde maßgeschneiderte Gesamtlösungen erhält.

Die DeTeSystem bietet Systemlösungen an, die gemäß dem OSI-Schichtenmodell ein vollständiges Management der unteren Schichten (1-4) darstellen. Darauf aufbauend sind in den oberen, anwendungsorientierten Schichten die jeweiligen gewünschten Anwendungen durch den Kunden möglich.

Die Übernahme eines umfassenden Netzmanagements durch DeTeSystem ermöglicht dem Kunden, sich auf sein Kerngeschäft zur Erreichung der eigentlichen Unternehmensziele zu konzentrieren. Es werden eigene Ressourcen geschont, die Kosten für Netzbetrieb und -wartung deutlich gesenkt, und es erfolgt eine Entlastung bei Routineaufgaben. Außerdem entsteht eine Reduzierung des Administrations- und Koordinierungsaufwands, der vor allem in internationalen Netzen erforderlich ist.

Das Spektrum der in nationalen und internationalen Netzen angebotenen Mehrwertdienste reicht von reinen Übertragungsleistungen bis hin zu anwendungsorientierten Lösungen. Diese werden für die verschiedensten Branchen für Netze und unter anderem für die Bereiche Mobilitätsbedarf, Chipkartenlösungen und Multimedia entwickelt.

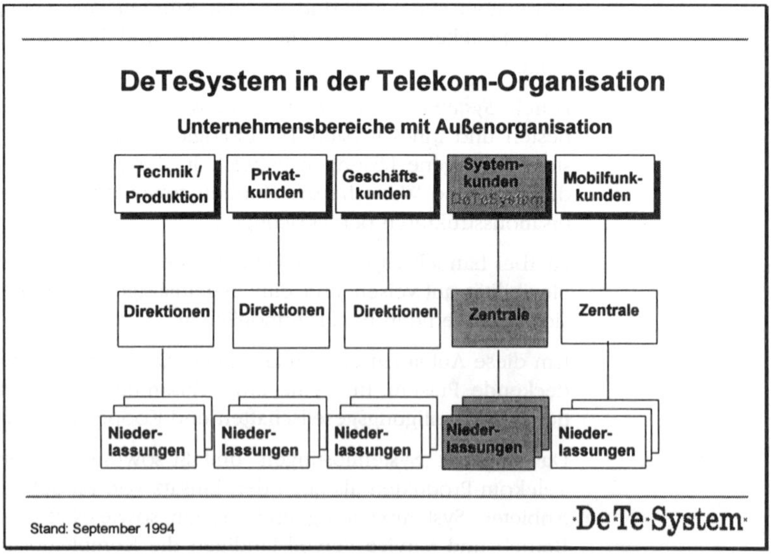

Geschäftsfelder und Produktgruppen der Telekom

Netznahe Basisdienste	Monopolübertragungswege, Telefonnetzdienst, Breitbandnetzdienst	Digitale und analoge MÜW Anschlüsse, Verbindungen, Kabelanschluß, Signaleinspeisung,
Netznahe Spezialdienste	Festgeschaltete und vermittelte Verbindungen, Netzwerkdienste, Bildkommunikation, Rundfunk und Audiovision,	VSAT-Dienste, Datex P, S, M, DDV TDN Videokonferenzdienst, Audio- und Videoübertragung
Anwendungsnahe Mehrwertdienste	Mitteilungs-, Informations- und Verarbeitungsservice, Informations- und Operatordienste	Sprachserverdienste, Auftragsdienste, Datex J
Endstellen-einrichtungen	Endgeräte, Öffentliche Telefone, Video, Audio und Multimedia	TK-Anlagen, ISDN-Endgeräte, Kartentelefone, Kartenanwendungen, Business TV,
Infrastruktur	Basis-Infrastruktur	

Stand: September 1994

·De·Te·System·

DeTeSystem Produktportfolio

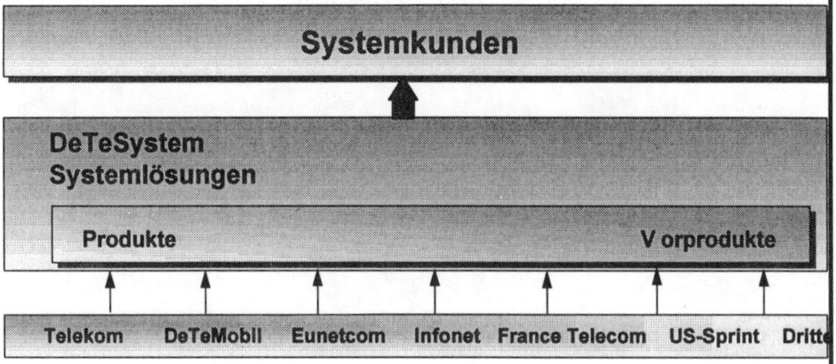

Stand: September 1994

·De·Te·System·

Session C - Neue Techniken für Anwender

Leitung:

Werner Nagel

Flughafen Frankfurt Main AG

Session C

Neue Techniken für Anwender

Neue Kommunikationstechniken für Anwender:

Ein Überblick

Prof. Dr.-Ing. Firoz Kaderali

FernUniversität Hagen - TELETECH

Session C - Neue Techniken für Anwender

Neue Kommunikationstechniken für Anwender: Ein Überblick

Prof. Dr.-Ing. Firoz Kaderali, FernUniversität Hagen - TELETECH

1. Das Schmalband-ISDN als flächendeckend verfügbares Netz

Sind Techniken "neu", so können sie sich in Anwendungen noch nicht bewährt haben; werden Techniken angewandt, so sind sie nicht mehr ganz "neu". Deshalb betrachten wir zunächst als Einstieg in die Thematik die inzwischen bereits bewährte und dennoch als "neu" einzustufende ISDN-Technik.

Heute wird die ISDN-Technik überwiegend für die Sprachübermittlung eingesetzt. Einerseits ermöglicht sie durch die Signalisiertechniken des D-Kanalprotokolls und der SS Nr. 7 Zeichengabe einen schnellen Verbindungsaufbau und die Realisierung neuer Leistungsmerkmale (wie Anklopfen, Anzeige von Rufnummern usw.), andererseits sind die Gebühren der Telekom so, daß der Einsatz von Primärmultiplexanschlüssen für die Anbindung von Nebenstellenanlagen an das öffentliche Netz besonders begünstigt wird.

Die ISDN-Technik für Sprachübermittlung wird mittlerweile unterstützt durch Softwarepakete[1] für Telephonieanwendungen - **CIT**: ***C****omputer* ***I****ntegrated* ***T****elephony* bzw. **CAT**: ***C****omputer* ***A****ided* ***T****elephony*. Mittels solcher Software ist es möglich, eine Kopplung zwischen einem ankommenden Anruf und einer Kundendatenbank herzustellen oder aus einer Kundendatenbank oder einem elektronischen Telefonbuch herauszuwählen. Für den Anwender ist es also möglich, sich unmittelbar vor einem Telefongespräch durch Hilfe der Datenbank über den Kunden bzw. den Stand des relevanten Vorganges zu informieren und während des Gespräches Einträge in die Datenbank vorzunehmen.

Es kann davon ausgegangen werden, daß bei weitem das größte Nutzungspotential der ISDN-Technik in Verbindung mit PCs als Endgeräte vor allem für Filetransfer- und Telemetrieanwendungen realisiert werden kann. Außer formatierten und unformatierten Meldungen und Mitteilungen können ganze Texte mit Graphiken schnell ausgetauscht werden. Dies, gelegentlich gekoppelt mit anderen Telekommunikationsdiensten wie Bildschirmtext (Datex-J) und Telefax, ermöglicht, eine Fülle von Anwendungen wie *electronic mail*, *electronic sales*, *electronic banking*, *electronic information retrieval* usw. zu implementieren. Die stürmische Entwicklung in Netzen wie Internet gewinnt durch die Datenübermittlungsgeschwindigkeit von 64 kbit/s im ISDN eine neue Dimension. Berücksichtigt man die Kompression (nach V.42bis), die inzwischen auf vielen ISDN-PC-Adapterkarten optional angeboten wird, so erreicht man Effektivgeschwindigkeiten von bis zu 300 kbit/s bei der Textübermittlung über einen B-Kanal.

Für Anwendungen, bei denen höhere Geschwindigkeiten erforderlich werden, ist beim Basisanschluß die gemeinsame Nutzung von zwei B-Kanälen, beim Primärmultiplexanschluß die gemeinsame Nutzung von n (≤30) B-Kanälen, im sogenannten *inverse multiplex* Verfahren, das inzwischen am Markt verfügbar ist, möglich. Dies ist vor allem bei Anwendungen, bei denen die Bewegtbildübermittlung eingesetzt wird, in der Regel von Belang. Erfahrungen mit Bildtelephonen und Videokonferenzsy-

---

[1] Ein Übersicht über ISDN-Endgeräte und Kommunikationssoftware ist zu finden in:
Rosenbrock K.H., Richter E., Zeller M.
ISDN Praxis - Handbuch der neuen Sprach-, Text-, Bild- und Datenkommunikation
Loseblattsammlung, Neue Mediengesellschaft Ulm, Juli 94.

stemen zeigen, daß der Anspruch der Anwender an die Bildqualität wesentlich höher liegt, als dies die Systementwickler bisher angenommen haben.

Die Vernetzung von Lokalen Netzen über ISDN für Anwendungen auf DOS- und UNIX-Basis wurde inzwischen in zahlreichen Projekten[2] implementiert. Auch die Weiterentwicklung der Kommunikationssoftware in Richtung Telearbeit und Groupworking (*team working, joint editing, teleCAD*) wird bereits in Einzelprojekten erprobt und ist vielversprechend.

2. *Die ATM-Technik als Basis für das künftige Breitband-ISDN*

In der Vergangenheit haben sich zwei Übermittlungsverfahren für die technische Kommunikation überwiegend durchgesetzt:

- die Durchschaltevermittlung (*circuit switching*) unter Verwendung der Zeitmultiplextechnik, das auch bei der Digitalisierung des Fernsprechnetzes und deren Aufrüstung zum ISDN eingesetzt wird, und
- die Paketvermittlungstechnik (*packet switching*) das sich insbesondere für die Datenübermittlung eignet und im Prinzip auch in Lokalen Netzen angewandt wird.

Ein wesentlicher Nachteil der Durchschaltevermittlung besteht in den starren Bitraten, die übermittelt werden, und die damit verbundene Unfähigkeit, Ruhezeiten der Datenquellen zu nutzen oder sporadische Quellen adäquat zu bedienen. Wesentlicher Nachteil der Paketvermittlung auf der anderen Seite besteht in den langen schwankenden Wartezeiten und damit verbundenen Problemen bei der Echtzeit- oder plesiochronen Übermittlung.

Bereits recht früh wurden Anstrengungen unternommen, diese Nachteile durch die Integration der Zeitmultiplex- als auch der Paketvermittlung in einem Koppelnetz zu integrieren[3]. Anfang der achtziger Jahre strebte man an, eine schnelle Paketvermittlung durch unterschiedlichste Maßnahmen zu entwickeln.

---

2 Vgl. Projekte der ISDN-Forschungskommission NRW im Rahmen der Landesinitiative TELETECH NRW
Eine Liste der (überwiegend kostenlos erhältlichen) Veröffentlichungen kann von MWMT NRW, Haroldstraße 4, 40190 Düsseldorf unter dem Stichwort TELETECH NRW angefordert werden.

3 F.Kaderali: Technologische Evolution der Kommunikationsnetze, ONLINE 93, Kongreßband III/2, Hamburg, Februar 1993

Typische Maßnahmen waren:

- schnelle Technologien für die Durchschaltung und die Übertragung
- parallele Verarbeitung
- eine Reduktion der Komplexität der Protokolle, so z.B. durch Weglassen der abschnittsweisen zyklischen Fehlerkorrektur und der Flußkontrolle
- Bildung von kleinen, für die Übermittlung optimalen Paketen
- Verschiebung von allen für die Übermittlung erforderlichen Funktionen in die niedrigen Schichten (des OSI Modells).

Zwei solche konkreten Ansätze waren die **FPS** (***F****ast* ***P****acket* ***S****witching*), die von Bell Labs 1983 vorgestellt wurde und eine variable Paketlänge von im Mittel 100 Bytes hatte, und die **ATD** (***A****synchronous* ***T****ime* ***D****ivision*), die etwa zur gleichen Zeit von CNET vorgestellt wurde und eine kurze feste Paketlänge von 8 bzw. 32 Bytes hatte. Die FPS und ATD Arbeiten gelten als der Ursprung für die **ATM**-Technik (***A****synchronous* ***T****ransfer* ***M****ode*), die bereits 1988 von CCITT als die Technologie für das künftige Breitband-ISDN festgelegt wurde.

Typische Merkmale des **ATM-Verfahren**s sind die kurzen Nachrichtenpakete (Zellen genannt), die aneinander gereiht werden, die Bildung von virtuellen Verbindungen (mit einer besonders schnellen virtuellen Adressierung) und die Verlagerung aller Funktionen für den Transport der Zellen durch das Netz in die Schicht 2. Die Zellen sind 53 Byte lang und bestehen aus einem Kopf aus 5 Byte und einem Informationsteil aus 48 Byte.

Außer der Integration unterschiedlichster Dienste in einem Netz bietet die ATM-Technik zwei wesentliche Vorteile für den Anwender, die aus der variablen Bitrate herrühren:

- die Anpassung der Bitübermittlungsrate der Verbindung an die Schwankungen der Datenquelle (d.h. ökonomische Nutzung der verfügbaren Bandbreite) und
- die Unabhängigkeit der Endgeräteschnittstelle von der Bitrate des Dienstes, die wiederum eine von der Schnittstelle unabhängige und daher rasche Einführung neuer Dienste und spätere Anpassung an neue Komprimierungsverfahren ermöglicht.

Bereits jetzt ist ersichtlich, daß die ATM-Technik eine Brücke zwischen den öffentlichen und den Lokalen Netzen (in der zweiten Hierarchiestufe der Lokalen Netze) schlägt. Durch die Anpassung der Paketformate der **HSLANs** (***H**igh **S**peed **L**ocal **A**rea **N**etworks*) an ATM-Zellen wird eine optimale Integration möglich, die es nunmehr durch gemeinsame Netzmanagementfunktonen zu unterstützen gilt. So verwenden **DQDB** (***D**istributed **Q**ueue **D**ual **B**us*) und ATM-Ring die gleichen Zellformate und bieten auch gemeinsame Netzmanagementfunktionen an (z.B. Abgrenzungsmöglichkeiten zwischen dem privaten und dem öffentlichen Bereich durch *edge gateways*). Das Fehlen dieser Kompatibilität ist ein Grund für das Stocken der FDDI-Ausbreitung im *backbone* Bereich von LANs.

Mit der variablen Bitrate beim ATM bieten sich auch neue Varianten der Gebührenberechnung an. Beim Verbindungsaufbau wird eine mittlere Bitrate und die Schwankungsbandbreite (z.B. durch *burstiness* charakterisiert, die als das Verhältnis der Spitzenbitrate zu mittleren Bitrate definiert wird) vereinbart. An der Teilnehmer-Netz-Schnittstelle (**UNI**- ***U**ser **N**etwork **I**nterface*) wird die Einhaltung dieser Vereinbarung sichergestellt (*usage parameter control*). Die Gebühren können nun von verschiedenen Parametern abhängig gemacht werden: der mittleren Bitrate, der Spitzenbitrate, der absoluten Schwankungsbandbreite, der maximalen Schwankungsbandbreite pro fester Zeiteinheit usw. Da das Netz optimal genutzt wird, wenn es voll ausgelastet ist, kann es auch sinnvoll sein, die Nutzung von Bandbreiten durch Teilnehmer auch über dem vereinbarten Maße hinaus zu ermöglichen (dynamische Anpassung an Netzauslastung). Die Prioritätsangabe im ATM-Zellkopf ermöglicht die Kennzeichnung (und verbilligte Abrechnung) der Zellen, die im Überlastfall verworfen werden dürfen. Ob nun die Glättung des beim Anwender anfallenden Nutzbitstromes vom Teilnehmer oder vom Netzbetreiber im Netz vorgenommen wird, ist von der Gebührenvariante abhängig. Letztendlich bestimmt diese auch, wer in welchem Maße von dem Vorteil der variablen Bitrate bei der ATM-Technik profitiert.

Kurzfristig wird die ATM-Technik für die schnelle Datenübermittlung zwischen Rechnern bzw. zwischen LANs über das B-ISDN bzw. über HSLANs wie DQDB eingesetzt. Hierzu bieten sich die beiden Dienste FRS (***F**rame **R**elay **S**ervices*) und SMDS (***S**witched **M**ulti-**M**egabit **S**ervices*) in ATM-Netzen an.

Frame Relay ist eine Weiterentwicklung des X.25 Protokolls, das sich durch einen minimalen Fehlererkennungs- und Flußkontrolloverhead (von 6 Bytes pro Rahmen) auszeichnet. Charakteristisch für Frame Relay sind ferner die verbindungsorientierte Arbeitsweise mit variablen Rahmenlängen von bis zu 8192 Bytes und die Verlagerung der Vermittlungsfunktionen in die Schicht 2. Der Dienst wird mit unterschiedlichen Geschwindigkeiten von beispielsweise 56 kbit/s, 384 kbit/s und 1.544 Mbit/s angeboten. Die Standards für Frame Relay werden seit 1988 bei CCITT und ANSI erarbeitet (s. z.B. ITU-T Empfehlung I.122 *Frame Mode Bearer Service*).

SMDS ist ein auf verbindungsloser Datenübermittlung basierender Dienst mit festen Rahmen- und Zellgrößen, der in Hochgeschwindigkeitsnetzen insbesondere für den Weitverkehr mit typischen Geschwindigkeiten von 1.17, 4, 10, 16, 25 und 34 Mbit/s zunächst in USA angeboten wurde. Um den Dienst auch zügig in Europa einzuführen, wurde eine europäische Interessengruppe gebildet (ESIG). Der ETSI Standard CBDS (*Connectionless Broadband Data Service*) und der Australische FASTPAC sind äquivalent zu SMDS.

Außer für die schnelle Datenübermittlung eignet sich die ATM-Technik auch besonders für die Bildübermittlung wegen seiner hohen Bitübermittlungsgeschwindigkeit und der variablen Bitrate. Es werden inzwischen sehr hohe Erwartungen bezüglich Multimedia-Anwendungen, Videoabruf, interaktives Fernsehen und ähnliche Dienste über Datenautobahnen auf ATM-Basis gestellt. Um jedoch die vollen Vorteile der variablen Bitraten, die die ATM-Technik ermöglicht ausnutzen zu können, müssen noch besondere Kompressions-, Codierungs- und Verschlüsselungsverfahren entwickelt werden, die die einzelnen Zellen mit Prioritäten zu versehen erlauben und gegen den Verlust von niedrig priorisierten Zellen robuste Eigenschaften aufweisen. Politisch sind allerdings sowohl in USA als auch in der Europäischen Union die Weichen bereits so gestellt, daß Breitbanddienste im großen Stil möglich werden.

3. Corporate Networks als optimierte Lösung für Unternehmensnetze

Die Liberalisierung des Fernmeldemonopols hat in den letzten beiden Jahren hektische Aktivitäten bei der Planung und Implementierung von *Corporate Networks* ausgelöst[4]. Die Motivation hinter diesen Aktivitäten sind in den erwarteten Kostenersparnissen und der erwarteten Flexibilität zu suchen, die aus einer geschickten Planung und Optimierung der technischen Kommunikation bestimmter Benutzergruppen erzielt werden können; die dabei zugrunde liegenden Verfahren und Techniken sind identisch mit den bereits besprochenen.

Beispiele solcher Maßnahmen sind:

- Abwicklung von Verbindungen möglichst innerhalb eines *Corporate Networks* und somit die Vermeidung der meist höheren Kosten (vor allem des Fernverkehrs) in öffentlichen Netzen
- Kostenoptimale Wegeauswahl (*Routing*) in internationalen Netzen
- Umweg über internationale kostengünstigere Netze (so z.B. auch die Umgehung der Mehrwertsteuer)
- Verkehrskonzentration im *Corporate Network* und dadurch bessere Auslastung der gebührenpflichtigen Strecken der öffentlichen Netze
- Verwendung von Multiplextechniken zur Mehrfachnutzung von Übertragungsstrecken
- Verwendung von Kompressionsverfahren und nicht standardisierte Codierung zur Bandbreitenreduktion (so z.B. 16 kbit/s für Sprachübermittlung).

Ein weiterer Vorteil von *Corporate Networks* können die einheitlichen, anlagen- und diensteübergreifenden Leistungsmerkmale und die Homogenität der Anwendungen sein. Beispiele hierfür sind:

- Unternehmensweiter einheitlicher Rufnummernplan
- Unternehmensweite Rufweiterschaltung
- Teamfunktionen
- Konferenzschaltungen
- Serverfunktionen
- Einheitliche Oberflächen für unterschiedliche Dienste und Anwendungen

---

4 F. Kaderali: Corporate Networks: Planen für die Zukunft, Online 94, Kongreßband III/2, Hamburg, Februar 1994

- Bedarfsgerechte Kostenabrechnung (z.B. nach Projekten, Kostenstellen usw.).

Hinzu kommen weitere Möglichkeiten, wie die Optimierung der Dienstgüte (*Quality of Service*), der Datensicherheit und des Netzmanagements. Da der Aufbau, der Betrieb und die Unterhaltung von *Corporate Networks* eine komplexe Angelegenheit ist, wird sie oft Spezialisten - den Dienstleistern - überlassen. Solche Netze werden anwendungsspezifisch aus eigenen Leitungen auf Firmengeländen und Mietleitungen des öffentlichen Netzes aufgebaut; gelegentlich kommen Wählstrecken hinzu. Sehr schnell wird das Netz recht komplex, und es wird erkannt, daß die Managementwerkzeuge nicht ausreichen. Tatsächlich fehlen zur Zeit adäquate Werkzeuge auf dem Markt. Benötigt wird eine homogene Topdown-Strategie, die sowohl eine globale als auch eine lokale Analyse und Optimierung durchführen läßt.

Die Dienstleister von *Corporate Networks* haben schnell erkannt, daß sie noch weitere Bündelungseffekte erzielen können, wenn sie mehrere *Corporate Networks* auf einem gemeinsamen Leitungsnetz betreiben. Solche virtuellen privaten Netze dürfen nach geltender Regelung, soweit sie Sprache vermitteln, keine privaten Übergänge von einem ins andere Netz haben.

Die auf der SDH (Synchrone Digitale Hierarchie) basierende Crossconnect-Technik, die es gestattet, auch über die Managementebene ein gewünschtes Leitungsnetz auf verschiedenen Geschwindigkeitsstufen ohne die Aufwendungen für das Bitstopfen zusammenzuschalten, ermöglicht die Optimierung solcher *Virtual Corporate Networks.* Sie wird deshalb künftig nicht nur von den Betreibern der öffentlichen Netze, sondern auch von Dienstleistern der *Corporate Networks* vermehrt eingesetzt.

Einerseits die Nutzung von öffentlichen Netzen (Mietleitungen, Semipermanente Verbindungen und Wählverbindungen), andererseits die Bildung von Virtuellen *Corporate Networks* führt zu einem erhöhten Bedarf an Datenschutz und Datensicherheit. Diesem Bedarf kommt die Entwicklung auf dem kryptologischen Gebiet gerade zu recht. Allmählich werden Chipkarten mit Prozessoren genügender Leistung für eine Echtzeitverschlüsselung mit hohen Bitraten verfügbar[5]. Auch Konzepte zur Erzeugung

---

[5]A. Beutelspacher, A. Kersten, A. Pfau
Chipkarten als Sicherheitswerkzeug, Springer Verlag 1991

und Verwaltung von öffentlichen und privaten Schlüsseln einschließlich der Zertifizierung (Trustfunktionen) werden derzeit erprobt[6]. Es ist zu erwarten, daß an künftige *Corporate Networks* eine hohe Anforderung bezüglich der Authentifizierung und der Verschlüsselung sowohl der Nutzdaten als auch der Steuer- und Verwaltungsdaten gestellt wird.

[6]B. Kowalski, K.-D. Wolfenstetter
Trust Center für öffentliche Netze, Sonderheft it, 1991

Session C

Neue Techniken für Anwender

ATM für LANs und WANs auf dem Weg zur einheitlichen Netzstruktur

Helmut Wörner

Controlware

Session C - Neue Techniken für Anwender

ATM für LANs und WANs auf dem Weg zur einheitlichen Netzstruktur

Helmut Wörner, Controlware

1 Heutige Kommunikationslandschaft und Verkehrsprofile
2 Klassifizierung der Anforderung im ATM-Umfeld und zugehörige Adaptation-Layer
3 Trends und deren Auswirkungen auf Kommunikationsnetze
4 Skalierbarkeit und Verbundlösung
5 Besondere Aspekte von ATM-Netzen
6 Switched Internetworks
7 Standortübergreifende Vernetzung

1 Heutige Kommunikationslandschaft und Verkehrsprofile

Heute existieren eine Fülle völlig unterschiedlicher Datenanwendungen, dazu gehören z.B. Dialogverkehr, Filetransfer, Client-Server Applikationen, realisiert in LANs, über klassische DV-Infrastruktur oder über WAN-Verbindungen mit Bridges, Routern, X.25-Switches, PADs etc. und unter Nutzung der Netzdienste ISDN, Datex-P, DDV, Monopolleitungen.

Neben dieser DV-Landschaft und Ihren Kommunikationsanforderungen gibt es den großen Teil der Sprachkommunikation, der nur bei einem Teil heutiger Unternehmen in ein integriertes Sprach-Datennetz eingebunden ist.

Videokommunikation wird auch in heutigen Unternehmen verwendet, jedoch i.d.R. über separate Kommunikationswege geführt und taucht daher in den DV-Statistiken nicht auf.

Während die klassische DV auf relativ langsamen Leitungen mit gleichmäßiger Nutzung arbeitet, werden dort kurze Antwortzeiten verlangt. Demgegenüber arbeitet die Workstation am LAN mit burstartigen Datenmengen, ist aber flexibel und weniger zeitkritisch. Sprachkommunikation benötigt niedrige, konstante Datenraten und erlaubt keinerlei Zeit- bzw. Taktschwankungen. Videodaten benötigen sehr hohe Datenraten und sind zudem zeitkritisch.

Die bereits vom Anwender/Anwendung stark differierenden Anforderungen an ein Übertragungssystem pflanzen sich im Netz fort, wobei z.T. Anpassungen an den jeweiligen Netztyp vorgenommen werden können, z.B. um Gebühren einzusparen oder weil die gewünschte Dienstgüte nicht zur Verfügung steht.

Beim Aufbau heutiger heterogener Netze berücksichtigt man die Verkehrsprofile bei der Auswahl der Netzkomponenten, ohne den Begriff "Quality of Service" explizit zu verwenden. Bei den neuen universellen Netzen handelt es sich hingegen bei QoS um einen Schlüsselbegriff, der beim Verbindungsaufbau berücksichtigt bzw. falls erforderlich ausgehandelt wird.

2 Klassifizierung der Anforderung im ATM-Umfeld und zugehörige Adaptation-Layer

Die Zellen des ATM-Layers selbst transportieren beliebige Arten der Informationen in ihrem Nutzdatenfeld. Entsprechend den Anforderungen der miteinander kommunizierenden Endsysteme am ATM wurden Dienstklassen spezifiziert, um das Verhalten der Endsysteme zu beschreiben. Innerhalb der Dienstklassen wurden die Adaptation-Layer festgelegt, mit denen Endsysteme jeweils über ATM zu kommunizieren haben, siehe Schaubild.

3 Trends und deren Auswirkungen auf Kommunikationsnetze

Der Trend geht zu immer schnelleren Systemen am Arbeitsplatz, und diese wiederum werden mehr und mehr graphikorientierte Anwendungen fahren. Darüber hinaus stellt der Sonderfall Video natürlich die höchsten Anforderungen an die Netzinfrastruktur.

Bisherige LAN-Typen werden zwar bleiben, jedoch geht der Trend zu immer kleineren Segmenten. Diese stets weiter wachsende Zahl von Segmenten erfordert andere Antworten als z.B. den Einsatz weiterer Router, da diese wegen der dann erforderlichen hohen Portzahl im Netz (und der damit verbundenen

Adressierungsproblematik) nicht zum Support von Microsegmenten geeignet sind.

Schnelle Netze mit Switching-Eigenschaften bieten ideale Voraussetzungen, um virtuelle LANs und Microsegmentierung darauf zu realisieren, und ATM ist das beste davon.

Höhere Qualitätsansprüche, resultierend in höheren Auflösungen sowohl in Punkten als auch in Farben, kombiniert mit immer kürzen Vorlaufzeiten, treiben die Dartenraten z.B. im Publishingbereich in immer neue Höhen. Diese Anforderungen können mit bisherigen Netzen nicht oder kaum abgedeckt werden.

4 Skalierbarkeit und Verbundlösung

Die ATM-Technik nimmt im Kommunikationsumfeld eine Sonderstellung ein, da sie sich nicht mehr in eine Schublade einordnen läßt. Je nach Anforderung werden unterschiedliche Systeme eingesetzt, aber allen gemeinsam ist die ATM-Vermittlungstechnik.

Die universelle Skalierbarkeit macht dies deutlich.

Es geht daher nicht so sehr um die (oft gestellte) Frage, ob das einzelne System alles kann, sondern ob es vernünftige Verbundlösungen gibt, die alles können. Die Offenheit von ATM bietet hierfür viele Ansätze.

5 Besondere Aspekte von ATM-Netzen

ATM-basierte Netze zeichnen sich durch besondere Eigenschaften aus, und oftmals ergeben sich durch die Einführung neue Möglichkeiten und Chancen. ATM emuliert einerseits einfach anderer Netze, ATM dringt andererseits in bestehende Bereiche ein und eröffnet völlig neue Perspektiven auf vorhandenen Infrastrukturen. Interaktives Kabelfernsehen ist dafür ein gutes Beispiel, erste Erprobungen laufen bereits.

6 Switched Internetworks

Das Beispiel des Switched Internetworks zeigt, daß in Verbindung mit ATM LAN-Access Komponenten, die Switching, Routing und Virtuelle Netze unterstützten, eine neue Qualität im LAN-Verbund erreicht werden kann. Dies betrifft Leistung (Bandbreiten, minimale Laufzeiten) einfache Administration, Flexibilität und mehr.

7 Standortübergreifende Vernetzung

Die standortübegreifende Vernetzung ist in vielen Fällen zunächst ein Sonderfall des Campusnetzes, da aus naheliegenden (finanziellen) Gründen zumeist keine langen Wege mit den hohen Datenraten verwendet werden können. Wenn Dark-Fiber zur Verfügung steht, dann lassen sich Netze so aufbauen, daß die Trennung in Lokal und Remote aufgehoben ist. Alles scheint lokal zu sein. Im Unterschied zum Campusnetz bekommt jetzt aber die Verbindung der Nebenstellenanlagen eine hohe Bedeutung, und alle bestehenden Datenverbindungen zwischen den Standorten müssen über die ATM-Verbindung geführt werden. Dies gilt generell, solange für die ATM-Verbindung keine volumenabhängige bzw. zeitabhängige Tarifierung stattfindet.

Ganz anders ist die Situation bei Zugängen zum öffentlichen ATM-Netzwerk. Dieses Netz ist für die meisten prinzipiell interessierten Awendergruppen bisher nicht attraktiv, da die Nutzung selbst zu hohe Gebühren verursacht (neben den nicht gerade geringen monatlichen Grundgebühren). Unter dem Aspekt der hohen derzeit je VC anfallenden Gebühren besteht kein Anreiz, die Integrativen Möglichkeiten von ATM auszunutzen.

Die Bündelung von Anforderungen über eine Leitung war aber in den klassischen Netzen der Hauptgrund, um mittels privater Multiplexeinrichtungen (ATM ist letztendlich auch eine Art von Multiplexer) schnelle Leitungen ökonomisch sinnvoll einzusetzen. Fehlt dieser Anreiz aufgrund der Struktur der Verkehrsgebühren, so wird ATM nur im lokalen Bereich erfolgreich sein.

Das Kommunikationsspektrum heute

4, H.W. / NP, Seite 2

controlware
communicationssystems

Quality of Service

- Neuer Begriff für Altbekanntes
- Beschreibt Anforderungen an das Übertragungssystem zur Realisierung unterschiedlicher Dienste
- Ist notwendig, wenn Backbones das Spektrum der Kommunikation abdecken sollen
- Verkehrscharakteristik, Laufzeitverhalten, Datenraten sind entscheidend
- In bisherigen Netzen ist QoS in der Regel nicht verhandelbar, sondern jeweils netztypisch

4, H.W. / NP, Seite 3

controlware
communicationssystems

Beispiele für Anforderungen

Sprache: Echtzeitverhalten, feste Bandbreite, niedrige Datenraten

Daten: Bursts, hohe Lastspitzen, frameorientiert, ohne Zeitbezug

Video: hohe Bandbreite, Echtzeitverhalten

, H.W. / NP, Seite 4

controlware communicationssystems

Dienstaspekte im ATM

	CLASS A	CLASS B	CLASS C	CLASS D
Timing compensation	Required		Not required	
Bit rate	Constant		Variable	
Mode	Connection-oriented			Connectionless
	Circuit emulation	Variable bit-rate-video	Connection oriented data	Connectionless data
AAL	Type 1	Type 2	Type 3/4 Type 5	Type 3/4

- Verschiedene Dienstklassen...
- ... müssen individuell auf die einheitliche ATM Übertragung abgebildet werden...
- ... und haben unterschiedliche Anforderungen an die Übertragungsqualität
- Anpassung der Dienstklassen mit der jeweiligen Adaptionsschicht
- Umsetzung verschiedener Anforderungen über differenzierte Quality of Service QoS im Netzwerk

, H.W. / NP, Seite 5

controlware communicationssystems

Trend zu Switched Internetworks im LAN-Bereich

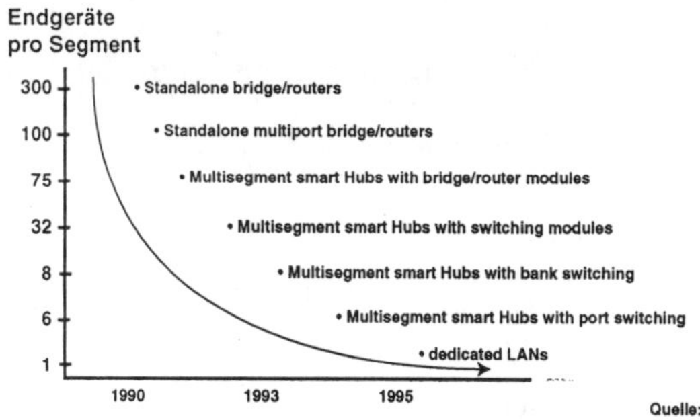

Quelle: Data Communications 3/93

- ❍ Tendenziell sinkt die Anzahl der an einem Segment angeschlossenen Endgeräte
- ❍ Steigender Durchsatz und bandbreitenhungrige Applikationen führen zu dedicated LANs

, H.W. / NP, Seite 6

controlware
communicationssystems

Skalierbarkeit von ATM

ATM-Technik ist offen und erweiterbar in bezug auf

- ❍ Portzahl, Adressraum
- ❍ Netzbandbreite
- ❍ Dienste
- ❍ Übertragungsmedien
- ❍ Anschlußgeschwindigkeiten
- ❍ Ausdehnung

ATM ist skalierbar in <u>jeder</u> Richtung!

, H.W. / NP, Seite 7

controlware
communicationssystems

Besondere Aspekte von ATM

Verbindungsorientierte ATM-Kommunikation bietet
- Quality of Service
- zusätzliche Sicherheitsaspekte
- virtuelle private Netze

Nachbildung von
- Paketvermittlungsnetzen
- Leitungsvermittlungsnetzen
- Local Area Networks

Sonderformen, Chancen
- Neue Nutzung von TV-Kabelnetzen, interaktiv
- Nutzung bisher nicht realisierbarer Applikationen
- Reorganisation ganzer Unternehmensbereiche durch geänderte Infrastruktur

H.W. / NP, Seite 8

controlware communicationssystems

Integriertes ATM-LAN

Switched Network auf ATM-Basis

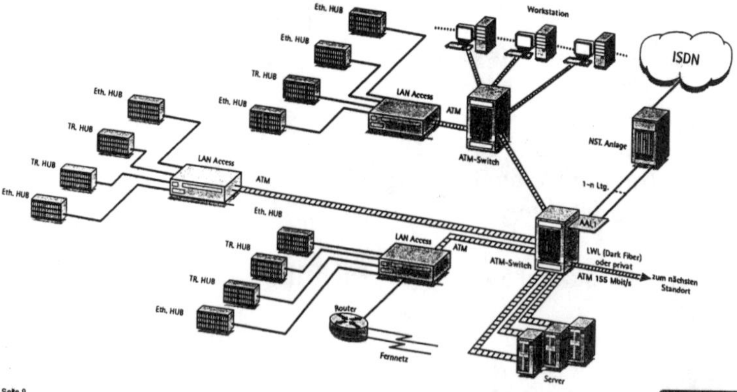

H.W. / NP, Seite 9

controlware communicationssystems

Eigenschaften des integrierten ATM-LANs

- Kombiniert herkömmliche LANs und ATM-Backbones
- Nutzt virtuelle LANs für hohe Flexibilität
- Erlaubt die gemischte Verwendung von Hubs für LANs, ATM-Workstations und zentralen Serverfunktionen an ATM
- Bietet sehr hohe Performance und kürzeste Laufzeiten

H.W. / NP, Seite 10

controlware
communicationssystems

Standortübergreifendes ATM-Netz auf privaten Leitungen

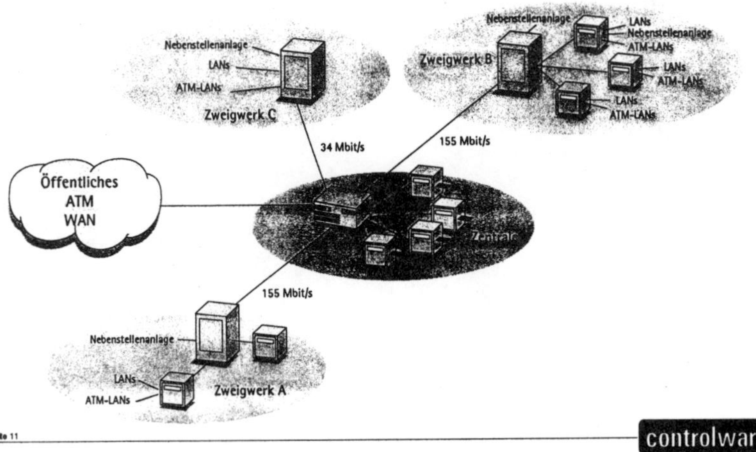

H.W. / NP, Seite 11

controlware
communicationssystems

Fazit

- ATM bietet hervorragende Eigenschaften zum Aufbau von Hochleistungsnetzen
- Einsatz beginnt bei der ATM-Workgroup und reicht über die Switched-Internetworks bis zu den (in der Zukunft möglich) internationalen Netzen
- Technische Voraussetzungen sind heute für viele Einsatzfälle vorhanden
- Im Campusbereich bieten heutige ATM-Systeme Lösungen mit gutem Preis-/ Leistungsverhältnis
- Standortübergreifende ATM-Lösungen erfordern i.d.R. besondere rechtliche oder tarifliche Voraussetzungen, um wirtschaftlich sinnvoll zu sein
- ATM ist prinzipiell universell. Erst die Zusammenarbeit aus Nutzer, Anbieter, Hersteller und ggf. Carrier macht daraus die konkrete Lösung

H.W. / NP, Seite 12

controlware communicationssystems

Session C

Neue Techniken für Anwender

Anwenderlösungen mobiler Telekommunikation

Patrick Israel

Intercai Teleconsult

Session C - Neue Techniken für Anwender

Anwenderlösungen mobiler Telekommunikation

Patrick Israel, Intercai Teleconsult

1. Einleitung
2. Deregulierung in Deutschland
3. Beispiele für Anwenderlösungen mobiler Kommunikation
   3.1 Bündelfunk-Dienste als Bestandteil der Unternehmenskommunikation
   3.2 Datenfunk-Dienste als Bestandteil der Unternehmenskommunikation
4. Resumée

1. Einleitung

Als Entscheider für den Bereich Telekommunikation in Ihrem Unternehmen denken Sie sicherlich darüber nach (oder sind von einem Netzbetreiber angesprochen worden), inwieweit die neue Vielfalt im Bereich der "Mobilkommunikation" im Rahmen Ihrer Telekommunikationsstrategie einen Nutzen für Ihr Unternehmen bringen kann. Vielleicht gehört ihr Unternehmen aber ja auch schon zu der zunehmenden Zahl von Anwendern, die unter Mobilkommunikation nicht nur den Einsatz von Funktelefon im Management-Fuhrpark verstehen, sondern ein vollwertiges Instrument in allen Bereichen des Kommunikations- und Informationskonzeptes. Die vorhandenen und aufzubauenden Mobilfunknetze und -Dienste sind ohne Zweifel ein geeignetes Instrument im Spannungsfeld zwischen "Kostenmanagement" und "Wettbewerbsfähigkeit" und der Notwendigkeit eines schnelleren, intensiveren und effizienteren Informationsaustausches auf allen Ebenen innerhalb des Unternehmens und zwischen den Marktteilnehmern.

2. Deregulierung

Die mobile Kommunikation, d.h. die Loslösung eines Teilnehmers von festen, drahtgebundenen Verbindungen, ist eine neue Dimension der Telekommunikation. Ausgelöst durch den Beginn der Deregulierung 1989 befindet sich der Markt nach wie vor in einer Pionierphase.

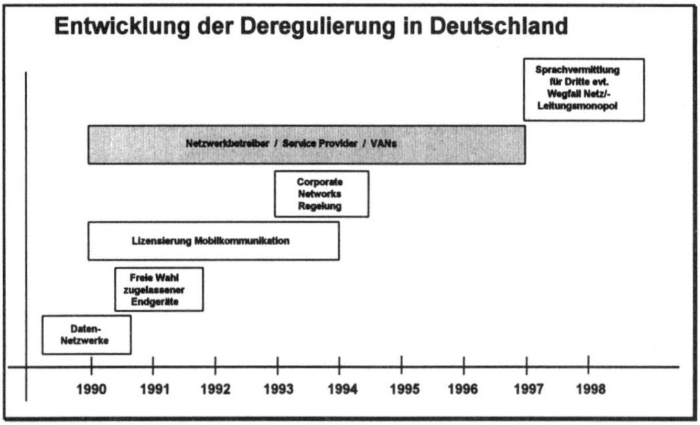

Die Marktstruktur "Mobilkommunikation" vor der Deregulierung bewegte sich hauptsächlich im Rahmen des sog. "nicht-öffentlichen mobilen Landfunks" mit Technologien und Anwendungen wie

- Betriebsfunk
- Grundstücks-Sprechfunk
- Grundstücks-Personenruf
- Privater Hilfsfunk
- Privater Bündelfunk

Der Betriebsfunk als das klassische Einsatzgebiet mobiler Kommunikation in Unternehmen umfaßt dabei immerhin 900.000 Teilnehmer im Unternehmensbereich und 300.000 Teilnehmer im BOS-Sektor (Behörden und Organisationen mit Sicherheitsaufgaben). Aber erst durch die Deregulierung des sog. "öffentlichen mobilen Landfunkes" ist eine Vielfalt an neuen zusätzlichen Anwendungen, Diensten und Bezeichnungen geboren worden.

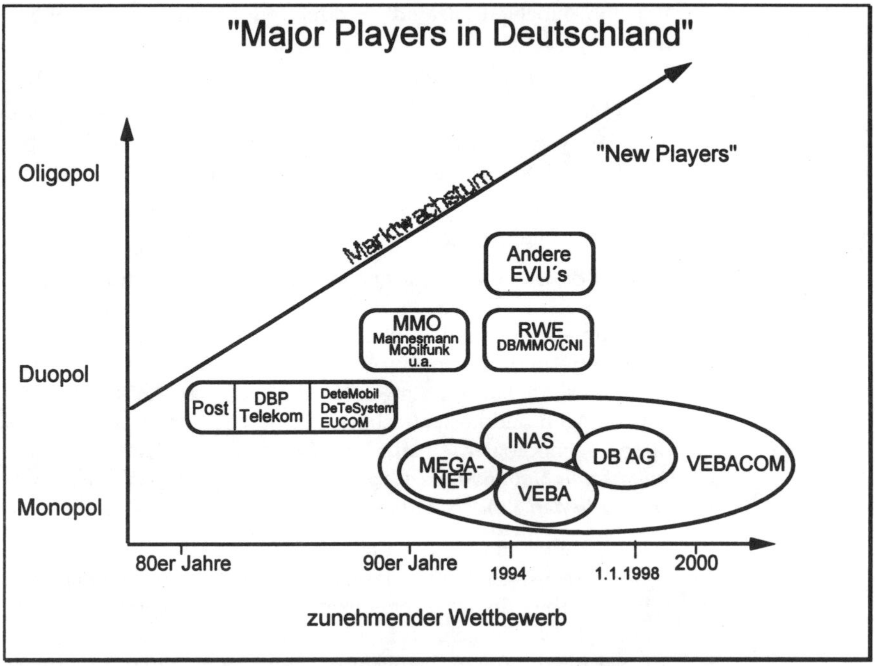

Aus Sicht des deregulierenden BMPT kann sich die Bilanz durchaus sehen lassen:

- 4 Betreiber im Funktelefon
- 3 Betreiber im Funkruf
- 2 Betreiber im Datenfunk
- 18 Betreiber im Bündelfunk
- 1 Betreiber im Flugfunk

Die Lizenzvergaben sollen mehr Wettbewerb im Markt ermöglichen, dem Kunden ein breites Produktangebot im Rahmen eines optimalen Preis-/Leistungsverhältnis zur Verfügung stellen. Der Geschäfts- oder Privatnutzer, der Teilnehmer im Mobilfunk, ist Dreh- und Angelpunkt aller Bemühungen in diesem Geschäft und auch dieses Vortrages.

Von Ihm möchten letztendlich direkt oder indirekt alle profitieren,

- die Netzbetreiber durch Entgelte für die Nutzung des Netzes,
- der Systemhersteller durch die Lieferung von Netzinfrastruktur und den Vertrieb von Endgeräten sowie
- die "Vertriebsorganisationen" durch Serviceleistungen und Endgerätemargen.

Da sich dieser neue Markt erst in der Entwicklung befindet, gibt es hier noch keine Standardlösungen für den effizienten Einsatz in Unternehmen, sondern vielmehr eine verwirrende Vielfalt von Anbietern und Netzen sowie darauf aufbauenden "Mehrwertdiensten". Sie als Anwender müssen sich meist selbst in aufwendigen und kostenträchtigen Lernprozessen in die Nutzung dieser Technologien einarbeiten. *Der effiziente Einsatz der verschiedenen Mobilkommunikationsdienste und -technologien steckt (noch) in den Kinderschuhen.*

Dabei geht es hier natürlich nicht nur um den Einsatz von wenigen "GSM"-Endgeräten für das Management oder im Außendienst für die mobile Sprachkommunikation. Es geht vielmehr um den Einsatz der verschiedenen Mobilkommunikationstechniken und -dienste für die unterschiedlichsten Bereiche in einem Unternehmen, quasi als die "mobile" Komponente für ein Kommunikationsnetz bzw. ein Corporate Network.

3. Beispiele für Anwenderlösungen mobiler Kommunikation

Ähnlich wie bei der Entwicklung zum jetzigen Marktmodell für die drahtgebunde Sprach- und Datenkommunikation (Corporate Networks Regelung) kann man auch für den Mobilkommunikationsbereich eine erste grobe Unterteilung vornehmen, und zwar in den Inhouse- oder grundstücksbezogenen Bereich und in den Bereich außerhalb.

Aus regulativer Sicht kann ein Unternehmen Mobilkommunikationstechniken und -Dienste innerhalb eines wirtschaftlich zusammengehörenden Areals (Grundstückes) beliebig selbst implementieren und nutzen. Die drahtlose Erweiterung einer Nebenstellenanlage (CT2 oder DECT Technologie) oder eines Local Area Networks, der Einsatz eines Betriebs- oder Bündelfunknetzes ist bei Einhaltung bestimmter Rahmenbedingungen jederzeit möglich.

Bei DECT (Digital European Cordless Telecommunications) handelt es sich um einen einheitlichen Standard zumindest in Europa im Frequenzbereich 1,9 GHz. Alle westeuropäischen Länder haben sich verpflichtet, dieses Frequenzband für DECT freizuhalten. Interessant wird DECT deshalb, weil Schnittstellen zur Integration/ Erweiterung flächendeckender zellularer Netze geschaffen werden und ein Schritt in Richtung integrierter "dual mode" Anwendungsszenarien gegangen wird.

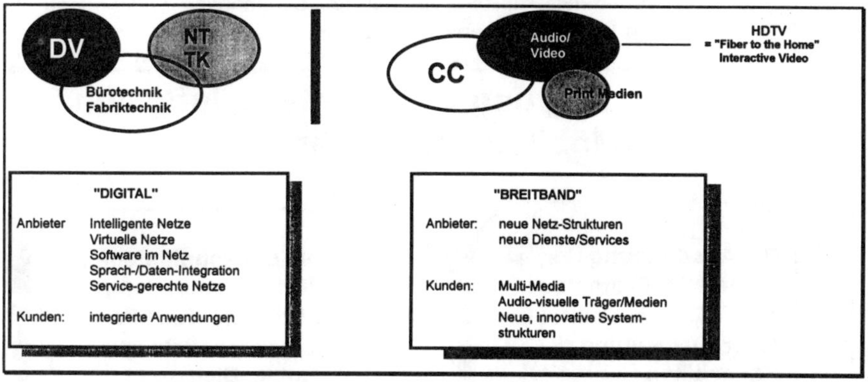

Genauso wie im Festnetz Bereich wird auch im Mobilfunk die Forderung nach integrierten Anwendungen in den kommenden Jahren größer werden.

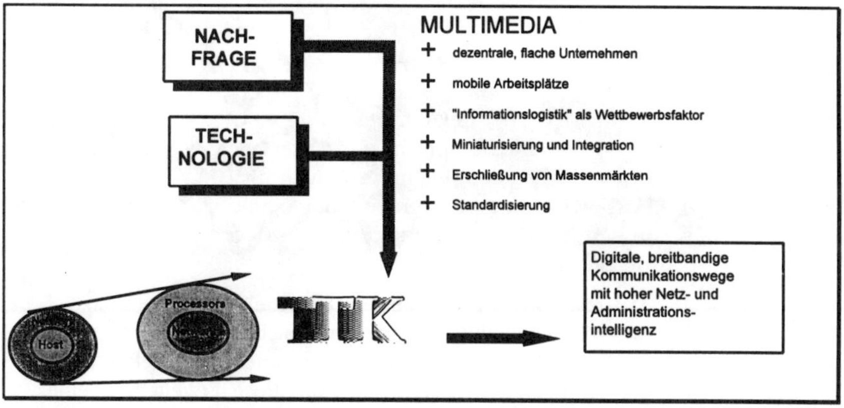

Im Rahmen von RACE II (UMTS) werden dafür die entsprechenden technischen Plattformen geschaffen.

Um im Rahmen zu bleiben und da der Enwicklungsweg zum effizienten Einsatz mobiler und festnetzgestützter, integrierter Breitbandanwendungen weit ist, soll an dieser Stelle aus Zeitgründen weder dieser noch der Bereich der grundstücksbezogenen mobilen Kommunikation detaillierter behandelt werden, sondern vielmehr die Anwenderlösungen mobiler Telekommunikation außerhalb des Firmenareals, also im regionalen Umfeld oder gar im nationalen und internationalen Kontext, die derzeit verwirklichbar sind, am Beispiel der mobilen Sprach- und Datenübertragung betrachtet werden.

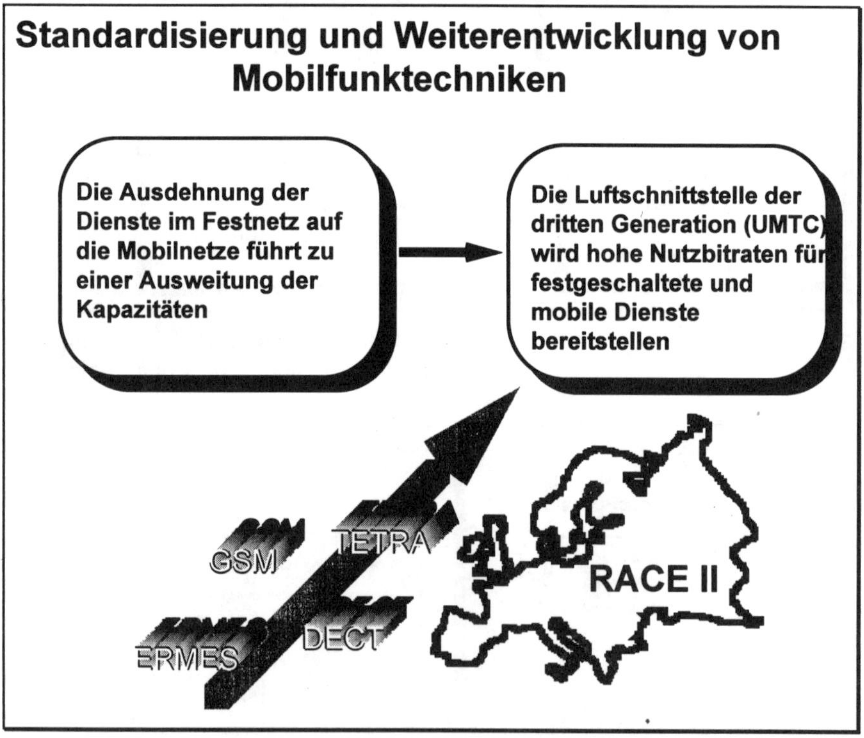
Standardisierung und Weiterentwicklung von Mobilfunktechniken
Die Ausdehnung der Dienste im Festnetz auf die Mobilnetze führt zu einer Ausweitung der Kapazitäten
Die Luftschnittstelle der dritten Generation (UMTC) wird hohe Nutzbitraten für festgeschaltete und mobile Dienste bereitstellen
GSM
TETRA
ERMES
DECT
RACE II

3.1 Bündelfunk-Dienste als Bestandteil der Unternehmenskommunikation

Aus Sicht eines potentiellen (Funk-) Anwenders sind, neben den Kosten, für die Auswahl der richtigen Kommunikationsmittel vor allem zwei Kriterien wichtig:

1. Mit wem möchte ich primär kommunizieren?
2. Welchen Aktionsradius habe ich als Nutzer?

Der Bündelfunk orientiert sich im wesentlichen an den Bedürfnissen geschlossener Benutzergruppen. Bezogen auf die erste Frage bedeutet das, daß der Bündelfunk dann das richtige, d.h. effiziente und kostengünstige Kommunikationsmedium ist, wenn meistens mit den gleichen Personen bsp. innerhalb der Firma gesprochen wird. Wer jedoch häufig mit verschiedenen Personen kommuniziert, bsp. mit Kunden oder Lieferanten, die i.d.R. nicht einer "geschlossenen Benutzergruppe" angehören, sollte auf einen Funkdienst zurückgreifen, der sich eher an individuellen Kommunikationsstrukturen orientiert. Hierzu gehören die vier Funktelefonnetze C-, D1, D2 und E-Plus. Wie aus Erhebungen und Studien hervorgeht, sind mehr als zwei Drittel aller mobilen Beschäftigten innerhalb eines lokalen oder regionalen Aktionsradius unterwegs. Der Bündelfunk trägt diesem Sachverhalt durch seinen regionalen Charakter Rechnung. Nur ca. ein Drittel aller mobil Beschäftigten bewegen sich in einem größerem Radius. Auf diese Nutzergruppen sind die Zellularnetze zugeschnitten.

Da beim Bündelfunk, anders als beim Betriebsfunk, vom Nutzer keine Investitionen in den Aufbau eines Netzes gemacht werden müssen, ist der Zugang für die Nutzer um vieles einfacher geworden. Man braucht die Geräte nur zu kaufen, zu mieten oder zu leasen und sich im Netz anzumelden, um über das Medium Funk als Bestandteil der innerbetrieblichen Informationsübermittlung zu verfügen. Die drahtlose Kommunikation ermöglicht eine bessere Ausnutzung vorhandener Ressourcen im Betrieb und wirkt sich somit positiv auf die Wirtschaftlichkeit aus.

Jeder Besitzer eines Bündelfunk-Endgerätes kann innerhalb des versorgten Gebietes mit einem anderen Nutzer, dessen Rufnummer er kennt, im Bündelfunknetz kommunizieren. Über Übergänge in das öffentliche Telefonnetz und zum Mobilfunk-Netz sind auch die Ansprechpartner, die nicht Teilnehmer im Bündelfunkentz sind, erreichbar. So bietet der Bündelfunk eine Vielzahl möglicher Anwendungsbereiche, die das große Spektrum an

Zielgruppen erst möglich machen. Aufgrund der Entwicklung neuer Leistungsmerkmale und steigender Anforderungen seitens der Nutzer werden ständig neue Anwendungen verfügbar sein:

- Flottenmanagement: Integration von GPS-Empfänger in Bündelfunk-Applikationen
- Telemetrie Lösungen: Übertragung von Warenbestandsdaten aus Kassen und Alarmmeldungen zwischen Meldepunkt und Dispositionszentrale
- Informationsplattformen: Steigerung des Kommunikationskomforts in Bündelfunknetzen

Kostenvergleiche von Netzbetreibern zeigen, daß Bündelfunk vor seinem Einsatzhintergrund beträchtlich günstiger als Funktelefon ist, teilweise Einsparung bis zu 50% erlaubt.

3.2 Datenfunk-Dienste als Bestandteil der Unternehmenskommunikation

Warum kann ich mit meinem Laptop-Computer keine Kunden- oder Produktdaten abfragen, wenn ich unterwegs bin? Der Wert einer überall verfügbaren Information ist weitaus größer, als wenn man nur im Büro agieren kann. Hieraus ergab sich ein Bedürfnis nach

- drahtloser Datenkommunikation
- sicherer Datenübertragung
- Ausdehnung der Ressourcen des Computersystems in den Außendienst
- Integration om das Informationsmangement
- Erhöhung des Wettbewerbsvorteils durch Information

Gerade im Hinblick auf den ständig steigenden Informationsbedarf und die hohen Personalkosten suchen die Unternehmen nach Möglichkeiten, die Effizienz ihrer Außendienste zu erhöhen. Dies führte zur Entwicklung mobiler Datenfunknetze, die bsp.

- den Kundendienst verbessern und die Kundenzufriedenheit erhöhen,
- die Produktivität steigern,
- die Kosten senken,
- schnelle, genaue, zuverlässige und sichere Kommunikation ermöglichen,
- eine Fortführung des Managements im Feld erleichern,

- eine effizientere Nutzung der Personalressourcen ermöglichen,
- das Berichtswesen vereinfachen und verbessern,
- die Arbeitsbedingungen vereinfachen und verbessern sollten.

Schwerpunktmäßig wird die mobile Datenübertragung in den nächsten 4-6 Jahren im professionellen Bereich zum Einsatz kommen. Die Schwierigkeit, mobile Techniken in ein unternehmensweites Informations- und Kommunikationslogistik-Konzept einzubinden, wird beim Thema Datenfunk erst offensichtlich. Hier ist es nicht damit getan, eine mobile Schnittstelle zu nutzen. Ganz im Gegenteil: die effiziente Einbindung ist erst dann möglich, wenn die gesamt Anwendungsplattform in Richtung der Integration einer mobilen Verlängerung modifiziert wird. Dies gilt hauptsächlich für die sogenannten vertikalen Märkte im Datenfunk, für die Anwendungslösungen gezielt für bestimmte Zwecke, Zielgruppen oder Branchen angeboten werden müssen. Im Gegensatz dazu sind für die horizontalen Märkte Anwendungslösungen wie bsp. "Electronic Mail" etc. erforderlich, die also Zielgruppen- und Branchenunabhängig sein können.

4. Resumée

Die Integration von Mobilfunkdiensten und -technologien steht in den meisten Unternehmen erst noch am Anfang. Die zunehmende Vielfalt und der verstärkte Wettbewerb führt dazu, daß technologisch eine breite Plattform mit kostengünstigen Diensten zur Verfügung stehen wird. Es liegt an den Unternehmen selbst, diese Möglichkeiten frühzeitig bei den eigenen Telekommunikationsstrategien und -konzepten zu berücksichtigen und mittelfristig umzusetzen.

Session C

Neue Techniken für Anwender

Rationalisierungspotentiale durch den Einsatz von EDI Systemen

Gerd Eickers

GE Informations Services

Session C - Neue Techniken für Anwender

Rationalisierungspotentiale durch den Einsatz von EDI Systemen

Gerd Eickers, GE Information Services

Was ist überhaupt EDI?

Von der Beantwortung der Frage, was man unter EDI, Elektronischem Daten Austausch, versteht, hängen weitgehende Schlußfolgerungen bezüglich der Vorgehesweise bei der Einführung von EDI-Systemen, der Auswahl des mit EDI-Fragen beschäftigten Personals, der organisatorischen Einordnung und der Gewichtung des Themas ab. Ja, ich glaube, daß selbst der Verbreitungsgrad von EDI in verschiedenen Volkswirtschaften weitgehend durch die historische Beantwortung dieser Frage erklärt werden kann.

EDI = DFÜ ?

Bis vor nicht allzulanger Zeit haben wir in der Bundesrepublik Deutschland das Thema EDI vorrangig unter der Überschrift „Datenfernübertragung" abgehandelt und den DFÜ Arbeitsgruppen diverser Verbände übertragen. In diesen Arbeitsgruppen standen dann Fragen der möglichst weitgehenden Minimierung der zu übertragenden Informationen im Vordergrund. Bei der Entwicklung vieler der zum Teil heute noch genutzten Datensätze einzelner Branchen war dies eindeutig der Fall.

Gleichzeitig befaßten sich diverse Standardisierungsgremien mit der Entwicklung von Datenformaten. So sehr diese Standardisierungen sinnvoll, ja, für die erfolgreiche, flächendeckende Einführung von EDI notwendig sind, konnte man bei uns häufig den Eindruck gewinnen, daß eine noch nicht abgeschlossene Standardisierung nur allzuoft als Alibi für eine Verschiebung der Einführung von EDI-Systemen herhalten mußte.

EDI in USA und GB

Anders dagegen die Entwicklung in den USA und auch in Großbritannien: viel früher als bei uns hat man dort EDI als ein Instrument begriffen, das sowohl Mittel zum Zweck, als auch Katalysator für die Neugestaltung von Geschäftsprozessen ist. Man schuf EDI Systeme, die die Abläufe im eigenen Unternehmen, zwischen verschiedenen Niederlassungen oder Produktionsstätten optimierten. Gleichzeitig ging man aber auch sehr früh daran, Geschäftspartner in Überlegungen zur Optimierung geschäftsübergreifender Prozesse zu integrieren. Im Vordergrund steht dabei die Intensivierung von Geschäftsbeziehungen bis hin zur Schaffung neuer Marktstrukturen, die ohne den Einsatz elektronischer Datenaustauschsysteme nicht denkbar sind.

Dieser unternehmensstrategische Ansatz bei der Einführung von EDI-Systemen setzt sich mittlerweile auch in der Bundesrepublik Deutschland deutlich durch. Damit einher geht natürlich auch eine Neubewertung des Stellenwerts und der Priorität von EDI-Projekten, was sich sowohl im quantitativen als auch im qualitativen Einsatz von Mitarbeitern als auch in erhöhten Anforderungen an Projektlaufzeiten und einzubeziehender Teilnehmerzahlen ausdrückt.

Gleichzeitig mit dem gestiegenen Stellenwert von EDI-Projekten in den Unternehmen und mit den damit steigenden Budgets entwickelt sich ein Dienstleistungsmarkt für EDI, der über eine Vielzahl von Beratungsfunktionen, Bereitstellung von Softwarepaketen, Clearingdiensten und kompletten Outsourcingangeboten erheblich aggressivere Einführungsstrategien gestattet. Das Bereitstellen preiswerter EDI-Komplettlösungen für Einsteiger ermöglicht es dabei auch kleinen und mittelständischen Unternehmen, den Anforderungen Ihrer Geschäftspartner gerecht zu werden oder auch EDI für das eigene Unternehmen als Wettbewerbsvorteil einzusetzen.

Auslöser für EDI

EDI ist in meinen Augen kein eigenständiges Thema. Es ist vielmehr die notwendige Konsequenz aus Unternehmensstrategien, die die 80er, nochmehr aber die 90er Jahre prägen.

Da ist zunächst die Konzentration der Unternehmen auf ihr jeweiliges Kerngeschäft. Im Rahmen des Outsourcings wurden zunächst Randbereiche, später mit der Zielrichtung „lean production" ganze Produktionsstufen ausgelagert. Viele ehemals unternehmensinternen Abläufe und Abstimmungsprozesse bedürfen deshalb heute der unternehmensübergreifenden Koordination.

„Just in time" wurde zum Schlagwort für den Abbau von Lagerbeständen und macht die zeitnahe Koordination der Produktionsprozesse von Kunden und Lieferanten notwendig. Gleichzeitig erhöht sich die Frequenz der Lieferabrufe und der damit verbundenen Sendungen, was die Schaffung durchgehender Logistikkonzepte unter Integration der Speditionsunternehmen in die entsprechenden Informationssysteme erfordert.

„Business process reengineering" treibt die Integration der Geschäftsprozesse der an der Wertschöpfungskette beteiligten Unternehmen noch eine Stufe weiter, wobei traditionelle Marktstrukturen in Frage gestellt werden und es zu neuen Aufgabenverteilungen zwischen den Marktteilnehmern kommt. So kann z.B. die aktuelle Information über die Abverkäufe bestimmter Artikel im Handel genutzt werden, um der Industrie die direkte Verantwortung für die Bestandführung ihrer Waren (und der Finanzierung der Lagerbestände) zu übertragen.

Zusammen mit einer zunehmenden Globalisierung der Märkte sind dies die ausschlaggebenden Gründe dafür, daß wir heute zunehmend von vernetzten Geschäftsbeziehungen sprechen, wobei die Fähigkeit zur Kommunikation in diesen Netzen zur alles entscheidenden Frage für den Unternehmenserfolg wird. EDI ist hierzu sicherlich eine gute Voraussetzung, ein Bereich auch, in dem ein Unternehmen Erfahrungen in der Durchführung unternehmensübergreifender Projekte sammeln kann. EDI wird allerdings nur ein Element vernetzter Kommunikationsstrukturen sein, die erst in ihrer Gesamtheit die Grundlage für neue, auf elektronischen Medien beruhende Geschäftsbeziehungen sein werden, die wir gemeinhin als „electronic commerce" bezeichnen

Rationalisierungspotentiale beim Einsatz von EDI

Von ganz entscheidender Bedeutung bei der Beantwortung der Frage, warum man EDI-Systeme einsetzen sollte, ist natürlich der quantifizierbare betriebswirtschaftliche Nutzen derartiger Systeme.

Hierzu kann festgestellt werden, daß sich EDI-Systeme in den laufenden Kosten immer allein schon bei den direkten Kommunikationskosten rechnen. Der elektronische Austausch von Bestell- und Rechnungsdaten liegt in der Regel bei nur 50% der Portokosten bei herkömmlicher Abwicklung.

Wesentlich größere Nutzenvorteile liegen allerdings in anderen Bereichen. Hierzu zählt zunächst die Reduktion der Fehlerrate durch manuelle Erfassungen und der damit verbundenen Aufwände für Korrekturen. Praxisbeispiele zeigen hierbei Werte von über 90% Fehlerreduktion auf.

Durch die schnellere Übermittlung der Daten, aber auch auf Grund der direkten Anbindung an die Anwendungssysteme, läßt sich die Auftragsdurchlaufzeit signifikant verkürzen. Je nach Branche ist dies naturgemäß unterschiedlich, jedoch sind Erfahrungswerte von 40% und mehr nicht untypisch.

Durch die Realisierung von just in time-Konzepten und Replenishment-Systemen auf der Basis von EDI lassen sich die Lagerbestände, sowohl für Lieferteile als auch für Fertigprodukte, deutlich reduzieren. Grade in diesem Bereich ist von oft großartigen Einsparungen zu hören. Sicher kann ein Teil dieser Ersparnisse auch mit herkömmlichen Methoden erreicht werden, jedoch kann eine Reduzierung von etwa 25% in vielen Fällen direkt dem Einsatz von EDI zugerechnet werden. Allein der aus einer derartigen Reduzierung resultierende cash-flow reicht in der Regel mehr als aus, um die mit der Einführung von EDI verbundenen Investitionen zu finanzieren.

Die Verbesserung der Kundenbindung und des Servicegrades werden oft als qualitativer Nutzen bei der Einführung von EDI angegeben, der nur schwer quantifizierbar sei. Aber auch hierzu gibt es Praxisbeispiele, die bei gleichem Servicegrad eine Reduzierung der Beschäftigten in der hotline um bis zu 90% nachweisen.

Beim cash-flow läßt sich die Verringerung der Kapitalbindung, die sich durch verkürzte Durchlaufzeiten und geringere Lagerbestände erzielen läßt, als laufende Zinseinsparung bewerten. Hierbei können wenige Tage bereits zu signifikanten Ergebnissen führen.

Anwendungen auf der Basis von EDI

Die Anwendungsgebiete für den Einsatz von EDI Systemen sind umfangreich. In den meisten Unternehmen wurden die ersten EDI Projekte im Bestellwesen eingeführt, wobei man begann, Bestellungen, Lieferabrufe und Rechnungen elektronisch mit den Lieferanten auszutauschen. Vielfach wurden diese Systeme die Grundlage für just in time-Konzepte und zum Teil mit online Abrufen ergänzt.

Daraus ergibt sich beinahe zwangsläufig, daß auch die Transportlogistik in EDI Systeme einbezogen wurde. Entsprechende Initiativen gingen in der Regel von der Industrie aus. Allerdings haben auch die Speditionen frühzeitig erkannt, daß die Bereitschaft, auf der Basis von EDI zu arbeiten, die eigene Marktposition verbessert. Einzelne Speditionen gingen bereits so weit, daß sie auf der Basis von EDI ihr eigenes Dienstleistungsspektrum erweiterten und das Outsourcing von Auftragsverfolgungssystemen bis hin zum kompletten „supply chain management" anbieten.

Die Bewirtschaftung von Lagerbeständen des Handels durch die Hersteller und deren Belieferung auf der Basis aktueller Informationen über die Abverkäufe setzt sich bereits heute in den USA und Großbritannien in großem Maße durch. Ähnliche Überlegungen werden von einzelnen Handelsketten mittlerweile auch in der Bundesrepublik angestellt.

In dem Maße, in dem breitbandige Übertragungskapazitäten zu vertretbaren Kosten auch den Austausch von CAD Daten ermöglichen, ergeben sich umfangreiche Aufgabengebiete für EDI im Bereich „shared engineering".

Bereits heute hat EDI in vielen Unternehmen zu einer Neustrukturierung der Distributionslogistik geführt, wobei neben nationalen Strukturen zunehmend auch Europaweite Distributionssysteme implementiert werden.

Weltweite Informationslogistik Kühne & Nagel

Am Beispiel von Kühne & Nagel möchte ich zeigen, wie ein Unternehmen sein eigenes Dienstleistungsspektrum auf der Basis von EDI erweitert. Interessant dabei ist, daß der reine Austausch von Daten zwischen Kühne & Nagel sowie seinen Kunden schrittweise ausgebaut wurde zu einem Angebot erweiterter Speditionsdienste, indem man den Kunden über PC-Workstations Zugang zu internen Informationssystemen öffnete.

Dadurch konnten die Kunden sich zunächst eine Vielzahl von Informationen über das Kühne & Nagel Angebot verschaffen. Ein Sendungsverfolgungssystem ermöglicht es ihnen, jederzeit Auskunft darüber zu erhalten, wo und in welchem Zustand sich eine Sendung befindet. Dies schafft z.B. bei der Beschaffungslogistik eine deutlich verbesserte Planungssicherheit und die Möglichkeit der Ersatzbeschaffung, sollte eine Lieferung nicht zeitgerecht eintreffen.

Mittlerweile ist Kühne & Nagel dazu übergegangen, den gesamten Beschaffungsprozeß als Dienstleister für seine Kunden zu übernehmen und ihm alle notwendigen Informationen bezüglich der Lieferung seiner Bestellungen über ein „Purchase Order Control System" zur Verfügung zu stellen.

Elektronischer Kunden Service Microsoft Online

An einem anderen Beispiel möchte ich zeigen, wie elektronische Geschäftsbeziehungen aussehen können, die über den reinen Datenaustausch per EDI hinausgehen.

Die Firma Microsoft hat ein online-Informationssystem entwikkelt, über das sowohl standardmäßige Informationen und Software abgerufen werden können, als auch eine Informationsplattform geschaffen wird, die dazu beitragen soll, die bestehenden Informationsbeziehungen zwischen Microsoft, seinen Softwarepartnern, Entwicklern, Händlern und Kunden zu institutionalisieren. Diese Plattform, die elektronischen Datenaustausch mit Email Funktionen, online-Datenbankzugriffen und Telekonferenzmöglichkeiten verbindet, dient nicht nur der Informationsvermittlung, sondern ganz gezielt auch der Schaffung eines informellen Netzwerkes von Personen und Institutionen, die im Umfeld von Microsoft eigene Geschäftsbeziehungen entwickeln sollen.

Erfolgskriterien für die Einführung von EDI

In den letzten Jahren habe ich die Möglichkeit gehabt, eine Vielzahl von EDI Projekten aus nächster Nähe verfolgen zu können. Viele dieser Projekte waren Pilotprojekte einer Branche oder wurden von Marktführern implementiert. Aus den dabei gesammelten Erfahrungen stellen sich für mich die folgenden Kriterien als kritisch für den Erfolg eines EDI Projektes dar, wobei Erfolg nicht als die technische Implementierung einzelner Partnerbeziehungen, sondern als breite Marktdurchdringung der Systeme verstanden wird:

- Es ist notwendig, daß das Projekt von Anfang an als strategisches Management Projekt definiert wird und auch dementsprechend in der Unternehmenshierarchie angesiedelt ist.
- Das Projekt sollte Teil eines übergreifenden Konzepts zur Neugestaltung der Geschäftsbeziehungen und -abläufe im unternehmensinternen wie -übergreifenden Rahmen sein.

- Eine frühzeitige, offene und umfangreiche Information der Geschäftspartner stellt sicher, daß das Projekt nicht nur im eigenen Hause, sondern auch bei den Partnern den richtigen Stellenwert erhält.
- Es wird klar formuliert, daß die Einführung des Systems unabdingbare Voraussetzung für eine mittelfristige Zusammenarbeit ist. Bei kundenbezogenen Systemen wird auf eine Funktionalität geachtet, die den Kunden klare Nutzenvorteile verschafft.
- Den Geschäftspartnern wird eine klare Hilfestellung für die Implementierung angeboten. Dies kann sowohl über die Bereitstellung von kostengünstigen Einstiegslösungen (PC Workstation) erfolgen, als auch durch die Hinzuziehung von EDI Dienstleistern, die beratend zur Seite stehen können.

Wesentlich für die Durchsetzung von EDI Systemen am Markt hat sich die Vorgabe eines ehrgeizigen Implementierungsplans erwiesen, der auch kommuniziert und nachverfolgt wird. Nur dadurch wird sichergestellt, daß bei der Projektdurchführung nach neuen, von der standardmäßigen Abwicklung interner Projekte abweichenden Wegen gesucht wird. Bei der Umsetzung können dann Mittel wie Videotraining, Telekonferenzen, Seminarreihen, Broschüren und sonstige Marketingaktivitäten eingesetzt werden.

Warum brauchen wir EDI?

Lassen Sie mich zum Schluß noch einmal zurückkommen zu der Frage: „Warum EDI?“.

Sicherlich geht es zunächst und naheliegenderweise um die Erhöhung der Produktivität und das Erschließen von Rationalisierungsmöglichkeiten. Angesichts der Tatsache, daß wir aber gegenwärtig Zeugen einer rasanten Entwicklung hin zu einer auf elektronischen Medien basierenden Wirtschaftsordnung sind, kommt der zügigen Implementierung umfassender EDI Systeme eine weit größere Rolle zu. Es geht darum - und dies gilt in ganz besonderem Maße für die Bundesrepublik Deutschland, die hier einen Nachholbedarf hat -, Erfahrungen bei der Implementierung und Nutzung elektronischer Geschäftsabläufe zu sammeln.

EDI ist ein erster, wichtiger, aber nicht alleiniger Bestandteil einer Vielzahl elektronischer Informationssysteme im überbetrieblichen Rahmen, die die Art wie wir Geschäfte machen, die Aufgabenverteilung in Märkten, die Rolle und Bedeutung einzelner

Branchen entscheidend verändern werden. Nicht zuletzt deshalb haben sowohl die Clinton-Administration als auch der Bangemann Report der Förderung derartiger Informationssysteme den Rang einer vorrangigen strukturpolitischen Aufgabe gegeben.

Es bleibt Aufgabe der Wirtschaft, einen eventuell bereits realisierten Rückstand auf diesem Gebiet wettzumachen. Gleichzeitig bedarf es aber auch einer gezielten Förderung des flächendeckenden Einsatzes solcher Systeme, indem zum Beispiel die entsprechenden ordnungspolitischen Maßnahmen zu einer Liberalisierung des Telekommunikationsmarktes und zu einer Freigabe aller vorhandenen Ressourcen für die gewerbliche Nutzung ergriffen werden.

Session C

Neue Techniken für Anwender

Kundenindividuelle Netzlösungen im Euro-ISDN

Dr. Rüdiger Kattanek

DBP Telekom

Session C - Neue Techniken für Anwender

Kundenindividuelle Netzlösungen im Euro-ISDN

Dr. Rüdiger Kattanek, DBP Telekom

1 Einleitung

Kundenindividuelle Netzlösungen sind bereits seit einigen Jahren ein wesentliches Element im Produktportfolio von Telekom. Ihre herausragende Bedeutung schöpfen sie aus der Tatsache, daß insbesondere große Unternehmen nicht nur einen quantitativ hohen Kommunikationsbedarf haben, sondern dort auch zumeist komplexe Kommunikationsstrukturen vorhanden sind. Diese Komplexität, welche sich u.a. in der Nutzung vielfältiger Kommunikationsdienste und Endgeräte zeigt, entwickelte sich in der Vergangenheit zunächst sehr stark im Datenbereich. Dementsprechend waren die privaten Netze zunächst reine Datennetze, in die erst später sukzessiv auch Sprachkommunikation integriert wurde.

Die inzwischen große Bedeutung kundenindividueller Netzlösungen auch für den Bereich der Sprachkommunikation hat sicherlich zwei wesentliche Ursachen. Zum einen ist die durch das Genehmigungskonzept Corporate Networks des Bundesministeriums für Post und Telekommunikation erfolgte Liberalisierung für den Bereich der unternehmensinternen Sprachkommunikation zu nennen. Viele Unternehmen sehen dadurch für sich die Möglichkeit, gegenüber der Inanspruchnahme des Telefondienstes die Telekommunikationskosten signifikant zu senken. Andererseits zeichnet sich inzwischen u.a. durch ISDN forciert ein Trend ab, bei dem Sprachkommunikation unter Einbeziehung von Mehrwertdiensten eine wachsende Rolle als Produktionsfaktor, mit dem betriebliche Prozesse optimiert und Kosten in anderen Bereichen gesenkt werden können, spielt.

Telekom betrachtet diese Entwicklung als eine Herausforderung und stellt sich ihr zukünftig mit einer breiten Palette an Realisierungsvarianten für kundeninvviduelle Netzlösungen, die vom reinen dedizierten Datennetz mit Punkt-zu-Punkt-Verbindungen bis zum Hybridnetz, welches ein umfangreiches Spektrum an Sprach- und Datenkommunikationsdiensten in Kombination mit leistungsfähigem Service- und Network-Management umfaßt, reicht. Ein wesentlicher Bestandteil in dieser Produktpalette werden Virtuelle Private Netze auf der Plattform des EURO-ISDN sein.

2 Virtuelle Private Netze

2.1 Definition

Definition - VPN

Ein Virtuelles Privates Netz läßt sich abstrakt wie folgt definieren:

- **Virtuell** steht dafür, daß keine dedizierten Übertragungswege für die netzinterne Kommunikation genutzt werden. An die Stelle der Übertragungswege in einem physikalischen Netz tritt demzufolge Übertragungskapazität innerhalb der Netzplattform des Carriers.
- **Privat** ist das Synonym für die dem Nutzer gegebene Möglichkeit, Topologie, Leistungsmerkmale sowie Zuverlässigkeit und Sicherheit des Netzes selbst zu bestimmen. Unter anderem wird dem Kunden die Möglichkeit gegeben, über einen Zugang zur Managementplattform des Carriers "sein" Netz selbst zu managen. Natürlich kann diese Aufgabe im Sinne des Outsourcing auch vollständig dem Carrier übertragen werden.
- **Netz** drückt die Realisierung wesentlicher Merkmale eines physikalischen Netzes wie z.B. den privaten Rufnummernplan und eine standortübergreifende Nutzung von TK-Anlagenfunktionen aus.

2.2 Vorteile gegenüber dedizierten Netzen aus der Sicht des Anwenders

Da aus Sicht des Kunden einzig und allein die realisierbaren Leistungsmerkmale sowie die Netzkosten die Entscheidungskriterien für oder auch gegen eine bestimmte Netzlösung sind, werden nachfolgend die unter den genannten Gesichtspunkten bestehenden Vorteile eines Virtuellen Privaten Netzes gegenüber einem physikalischen Netz erläutert.

Bei einem speziell für Sprachkommunikation konzipierten physikalischen Netz in Form von über Festverbindungen verbundenen TK-Anlagen bestehen für den Nutzer grundsätzlich zwei wesentliche Probleme. Zum einen muß er sich darüber im klaren sein, daß alle Leistungsmerkmale, die er innerhalb seines Netzes nutzen möchte, aus der Funktionalität seiner eigenen i.d.R. zumindest teilweise veralteten Infrastruktur (TK-Anlagen) geschöpft werden. Zum anderen gibt es derzeit kein standardisiertes TK-Anlagenprotokoll, das die Möglichkeit bieten würde, innerhalb einer heterogenen TK-Anlagen-Infrastruktur höherwertige TK-Anlagen-Leistungsmerkmale netzweit zu realisieren. Dies gilt insbesondere auch für Q-SIG, wenn man berücksichtigt, daß es in diesem Protokoll nur einen verhältnismäßig schmalen Bereich gibt, der einen herstellerübergreifenden Standard darstellt. Darüber hinaus gibt es verschiedene herstellerspezifische Erweiterungen dieses Standards, deren Nutzung demzufolge jedoch nur in proprietären Systemen möglich ist. Die Entwicklung und Durchsetzung eines umfassenden Q-SIG-Standards wird mit Sicherheit noch mehrere Jahre in Anspruch nehmen.

Beide Probleme bedingen für die Realisierung eines leistungsfähigen physikalischen Netzes seitens des Nutzers erhebliche Investitionen zur Modernisierung seiner Infrastruktur. Hinzu kommt, daß er sich im Fall der Vereinheitlichung seiner TK-Anlageninfrastruktur in eine weitgehende Abhängigkeit von einem TK-Anlagen-Hersteller begibt.

Bei einem VPN ist es grundsätzlich nicht erforderlich, vorhandene EURO-ISDN-fähige TK-Anlagen gegen leistungsfähigere Systeme zu ersetzen, da die Leistungsmerkmale des VPN hauptsächlich in der Plattform des Carriers realisiert werden. Ebensowenig besteht für den Nutzer des VPN die Notwendigkeit einer Vereinheitlichung der TK-Anlagen. Er verfügt damit ohne wesentliche Investitionen in die eigene Telekommunikationsinfrastruktur ständig über ein Netz auf dem neuesten Stand der Technik.

Ein weiterer sehr wesentlicher Vorteil des VPN resultiert aus der Tatsache, daß dedizierte Übertragungswege erst bei einem verhältnismäßig großen Verkehrsvolumen wirtschaftlich sind. Damit besteht grundsätzlich ein Problem, wenn kleinere Standorte in ein physikalisches Netz einbezogen werden sollen. Da bei einem VPN Netzressourcen nur anteilig genutzt werden, bietet es auch für die Einbeziehung kleinerer Standorte, für die sich die Anbindung über Mietleitungen nicht rechnen würde, eine wirtschaftliche Lösung.

Zusammenfassend läßt sich feststellen, daß die Mitbenutzung einer technisch ausgereiften Plattform, die zudem noch europaweit standardisiert ist, der mit Abstand wirtschaftlichste Weg zu einem eigenen leistungsfähigen und zukunftsträchtigen Netz ist.

2.3 Virtuelle Private Netze auf der Plattform des EURO-ISDN

Allgemeines

Telekom wird Virtuelle Private Netze auf der Plattform des EURO-ISDN in zwei Realisierungsvarianten anbieten. Sie unterscheiden sich dadurch voneinander, daß eine der beiden Varianten die Funktionalität des Intelligenten Netzes nutzt, während die andere Variante ihre Leistungsmerkmale ausschließlich aus der Funktionalität der EURO-ISDN-Plattform sowie der TK-Infrastruktur des Kunden schöpft. Damit wird das gesamte Leistungsspektrum zwischen einem Low-End-VPN, welches diesen Namen nur dadurch verdient, daß in bestimmten Verkehrsbeziehungen besondere Tarifkonditionen gelten und der High-End-Lösung mit Leistungsmerkmalen des EURO-ISDN sowie des IN in Verbindung mit einem leistungsfähigen Network- und Service-Management abgedeckt.

VPN-Realisierungen sollen ab 01/95 als Erweiterung der Produktpalette für kundenindividuelle Netzlösungen angeboten werden. Da es sich um eine Wettbewerbsleistung handeln wird, können sie nur von Kunden, die eine geschlossene Benutzergruppe entsprechend dem Genehmigungskonzept CN des BMPT darstellen, genutzt werden.

Produktmerkmale

- ***Verbindungen***

Das Produktmerkmal 'Verbindungen' wird durch folgende Parameter, die entsprechend den Kundenanforderungen individuell gestaltet werden, gekennzeichnet:

- Bandbreite,
- Verfügbarkeit bzw. Durchlaßwahrscheinlichkeit und
- Tarifierung.

Zur Integration von Datenkommunikation in ein VPN, die eine größere Bandbreite des Nutzkanals als 64Kbit/s erfordert, werden als Übergangslösung, bis zur flächendeckenden Verfügbarkeit von B-ISDN-Anschlüssen, Inversmultiplexer in der Kundeninfrastruktur eingesetzt.

Unter dem Gesichtspunkt Verfügbarkeit werden in der Projektierungsphase entsprechend den Zuverlässigkeitsanforderungen des Kunden Redundanzmaßnahmen wie Mehrfachabstützung und Mehrwegeführung in das VPN einbezogen.

Bezüglich der Tarifierung hat der Kunde für jede VPN-interne Verkehrsbeziehung die Wahl zwischen nutzungsabhängiger und kapazitätsbezogener Tarifierung der Verbindungen. Bei nutzungsabhängiger Tarifierung gelten die Konditionen des Telefondienstes, während dem Kunden bei kapazitätsbezogener Tarifierung Übertragungskapazität im Telefonnetz Ende-zu-Ende in Rechnung gestellt wird. Die Grundlage für die Berechnung der Übertragungskapazität ist der maximale Verkehrswert im Abrechnungszeitraum für die jeweilige Verkehrsbeziehung. Die kapazitätsbezogene Tarifierung bietet Kunden, die in einzelnen Verkehrsbeziehungen ein großes Verkehrsvolumen haben, deutliche Einsparungen gegenüber der Inanspruchnahme des Telefondienstes.

Im Rahmen der VPN-Projektierung wird dem Kunden diesbezüglich ein Support, welcher die Ermittlung der verkehrsmengenabhängig günstigeren Tarifierung beinhaltet, angeboten.

Für Break-Out-Verkehr wird mit der Intention einer Kostenminimierung für den Kunden Least-Cost-Routing mit zielnahem VPN-Ausstieg als Leistungsmerkmal angeboten. Der Ausstieg aus dem CN in das öffentliche Netz erfolgt dabei grundsätzlich über die zielnahe TK-Anlage des CN.

- ***Anschlüsse***

Aus in erster Linie ordnungspolitischen Gründen werden die TK-Anlagen für die Abwicklung des Verkehrs zwischen VPN-Lokationen (VPN-intern und VPN-extern mit Ausstieg aus dem VPN in einer anderen Lokation im Sinne von Least-Cost-Routing) über separate Anschlüsse, die hinsichtlich der physikalischen und technischen Parameter einem ISDN-Anschluß (PMxAs, BaAs) entsprechen und als Bestandteil einer ´Closed User Group´ definiert sind, an die jeweilige EURO-ISDN-VSt angebunden. Die TK-Anlagen des VPN-Nutzers müssen dementsprechend den abgehenden Verkehr vorsortieren.

- ***Leistungsmerkmale, in der Telekom-Infrastruktur realisiert***

Innerhalb von Virtuellen Privaten Netzen sind sozusagen als Basisleistung alle Leistungsmerkmale des EURO-ISDN nutzbar. Von besonderer Bedeutung sind dabei die Leistungsmerkmale ´CUG´ und ´UUS3´ (ab Mitte 1995) bzw. ab 1996 der ´Signalling Bearer Service´ für die bedarfsweise Übertragung von Signalisierungsinformationen zwischen TK-Anlagen (QSIG etc.).

Weiterhin wird als Leistungsmerkmal ein Privater Rufnummernplan (PNP) mit bundesweit einheitlicher Rufnummer (VPN-Kennung) angeboten. Er ist bei der VPN-Variante ohne Funktionalität des Intelligenten Netzes grundsätzlich wie folgt strukturiert:

Dienstekennung	VPN-Kennung	Lokationskennung	Nebenstelle

Die Nutzung des Intelligenten Netzes ermöglicht demgegenüber die Realisierung eines flexiblen Rufnummernplanes, der dadurch gekennzeichnet ist, daß die Vergabe einer Rufnummer innerhalb des VPN unabhängig davon ist, an welcher TK-Anlage sich die entsprechende Nebenstelle befindet. Damit ist die nach der VPN-Kennung folgende PNP-Rufnummer nicht mehr in Lokationskennung und Nebenstelle gegliedert, und es ergibt sich die folgende Struktur:

Dienstekennung	VPN-Kennung	PNP-Rufnummer

Der wesentliche Vorteil für den Nutzer eines flexiblen Rufnummernplanes liegt sicherlich in der Möglichkeit, jedem Mitarbeiter im Sinne von Universal Personal Telecommunications (UPT) eine persönliche Rufnummer, die er auch beim Wechsel seines Arbeitsplatzes innerhalb des Unternehmens behält, zu geben. Eine andere Anwendung des flexiblen Rufnummernplanes ist die Abbildung der Unternehmensorganisation in vollständiger Unabhängigkeit von der Verteilung des Unternehmens auf einzelne Standorte.

Für den Verbindungsaufbau zu einer verdeckt numerierten Nebenstellen des VPN wird als Wahlinformation

- die Lokationskennung + Nebenstelle bzw. PNP-Rufnummer VPN-intern,
- die Dienstekennung, VPN-Kennung und Lokationskennung + Nebenstelle bzw. PNP-Rufnummer aus dem öffentlichen Netz der Telekom und

- die Landeskennzahl, Dienstekennung, VPN-Kennung und Lokationskennung + Nebenstelle bzw. PNP-Rufnummer aus dem Ausland über das öffentliche Netz der Telekom

benötigt.

Bei VPN-internem Verkehr zwischen unterschiedlichen Lokationen übernimmt wahlweise die kundeneigene TK-Anlage oder eine VSt des EURO-ISDN die Umwertung der Lokationskennung bzw. PNP-Rufnummer in Ortsnetzkennzahl und Durchwahlrufnummer.

Nach Prüfung der Zulässigkeit des Ziels anhand einer Vergleichstabelle (Closed User Group) wird der Verkehr zum Ziel geroutet.

Sofern die Rufnummernumwertung im Netz der Telekom realisiert wird, müssen die Dienste- und VPN-Kennung durch die TK-Anlage der Wahlinformation vorangestellt werden.

Zu beachten ist auch, daß bei Verkehr innerhalb einer Lokation (TK-Anlage) die eigene Lokationskennung mitgewählt werden muß, es sei denn, für VPN-internen Verkehr zu einer anderen Lokation wird eine spezielle Verkehrsausscheidungskennziffer ($\neq$ 0) genutzt.

Über die genannten Leistungsmerkmale hinaus lassen sich für den High-End-Bereich noch eine Reihe weiterer Leistungsmerkmale in VPN realisieren. In erster Linie sind hier

- Anrufberechtigungen,
- Routing auf alternatives Ziel,
- Follow-Me-Funktion und
- zeit- und ursprungsabhängige Zielansteuerung

zu nennen.

Die Anrufberechtigungen legen für jede PNP-Rufnummer fest, welche Anschlüsse VPN-intern, aber auch extern von dem betreffenden Anschluß aus erreichbar sind.

Routing auf alternatives Ziel bedeutet, daß innerhalb eines Verkehrsführungsprogrammes in Abhängigkeit von bestimmten Bedingungen eine Leitweglenkung zu einem von der gewählten Rufnummer abweichenden Ziel festgelegt ist.

Dabei gibt es folgende Möglichkeiten:

- Anrufumlenkung bei "besetzt" oder "abwesend"
- Anrufbegrenzung, d.h. bei Erreichung eines definierten Schwellwertes werden alle weiteren Anrufe zu einem alternativen Ziel geroutet
- Anrufverteilung nach Quoten auf verschiedene Zielanschlüsse

Bei der Follow-Me-Funktion kann der Nutzer eines VPN-Anschlusses Anrufe für seinen Anschluß von jedem Standort zu sich "nachziehen". Dazu benötigt er lediglich eine Persönliche Identifikationsnummer (PIN).

Eine zeit- und ursprungsabhängige Zielansteuerung bedeutet, daß zur Leitweglenkung nicht allein die gewählte Rufnummer, sondern zusätzlich der Zeitpunkt des Verbindungsaufbaus bzw. der Verbindungsursprung ausgewertet wird. Sowohl die Zeitfenster als auch die geographischen Einzugsbereiche der einzelnen Ziele werden vom VPN-Nutzer selbst definiert.

- ***Leistungsmerkmale, in der Kundeninfrastruktur realisiert***

Da für kurzfristige Angebote die zur Realisierung bestimmter Leistungsmerkmale wie TK-Anlagenmanagement und flexibles Bandbreitenmanagement erforderliche Funktionalität im Telefonnetz/ISDN nicht zur Verfügung steht, werden hierfür entsprechende Systeme im Bereich der Kundeninfrastruktur mit Schnittstellen zu den Kundennetzmanagement-Centern von Telekom eingesetzt.

- ***Network- und Service-Management***

Das kundenindividuelle Network- und Service-Management umfaßt folgende Bereiche:

- **VPN-Projektierung**
    - Bereitstellung, Verdichtung und Auswertung von Verkehrs- und Fehlerstatistiken
    - TK-Anlagen-Management
    - Fault-Management
    - Billing & Accounting

Unter dem Stichwort 'VPN-Projektierung' sind die Maßnahmen bzw. Leistungen

- Bündelung der Beratungs-, Vertriebs- und Serviceaktivitäten zum One-Stop-Shopping,

- Durchführung von Organisations- und Kommunikationsanalysen zur Netzoptimierung,
- Rufnummernplanung und
- Darstellung zukünftiger Ausbaumöglichkeiten und Entwicklung eines zeitlichen Stufenkonzeptes über die Realisierung neuer Leistungsmerkmale im VPN

zusammengefaßt.

Zum Thema Verkehrs- und Fehlerstatistiken wird in das VPN-Angebot die Durchführung von netz- oder anschlußbezogenen Verkehrs- und Fehleranalysen und Bereitstellung entsprechender Daten in einem vom Kunden gewünschten Detaillierungsgrad sowie einem vorgegebenen Zeitraster integriert.

Für die Realisierung eines leistungsfähigen TK-Anlagen-Managements wird ein universell einsetzbares Management-System, welches bereits über Schnittstellen zu nahezu allen derzeit eingesetzten TK-Anlagen verfügt und damit in einem heterogenen TK-Anlagen-Umfeld einsetzbar ist, in eine VPN-Lösung integriert. In welchem Umfang das TK-Anlagen-Management vom Kunden bzw. von Telekom durch die Kundennetzmanagement-Center wahrgenommen wird, entscheidet der Kunde selbst.

Das Fault-Management läßt sich wie folgt subsumieren:

- Vollständige Überwachung aller VPN-Komponenten, also einschließlich der gesamten Kundeninfrastruktur durch den Kundennetzmanager und Durchführung von Maßnahmen zur Fehlereingrenzung und Beseitigung
- Implementierung von Redundanzkonzepten (Mehrfachabstützung, Mehrwegeführung) zur Verfügbarkeitserhöhung
- Angabe der garantierten Zuverlässigkeitsparameter, sofern sie die Telekom-Infrastruktur betreffen, und Vereinbarung von Fristen für die Einleitung und Durchführung von Maßnahmen zur Fehlerbeseitigung

Im Bereich ´Billing & Accounting´ werden dem Kunden als Leistungen

- Erstellung einer monatlichen Rechnung für das gesamte VPN, wobei eine Aufschlüsselung der Entgelte bezogen auf einzelne Organisationseinheiten und/oder Dienste möglich ist,
- Einzelverbindungsnachweis für VPN-interne und -externe Verbindungen und

- DV-lesbare Weitergabe der VPN-Verbindungsdaten

angeboten.

3 Ausblick

Die dargestellten VPN-Realisierungen auf der Plattform des EURO-ISDN sind mit Blick auf den zunehmenden Anteil breitbandiger Kommunikationsanwendungen, insbesondere im Multi-Media-Bereich, lediglich eine Vorläuferlösung auf dem Weg zur Nutzung der Plattform Breitband-ISDN. Das Breitband-ISDN auf der Basis von ATM (Asynchron Transfer Mode), welches zur Realisierung komfortabler Routing- und Netzmanagement-Funktionen mit einem Intelligenten Netz gekoppelt ist, stellt zweifellos die universelle Kommunikationsplattform der Zukunft dar. Der Übergang vom EURO-ISDN in das Breitband-ISDN wird dabei so gestaltet sein, daß der Anpassungs- bzw. Änderungsaufwand für den Kunden minimal sein wird, d.h. wer sich heute für ein VPN auf der Plattform des EURO-ISDN entscheidet, setzt damit bereits auf das leistungsfähigste Telekommunikationsnetz der Zukunft.

Session C

Neue Techniken für Anwender

Teleworking: Internationale Trends

Simon Robinson, Norbert Kordey

empirica

Session C - Neue Techniken für Anwender

Teleworking: Internationale Trends

Simon Robinson, Norbert Kordey, empirica

1. Einleitung

Anwendungen der Telekommunikations- und Informationstechnologien (IuK) erlauben es schon heute den Mitarbeitern eines räumlich verteilt tätigen Unternehmens, trotz räumlicher Distanz und trotz der Probleme der zeitlichen Synchronisierung der Arbeit, dennoch effektiv zusammenzuarbeiten. Die verschiedenen Formen dieser sogenannten Telearbeit finden in letzter Zeit verstärkt das Interesse von Unternehmen, Politikern und der Bevölkerung.

Die Telearbeit erlangt besonderes Interesse, wenn die Möglichkeiten der IuK-technischen Entwicklung genutzt werden, um Arbeit in räumlicher Nähe der Wohnung oder in der Wohnung selbst stattfinden zu lassen. Plakativ beschrieben wird Arbeit an die Mitarbeiter elektronisch geliefert, anstatt daß Mitarbeiter an die Arbeitsstelle pendeln müssen. Die Erträge dieser Kernformen der Telearbeit sind vielfältig, z.B. geringere Umweltbelastung durch verringertes Pendeln, ein verbesserter Arbeitsmarkt durch günstigere Plazierung der weniger Mobilen in der Bevölkerung, verbesserte Wettbewerbsfähigkeit durch eine Flexibilisierung des Arbeitseinsatzes und Vorteile für die Beschäftigten durch mehr Autonomie in der Zeitverwendung.

Auf der Grundlage der ersten Ergebnisse der Umfragen, die empirica 1994 in mehreren europäischen Ländern durchgeführt hat, berichtet der vorliegende Beitrag von internationalen Trends in der Telearbeit. Als Hintergrund der Entwicklung werden im folgenden zunächst die Trends der Vergangenheit, gewissermaßen die Historie der Telearbeit, die zur heutigen Situation geführt haben, kurz umrissen.

2. *Trends bis heute*

Telearbeit als Phänomen und Trend wurde zuerst in den USA entdeckt. Um Maßnahmen zur Linderung der Ölkrise der 70er Jahre einzuleiten, wurde der Zusammenhang zwischen Telekommunikationsverwendung und Transport untersucht (Nilles et al. 1976). Aufgrund seiner und weiterer Erkenntnisse ist Telearbeit in den USA fester Bestandteil des Kampfes gegen die umweltzerstörende Wirkung des Individualverkehrs geworden, insbesondere in dem davon besonders geplagten Bundesstaat Kalifornien.

In Europa gab es bereits in den frühen 80er Jahren Unternehmen, die Telearbeit betrieben, und gar einige, die mit einer ausschließlich telearbeitenden Belegschaft aufgebaut wurden - vielzitiertes Beispiel ist die FI Group in Großbritannien (Shirley 1988). Telearbeit ist seit langem in Großbritannien in den Unternehmensführungen bekannt und zieht weiterhin großes öffentliches Interesse auf sich. Viele wegweisende Experimente mit neuen Organisationsformen werden dort gemacht, z.B. die u.a. von Mercury Communications eingerichteten sog. "Touchdown" offices (Ridgewell 1994) oder der Einsatz von Videotelefonen zur Aufrechterhaltung der Kommunikation in einer Gruppe telearbeitender Auskunftsmitarbeiter bei British Telecom (Gray 1992).

In Deutschland wurde die Telearbeit am Anfang wegen der befürchteten Wiederkehr der Ausbeutung der Heimarbeit von Gewerkschaften angeprangert. Die ablehnende Haltung der Arbeitnehmervertreter hat die Telearbeit, wenn nicht vollkommen unterdrückt, so doch in den 80er Jahren weitgehend aus der Öffentlichkeit gedrängt (empirica 1986). Spätestens jedoch seitdem IBM mit einer prämierten Betriebsvereinbarung gezeigt hat, daß Telearbeit sozialverträglich gestaltet werden kann, ist die Haltung der Gewerkschaften differenzierter und zuweilen unterstützend (Welsch 1991). Telearbeit wird auch in den hiesigen Medien mit zunehmendem Interesse diskutiert (Der Spiegel 11/1994, Wirtschaftswoche 11/1994, Handelsblatt 24.1.1994).

Telearbeit ist in letzter Zeit zudem fester Bestandteil europäischer Industriepolitik geworden. Der ausscheidende Präsident der Europäischen Kommission, Jacques Delors, hat an zentraler Stelle im Weißbuch für Wachstum, Wettbewerb und Beschäftigung auf die Möglichkeiten der Telearbeit hingewiesen (Europäische Kommission 1993). In diesem Jahr hat eine Expertengruppe aus Industrievertretern unter der Leitung von Kommissar Martin Bangemann Telearbeit die erste Priorität in der europäischen Industriepolitik eingeräumt. Die Vorschläge der sog. Bangemann-Gruppe sind vom Ministerrat angenommen worden (Europäische Kommission 1994a).

Die erhebliche Aufmerksamkeit, die der Telearbeit auf EU-Ebene gewidmet wird, ist jetzt auch in Deutschland spürbar. Beispielsweise hat das BMFT einen entsprechenden Forschungsschwerpunkt "Telekooperation" definiert, und die DBP Telekom erarbeitet Strategien zur Telearbeit auch im eigenen Unternehmen. Unter dem Handlungsdruck des bevorstehenden Umzugs von Teilen des Regierungsapparates nach Berlin wird mit erheblicher Kraft nach technischen Lösungen der Unterstützung eines "Informationsverbundes Bonn-Berlin" geforscht, ergänzt durch Erprobungen im BMFT-Programm Polikom (GMD 1993).

Trotz des großen Stellenwertes, der der Telearbeit bei der Lösung von Arbeitsmarkt- und Wettbewerbsproblemen eingeräumt wird, besteht erheblicher Mangel an Informationen über die Nachfrage nach Telearbeit und über die Praxis sozial und ökonomisch tragfähiger Formen dieser Arbeitsweise. Das Interesse an Informationen über Telearbeit in der Praxis ist in letzter Zeit durch die hohe Priorität, die Telearbeit in der Entwicklungsstrategie europäischer Staaten und Regionen einzunehmen im Begriff ist, noch verstärkt worden. Vor diesem Hintergrund hat empirica im Rahmen der EU-Studie TELDET (Telework Developments and Trends) internationale Befragungen durchführen lassen. Diese Umfragen haben ein - verglichen mit der Situation vor zehn Jahren - unerwartet weitverbreitetes Interesse an Telearbeit bei Unternehmen und Beschäftigten registriert. Die Daten erlauben uns, im folgenden die derzeitige Struktur der Nachfrage nach Telearbeit zu beschreiben.

3. Die Europaumfragen

Gleichlautende repräsentative Umfragen wurden in den größeren Staaten Europas durchgeführt: Italien, Spanien, Großbritannien, Frankreich und Deutschland. Eine Befragung wurde an Entscheidungsträger in Unternehmen gerichtet, eine zweite wurde zur Erhebung von Kenntnisstand, Telearbeitsbereitschaft und Telearbeitspraxis in der Bevölkerung eingesetzt.

Befragt wurden

- 5.300 Bürger aus einer repräsentativen Stichprobe der erwachsenen Bevölkerung und

- 2.507 Entscheidungsträger aus einer repräsentativen Stichprobe der Betriebsstätten.

Entscheidungsträger wurden zu ihrem Verantwortungsbereich gefragt, ob Telearbeit bereits praktiziert wird, an welchen Formen der Telearbeit sie interessiert sind und welche Tätigkeiten ihrer Ansicht nach für Telearbeit geeignet sind. Zudem haben sie Auskunft gegeben über die für sie wichtigen Hinderungsgründe für die weitere Ausbreitung der Telearbeit.

Für die Zwecke der Bevölkerungsbefragung haben wir den Befragten die folgenden Kernformen der Telearbeit erläutert, bevor sie nach ihrem Interesse an Telearbeit gefragt wurden:

- die wohnungszentrierte Telearbeit
- die zwischen zu Hause und Betrieb alternierende Telearbeit
- die Telearbeit im Telearbeitszentrum.

Wohnungszentrierte Telearbeit, bei der mindestens 80% der Arbeitszeit in einem Arbeitszimmer in der Wohnung verbracht wird, ist zugleich Extremform, klassische Form und die jetzige Form der Telearbeit, mit der eine maximale Einsparung des Zeitverlusts und der Umweltbelastung durch Pendeln erreicht werden kann - vorausgesetzt, ökonomisch und sozial tragfähige Arbeitsbeziehungen können auf Dauer aufrechterhalten werden. Doch bei Dauerabwesenheit vom Büro drohen bei Nicht-Ergreifen geeigneter Maßnahmen alle die Tragfähigkeit untergrabenden möglichen Nachteile der Telearbeit in schärfster Form, z.B. Isolierung vom Betriebsgeschehen, Karrierenachteile, Nichtteilnahme an Besprechungen, Loyalitätsbedenken.

Wenn mindestens an einem vollen Tag in der Woche die Arbeit zu Hause und ansonsten im Büro erledigt wird, spricht man von sog. alternierender Telearbeit. Sie ist eine Zwischenform, die Fragen der sozialen Isolierung oder Befriedigung des Besprechungsbedarfs zu beantworten verspricht, bei gleichzeitig gutem Ertrag auf dem Konto der Pendeleinsparung, Zeitautonomie und Flexibilität.

Schließlich versprechen in Wohnungsnähe errichtete Telearbeitszentren die Vorteile einer "normalen" Arbeitsumgebung ohne Pendeln. Aufgrund der verheißungsvollen Vorstellung, hier könne man alle Vorteile der Telearbeit bei gänzlichem Ausbleiben von Nachteilen haben, hat diese Form der Telearbeit große Beachtung gefunden.

4. Die Praxis heute

Nach Angaben der Entscheidungsträger aus Unternehmen beschäftigen bereits fast 5% der bundesdeutschen Unternehmen Telearbeiter. Deutlich weiter ist der Trend in Großbritannien und Frankreich fortgeschritten. Dort betreiben mindestens 7% der Unternehmen Telearbeit. Im Unterschied hierzu liegt in den südeuropäischen Ländern Italien und Spanien die Quote unter 4% (siehe Abb. 1).

Abbildung 1: Praktizierte Telearbeit. Quelle: empirica 1994

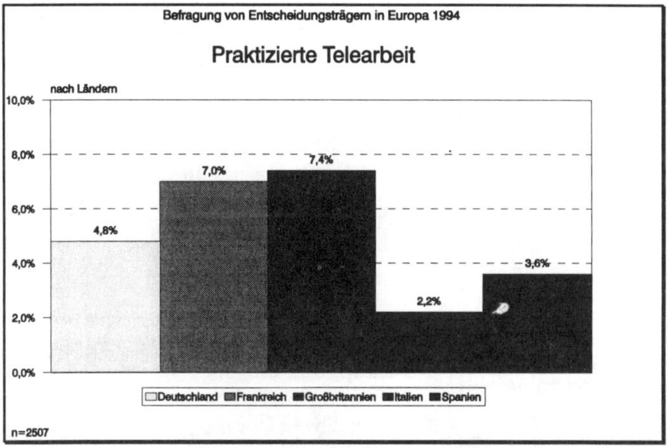

Unsere ersten Hochrechnungen aus der Bevölkerungsumfrage zeigen eine Verbreitung der Telearbeit in den EU-Staaten unter rund 1,25 Mio Beschäftigten.

Von den untersuchten Ländern ist in Großbritannien die Telearbeit am weitesten verbreitet: dort arbeiten bereits über 1% der erwachsenen Bevölkerung als Telearbeiter. Die Quote liegt in Deutschland wesentlich niedriger, doch hochgerechnet praktizieren in Deutschland heute bereits ca. 150.000 Menschen Telearbeit in einer der o.g. Kernformen.

Die Aufspürung der Telearbeitspraxis auch in Deutschland gleicht sicherlich nicht mehr der Suche nach der "Nadel im Heuhaufen" (Battelle 1982), sondern Telearbeit ist bereits für eine große Gruppe von Beschäftigten Bestandteil des Arbeitslebens. Es kann davon ausgegangen werden, daß die Telearbeit in Deutschland bereits einen wesentlichen Beitrag zum Umweltschutz leistet. Aus der Warte der Anbieter geeigneter Produkte und Dienstleistungen ist Telearbeit schon ein sehr interessanter

Markt, z.B. für sog. SoHo-(small office, home office) Produkte (BIS 1994), aber insbesondere für Telekommunikationsdienste.

5. Die Nachfrage

Die Diffusion der Telearbeit hat zwar in kaum einem Land die Ein-Prozent-Hürde genommen, doch das Interesse daran, Telearbeit zu betreiben und Telearbeitsplätze anzubieten, ist um mehrere Größenordnungen stärker. Als den teilweise uninformierten Befragten erklärt wurde, worum es geht, wurde quer durch Europa festgestellt, daß ca. die Hälfte der Bevölkerung an der eigenen Ausübung der Telearbeit interessiert ist (siehe Abb. 2). Unter den Erwerbstätigen ist das Ausmaß des Interesses an Telearbeit in gleicher Größe vorhanden, wie unter der Bevölkerung im Durchschnitt. Die so gemessene Nachfrage nach Telearbeit ist auch seit unserer Befragung vor 10 Jahren enorm gestiegen - in 1985 waren weit unter 10% der Erwerbstätigen in Deutschland an Telearbeit interessiert (Huws/Korte/Robinson 1990).

Abbildung 2: Interesse für Telearbeit in der Bevölkerung. Quelle: empirica '94

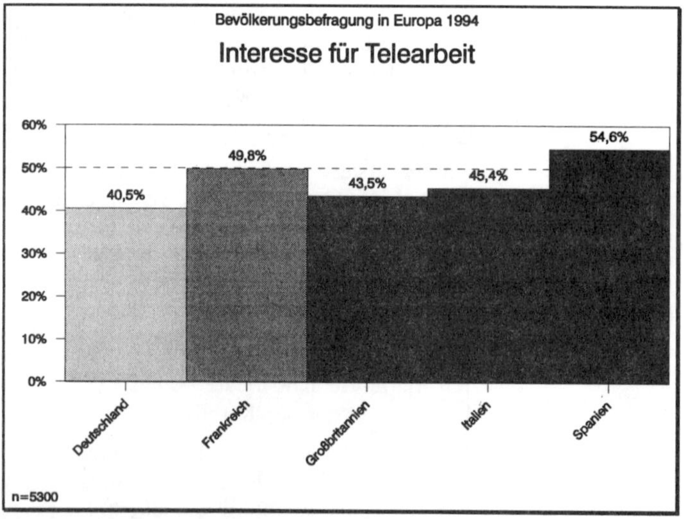

Aus Unternehmenssicht ist Telearbeit offenbar inzwischen ein großes Thema. Im europäischen Vergleich ist gerade in Deutschland das Interesse der Unternehmen mit am größten, Telearbeit einzuführen bzw. auszuweiten. Auch in Spanien, wo das Unternehmensinteresse am geringsten ist, äußern rund 30%

der Entscheidungsträger Interesse an dieser Arbeitsform (siehe Abb. 3).

An dieser Stelle muß gefragt werden, warum bei soviel Interesse die Ausbreitung der Telearbeit - relativ gesehen - noch so kläglich ist. Ein Grund könnte darin gesucht werden, daß an Telearbeit interessierte Arbeitnehmer zufällig für Arbeitgeber tätig sind, die an Telearbeit kein Interesse haben. Obwohl nach unseren Daten möglich, ist dieses Szenario unwahrscheinlich. Zumindest kann man eine statistische Unabhängigkeit des Interesses von Beschäftigten und Arbeitgebern postulieren. Auf dieser einfachen Grundlage kann man bei je 40% Interessierten in Unternehmen und Bevölkerung schätzen, daß für 16% der Bevölkerung sowohl sie selbst als auch ihr (künftiger) Arbeitgeber an Telearbeit interessiert sind. Auch ohne zu berücksichtigen, daß Grund zu der Annahme besteht, daß die Übereinstimmung des Interesses noch größer ist (aufgrund von beiden Seiten als geeignet angesehene Tätigkeit), klafft weiterhin eine große Lücke zwischen Interesse und Praxis, die es zu erklären gilt.

Wie im folgenden näher ausgeführt, wurde festgestellt, daß die von Entscheidungsträgern wahrgenomme (Nicht-) Eignung von Tätigkeiten für Telearbeit ein wesentlicher Erklärungsfaktor für die der Nachfrage hinterherhinkende Ausbreitung der Telearbeit sein kann.

Abbildung 3: Interesse an Telearbeit bei Entscheidungsträgern. Quelle: empirica 1994

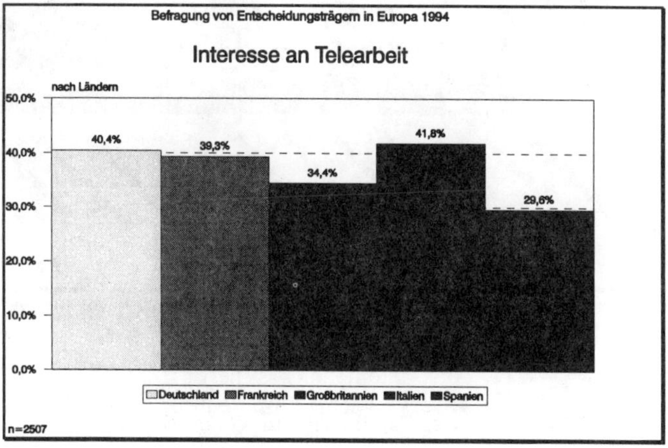

6. Die Management-Sicht

Die Frage nach der Eignung von Tätigkeiten zeigt, daß diejenigen, die entscheiden, ob Telearbeitsplätze eingerichtet werden sollen oder nicht, zumal in Deutschland, eine etwas altmodische Auffassung der Eignung von Tätigkeiten für Telearbeit haben (siehe Abb. 4). Daß Daten- und Texterfassung und Programmierung dezentral ausgeführt werden können, ist u.E. Stand der Telearbeitspraxis Mitte der 80er und nicht der 90er Jahre.

Die Unterschiede zwischen den Ländern Deutschland und Großbritannien (siehe Abb. 4 und 5) geben Hinweise auf eine mögliche Erklärung dieser konservativen Sicht. Entscheidungsträger in Großbritannien, dem Land unter den untersuchten Ländern, in dem die Telearbeit am weitesten verbreitet ist, halten deutlich

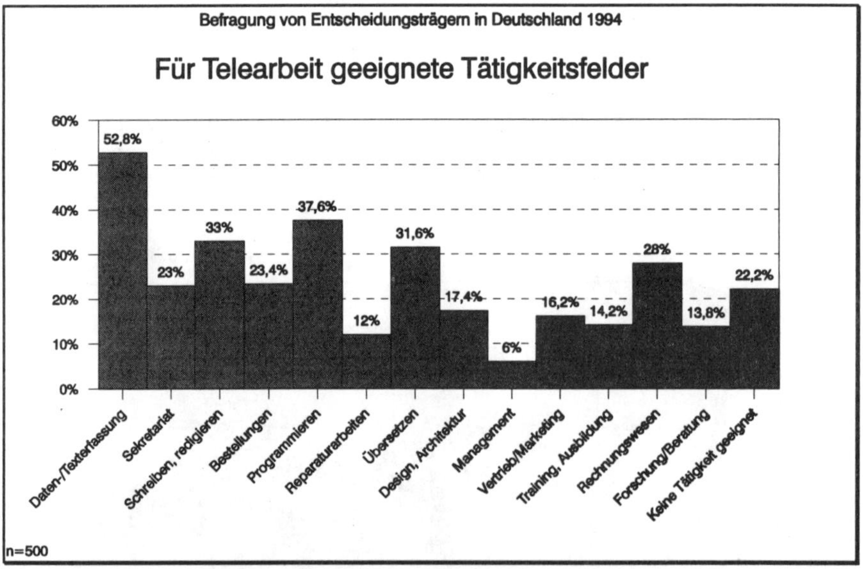

Abbildung 4: Für Telearbeit geeignete Tätigkeitsfelder in Deutschland Quelle: empirica1994

häufiger als in Deutschland mehrere Tätigkeiten als geeignet für Telearbeit. Vorausgesetzt, daß die tätigkeitsbezogene Spezialisierung der Betriebe in diesen Ländern etwa gleich ist, so daß zwischen den Ländern kein Unterschied besteht im Vorkommen der Tätigkeiten im Verantwortungsbereich, sind mehr Entscheidungsträger in Großbritannien der Überzeugung, viele Tätigkeiten würden sich für Telearbeit eignen. Während bei den Telearbeits-"Klassikern" - Daten- und Texterfassung, Schreiben und Redaktionsaufgaben, Programmieren und Übersetzen - die Anteile der Eignungszustimmenden in den Ländern etwa gleich sind, sind die Nennungen aus Großbritannien bei Bestellungen, Design und Architektur, Rechnungswesen, Training und Ausbildung sowie Sekretariatsaufgaben deutlich höher als in Deutschland. Sowohl in Forschung und Beratung als auch in Vertrieb und Marketing ist der Unterschied noch markanter: mehr als doppelt soviele Entscheidungsträger in Großbritannien sind der Meinung, diese Tätigkeiten würden sich für Telearbeit eignen. In diesem Vergleich schließlich nehmen Managementtätigkeiten eine Spitzenstellung ein. Nicht, daß die Vorstellung, Management könne in Telearbeit ausgeführt werden, in Großbritannien weiter verbreitet wäre als die Vorstellung, Daten oder Texte könnten dezentral erfaßt werden. Doch über dreimal soviele Entscheidungsträger in Großbritannien sehen durchaus, daß sich Telearbeit auch in zugleich hochkommunikativen und qualifizierten Aufgaben wie Management bewähren kann.

Abbildung 5: Für Telearbeit geeignete Tätigkeitsfelder in Großbritannien
Quelle: emiprica 1994

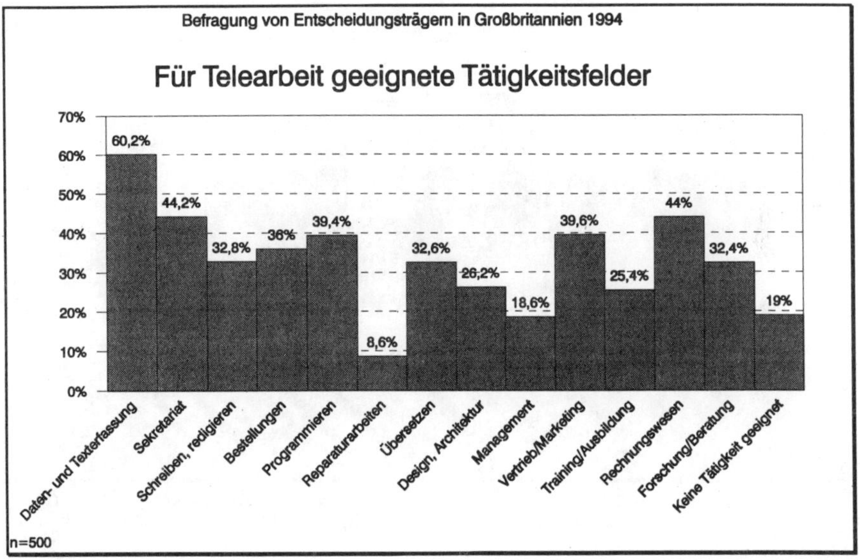

Nachdem die Unternehmersicht auf Tätigkeitseignung als faktisch wesentliches Hemmnis für die Telearbeitsausbreitung entdeckt wurde, wenden wir uns der Sicht der Entscheidungsträger zu, welche Hemmnisse sie selbst sehen (siehe Abb. 6).

Dominant unter den Hinderungsgründen für die breitere Einführung der Telearbeit sind Sorgen um die Führung von Telearbeitern und die Aufrechterhaltung der betrieblichen Kommunikation sowie generell ein beklagtes Wissensdefizit, wenn es um die praktische Umsetzung geht. Die befürchteten - oder auch bekannten - Kosten der notwendigen technischen Aufrüstung treten hier erst an vierter Stelle auf.

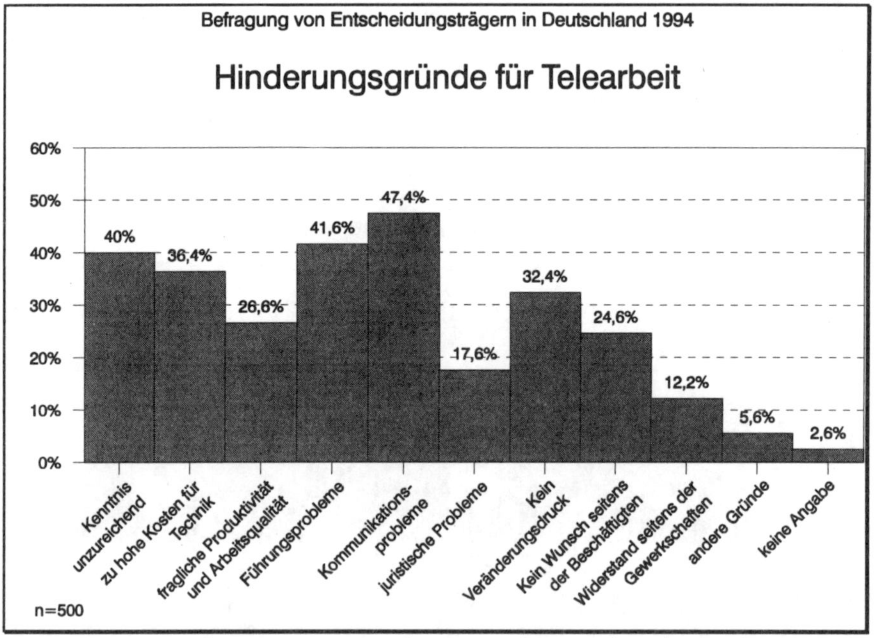

Abbildung 6: Hinderungsgründe für Telearbeit in Deutschland Quelle: empirica 1994

7. *Trends*

Aus dem Katalog der von Entscheidungsträgern wahrgenommenen Hemmnisse greifen wir zwei Punkte - Führungsprobleme und Unkenntnis - heraus, um zu zeigen, was gemacht werden kann bzw. was ohnehin telearbeitsbegünstigend geschieht. Zum ersten gehen wir darauf ein, wie der Trend zur prozeßorientierten Unternehmensführung eine Linderung des Problems des Managements der Telearbeit verspricht. Zum weiteren wird darauf hingewiesen, daß Studien durchgeführt wurden, um geeignete Regelungen von Themen wie Kosten oder Haftung zu finden sowie weitere, die helfen können, gegen empfundene Unkenntnis, die als handfeste Barriere weiterhin wirkt, anzukommen.

Die von Unternehmen erwarteten Schwierigkeiten, Telearbeiter zu führen und zu kontrollieren, sind begründet in der noch verbreiteten Führungspraxis durch physische Präsenz, auch als "over-the-shoulder management" bekannt. Obwohl absehbar ist, daß durch geeigneten Technikeinsatz sogar für diese präsenzorientierten, herkömmlichen und altmodischen Managementmethoden Unterstützung geboten werden kann, soll hier verdeutlicht werden, daß diese Praktiken keinen Platz mehr in der Praxis der professionellen Führungskraft haben (vgl. Robinson/Huws 1993).

Bereits seit langem ist ergebnisorientiertes Management "Stand der Technik" in Punkto Führung. Hinzu kommen Trends in der Organisations- und Managementstruktur: die abflachenden Hierarchien des lean management, die Durchlaufzeitbeschleunigungen des Just-In-Time und die Radikalkur des Business Process Reengineering. BPR ist in Großbritannien weiter verbreitet als in Deutschland (eine Umfrage ergab vor kurzem, daß sogar über 80% der britischen Unternehmen BPR-Projekte durchgeführt haben - Financial Times 1.8.1994), aber auch hierzulande wird BPR zunehmend rezipiert und umgesetzt (Stroetmann et al. 1994). Mit dem Begriff "Business Process Reengineering" werden gekennzeichnet: Abbau unnötiger Funktionshierarchien, Bildung prozeßorientierter Teams, die Orientierung an für Kunden wahrnehmbaren Outputs etc. (Hammer/Champy 1993).

Fazit einer Betrachtung des Einflusses von BPR auf das Management der Telarbeit ist, daß für die Führung eines mit BPR neu entworfenen Unternehmens es kaum noch einen Unterschied macht, ob die Belegschaft aus Telearbeitern besteht oder vor Ort tätig ist (Robinson 1994). Sollten BPR-Prinzipien sich erfolgreich durchsetzen, kann erwartet werden, daß sich Telearbeit künftig nahtlos in die Unternehmensführung eingliedern läßt.

Abbildung 7: Zu regelnde Themenbereiche für Telearbeit. Quelle: Wierda, Overmars & Partner 1994

Regelungsbedürftige Bereiche

- Arbeitsverhältnis
- Ausschließlichkeit
- Vertretungsrechte
- PR-Image
- Beschäftigung Dritter
- Arbeitszeit
- Krankheit, Urlaub
- Kostenerstattung
- Aufsicht und Kontrolle
- Kommunikation
- Eigentum der Geräte
- Wartung
- Beurteilung
- Laufbahnentwicklung
- Privatsphäre
- Sicherheit

Den meisten Unternehmen ist bewußt, daß Telearbeit nicht ohne sorgfältige Vorbereitung eingeführt werden sollte. Neben den technischen Vorkehrungen, der Personalauswahl, Training etc., müssen einvernehmliche und eindeutige Regelungen zwischen Telearbeiter und Unternehmen gefunden werden, beispielsweise über Raumkosten, über die private Nutzung von Arbeitsmaterial oder über notwendige Sicherheitsvorkehrungen. Um Unternehmen in verschiedenen Bereichen der Wirtschaft einen Überblick über die regelungsbedürftigen Punkte sowie Vorschläge zu deren Regelung zu geben, ist vor kurzem eine europaweit vergleichende Analyse der vertraglichen Regelung von telearbeitsspezifischen Angelegenheiten im Arbeitsverhältnis durchgeführt worden (Wierda/Overmars&Partner 1994). Die Themenbereiche sind in der Abbildung 7 zusammengestellt.

Darüber hinaus wurden weitere Erkenntnisse gewonnen, die helfen können, das noch bestehende Informationsdefizit in den Führungsetagen zu beheben. Z.B. wurden im Rahmen von TELDET über die Länder der EU und die Nordischen Länder verteilt über 50 Fallstudien zur Praxis der Telearbeit durchgeführt. Aus den Fallstudien können generalisierte, für Neuanwender nachahmungsreife Modelle der Telearbeit abgeleitet werden. Im BMFT-Programm Polikom werden zwar neue technische Möglichkeiten erforscht, aber es wird auch auf die komplexen Fragen der Besonderheiten des Bedarfs an Kommunikation und informationstechnischer Unterstützung in verteilt bzw. "disloziert" tätigen Organisationen eingegangen. Diese Studien verbessern unsere Kenntnisse und hoffentlich die der Entscheidungsträger in Deutschland über durchführbare Telearbeit in neuen Anwendungsfeldern.

8. Zusammenfassung

Durch unsere Umfragen haben wir ein enormes Interesse an Telearbeit festgestellt. Die Förderung verbesserter Führungstechniken, die Bereitstellung von dem Kommunikationsbedarf angepaßter und günstiger technischer Ausrüstung sowie von Telekommunikationsdiensten und die Zurschaustellung tragfähiger erfolgreicher Telearbeits-Modelle wird helfen, diese Nachfrage zu befriedigen und zur weiteren kräftigen Ausweitung der Telearbeit in Europa beitragen, über die bereits derart tätigen 1,25 Mio. Telearbeiter hinaus. Mit diesen Voraussetzungen erscheint das Ziel der Europäischen Kommision, bis zum Jahre 2000 10 Millionen Telearbeitsplätze in Europa zu schaffen (Europäische Kommission 1994b), durchaus realistisch.

9. Bibliographie

Battelle: Studie über Auswahl, Eignung und Auswirkungen von informationstechnisch ausgestalteten Heimarbeitsplätzen. Frankfurt, Tübingen 1982.

BIS Strategic Decisions: The Home Office Conference. 14.-15. June 1994. Munich.

empirica: Meinungen und Standpunkte der Sozialpartner zur Telearbeit. European Foundation for the Improvement of Living and Working Conditions. Dublin 1986.

Europäische Kommission: Europe and the global information society. Recommendations to the European Council. Brüssel, 26.5.1994a.

Europäische Kommission DG XIII-B: Telework Stimulation. Brüssel 1994b.

Europäische Kommission: Weißbuch zu Wachstum, Wettbewerb und Beschäftigung. Brüssel 1993.

GMD: Der GMD-Spiegel 1/93. 23. Jahrgang.

Gray, M.: Teleworking Support Systems. British Telecom 1992.

Hammer, M. und Champy, J.: Reengineering the corporation. Standford 1993.

Handelsblatt Nr. 16 vom 24.1.94: Berufspendler weichen notgedrungen auf den "Information-Highway" aus. S.3.

Huws, U., Korte, W.B. and Robinson, S.: Telework, Towards the Elusive Office. Wiley: London 1990.

Korte, W.B., Robinson, S. and Kordey, N.: Telework - Current Situation, Trends and likely Future Development from a Socio-Economic Perspective. Report for DGIII Industrial Policy Directorate. Brussels, März 1994.

Nilles, J.M., Carlson, F.R., Gray, P. and Hanneman, G.J.: The Telecommunications-Transportation Tradeoff. Chichester et al. 1976.

Ridgewell, C.: Implementing Flexible Working Practises in a Larger Employer Organisation. Vortrag auf der UMIST Konferenz am 2.11. 1994 in Manchester.

Robinson, S.: The Impact of Business Process Reengineering on Telework Management, in: Colin Coulson-Thomas (Hrsg.) Business Process Reengineering, Myth and Reality, London: Kogan Page, 1994.

Robinson, S. and Huws, U.: Technology Requirements Related to the Management of Telework. An Exploratory Investigation for Contractual Arrangements for Telework Employment and Implications for Technology and Service Development. For The Commission of the European Communities Directorate General XIII. Bonn 1993.

Shirley, S.: Telework in the UK. In: Korte, W.B., Robinson, S and Steinle, W.J. (Hrsg.): Telework: Present Situation and Future Development of a New Form of Work Organization. North-Holland 1988, S.23-31.

Der Spiegel 11/94: Inseln der Seligen. PC-Pendler. S. 240-245.

Stroetmann, K. A, Maier, M. and Scherfler W.: Business Process Reengeneering. - A German View. In: Colin Coulson-Thomas (Hrsg.) Business Process Reengineering, Myth and Reality, London: Kogan Page, 1994.

Welsch, J.: Telearbeit - dort arbeiten, wo man leben möchte? In: Der Personalrat Nr. 12/91, S. 459-462.

Wierda, Overmars & Partners: Code of Practice for Telework in Europe. Final Report. Den Haag 1994.

Wirtschaftswoche Nr. 11 vom 11.3.94: Dialog im Grünen. Virtuelle Arbeitsplätze. S. 115-120.

Session C - Neue Techniken für Anwender

Stufenkonzept eines Virtual Private Networks

Klaus Vormberge

MEGANET GmbH

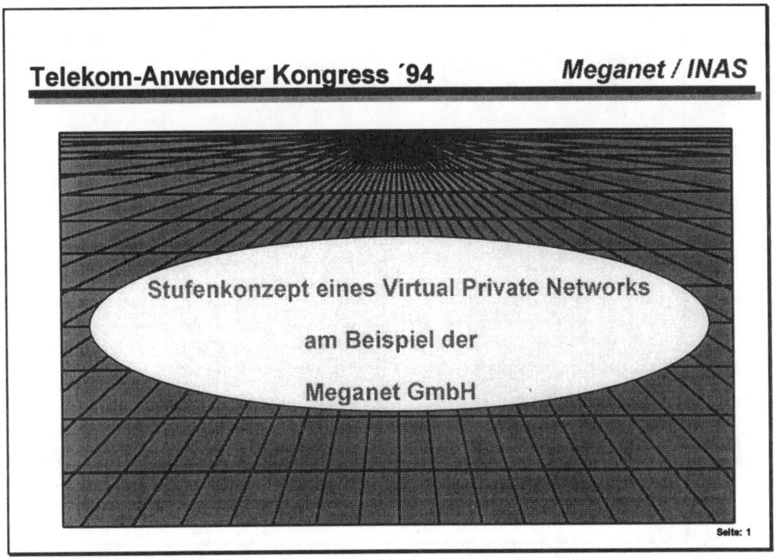
Telekom-Anwender Kongress ´94
Meganet / INAS
Stufenkonzept eines Virtual Private Networks
am Beispiel der
Meganet GmbH
Seite: 1

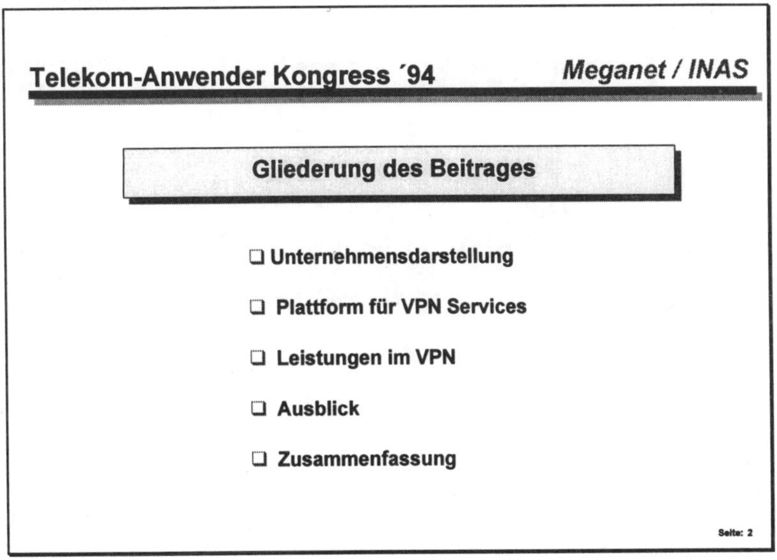
Telekom-Anwender Kongress ´94
Meganet / INAS
Gliederung des Beitrages
❑ Unternehmensdarstellung
❑ Plattform für VPN Services
❑ Leistungen im VPN
❑ Ausblick
❑ Zusammenfassung
Seite: 2

Telekom-Anwender Kongress ´94 — ***Meganet / INAS***

VEBACOM

Mobilfunk	Funkruf	Satelliten-kommunikation	Corporate Networks	Dienstleistungen für elektronischen Datenaustausch	Kabel TV
eplus	MiniRuf	TELEPORT	MEGANET	LION	Concepto Kommunikations- und Gebäudetechnik GmbH
IRIDIUM	INFOMOBILE		I.N.A.S.		Helvesat

Seite: 3

Telekom-Anwender Kongress ´94 — ***Meganet / INAS***

- ❑ **Unternehmensdarstellung**
- ➡ ❑ **Plattform für VPN Services**
- ❑ **Leistungen im VPN**
- ❑ **Ausblick**
- ❑ **Zusammenfassung**

Seite: 4

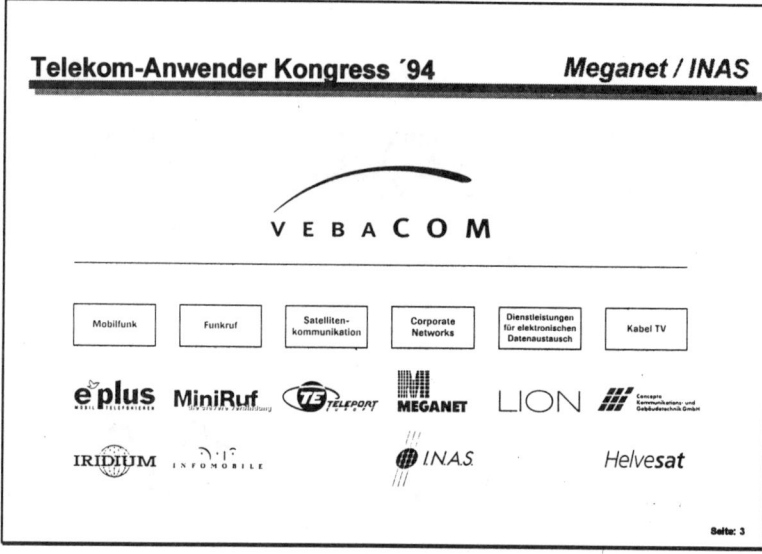

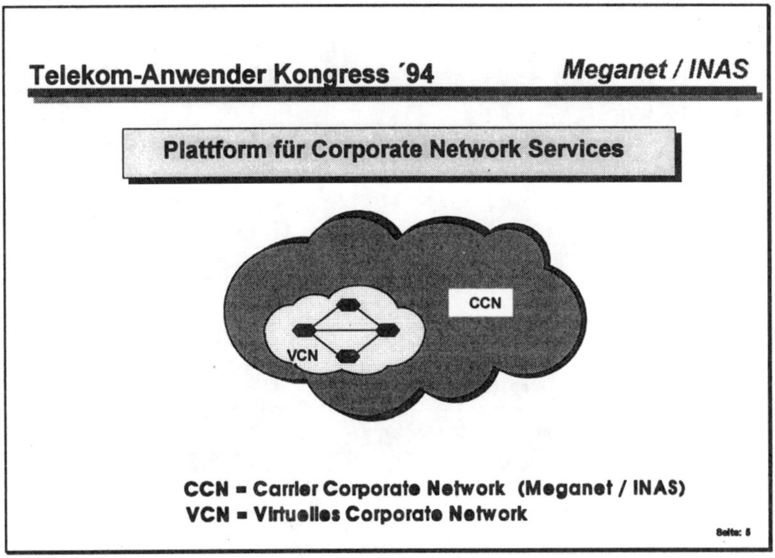
Telekom-Anwender Kongress ´94
Meganet / INAS
Plattform für Corporate Network Services
CCN
VCN
CCN = Carrier Corporate Network (Meganet / INAS)
VCN = Virtuelles Corporate Network
Seite: 5

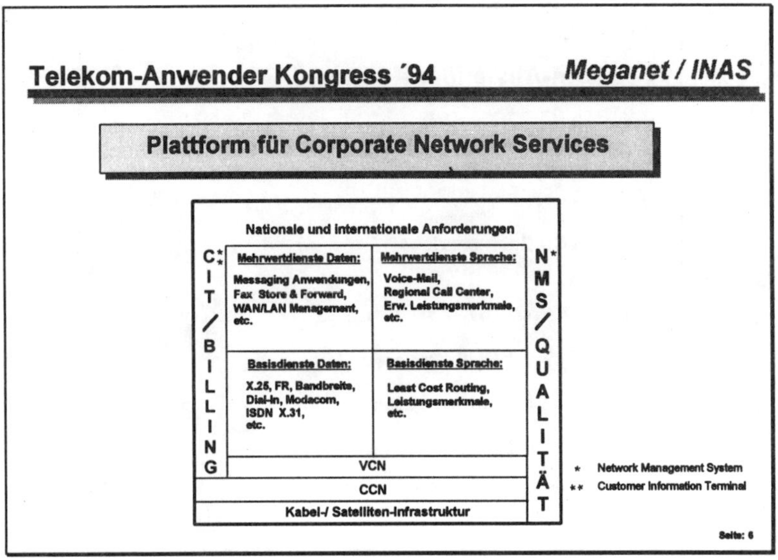
Telekom-Anwender Kongress ´94
Meganet / INAS
Plattform für Corporate Network Services
Nationale und internationale Anforderungen
C** IT / BILLING
Mehrwertdienste Daten:
Messaging Anwendungen, Fax Store & Forward, WAN/LAN Management, etc.
Mehrwertdienste Sprache:
Voice-Mail, Regional Call Center, Erw. Leistungsmerkmale, etc.
Basisdienste Daten:
X.25, FR, Bandbreite, Dial-In, Modacom, ISDN X.31, etc.
Basisdienste Sprache:
Least Cost Routing, Leistungsmerkmale, etc.
VCN
CCN
Kabel-/ Satelliten-Infrastruktur
N* MS / QUALITÄT
* Network Management System
** Customer Information Terminal
Seite: 6

Telekom-Anwender Kongress ´94 ***Meganet / INAS***

Plattform für Corporate Network Services

- **VCN Datenservices**
  - **X.25 Services**
    - **flächendeckendes Netz mit ca. 600 Netzknoten**
    - **in ca. 150 Städten**

Seite: 7

Telekom-Anwender Kongress ´94 ***Meganet / INAS***

Plattform für Corporate Network Services

- **VCN Datenservices**
  - **Frame Relay Services**
    - **2 Mbit/s Basisnetz**
    - **heute in 22 Städten**
    - **Mitte ´95 in 40 Städten**

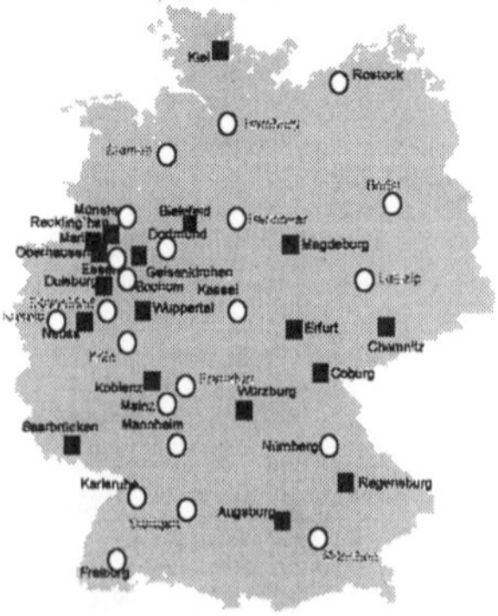

Seite: 8

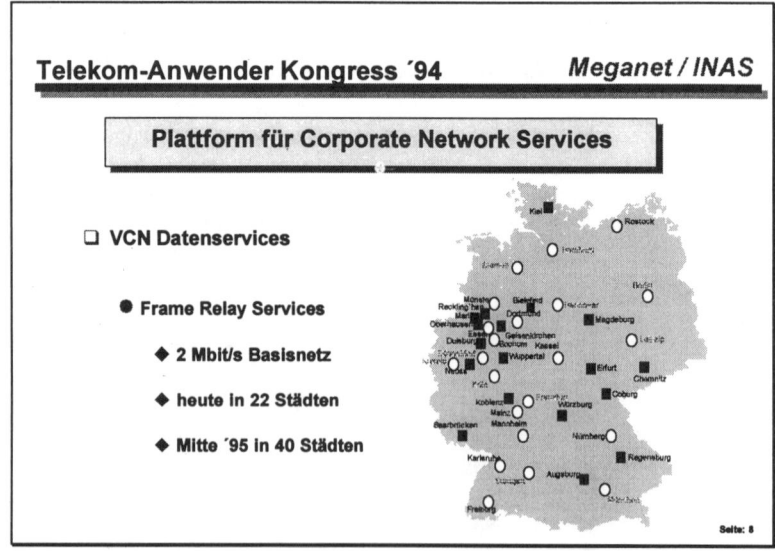

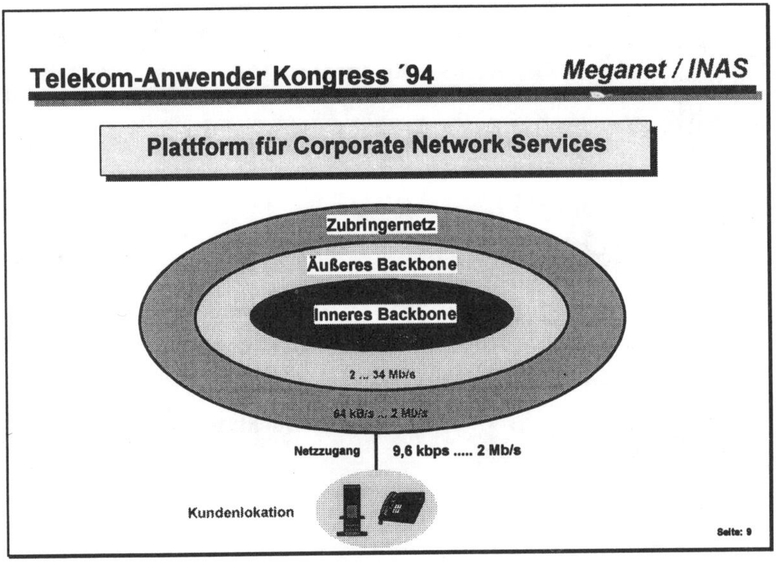
Telekom-Anwender Kongress ´94
Meganet / INAS
Plattform für Corporate Network Services
Zubringernetz
Äußeres Backbone
Inneres Backbone
2 ... 34 Mb/s
Netzzugang
9,6 kbps ..... 2 Mb/s
Kundenlokation
Seite: 9

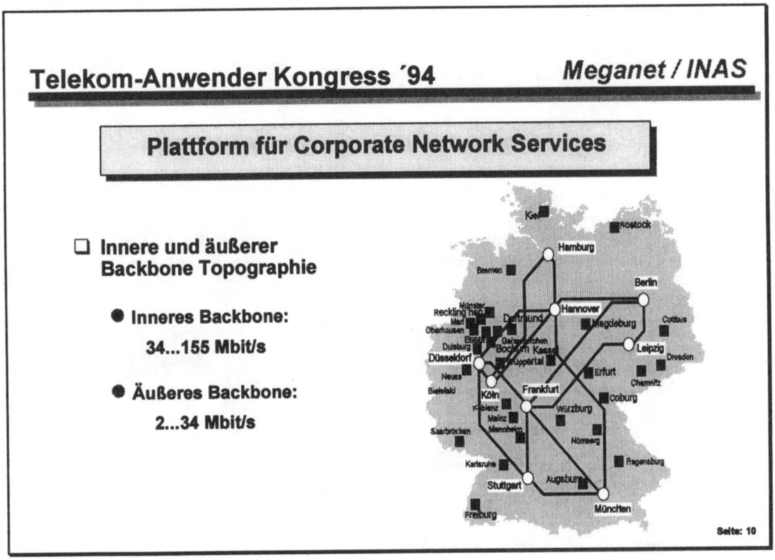
Telekom-Anwender Kongress ´94
Meganet / INAS
Plattform für Corporate Network Services
❑ Innere und äußerer Backbone Topographie
● Inneres Backbone:
34...155 Mbit/s
● Äußeres Backbone:
2...34 Mbit/s
Rostock
Hamburg
Bremen
Berlin
Hannover
Magdeburg
Düsseldorf
Leipzig
Erfurt
Köln
Frankfurt
Coburg
Würzburg
Stuttgart
München
Seite: 10

Telekom-Anwender Kongress ´94 *Meganet / INAS*

Plattform für Corporate Network Services

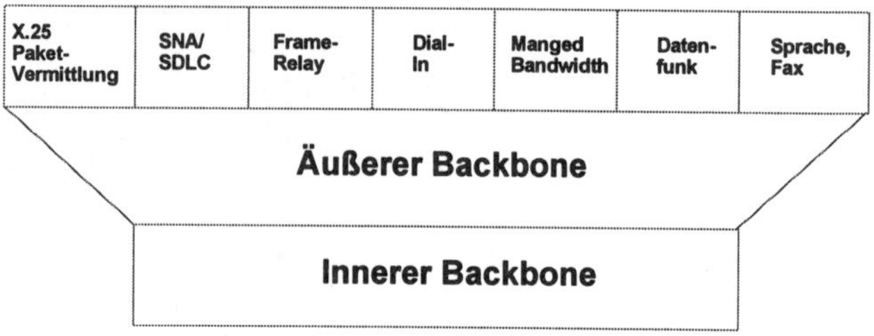

Seite: 11

Telekom-Anwender Kongress ´94 *Meganet / INAS*

Plattform für Corporate Network Services

- ❑ **Systemintegration von Netzknotentechnik, PABX und Multiprotokollrouter mit Netzzugang zum Backbone**

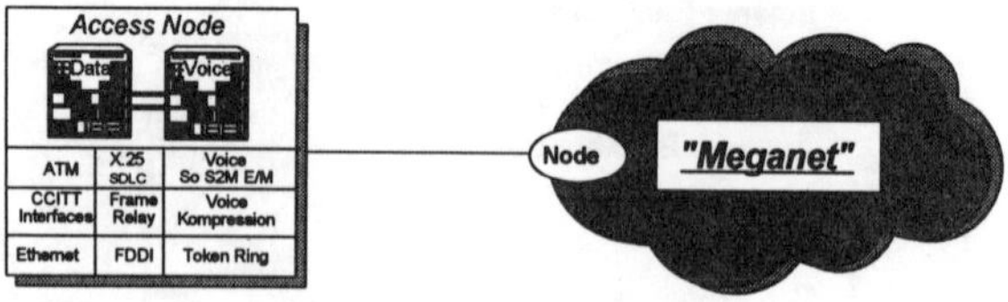

Seite: 12

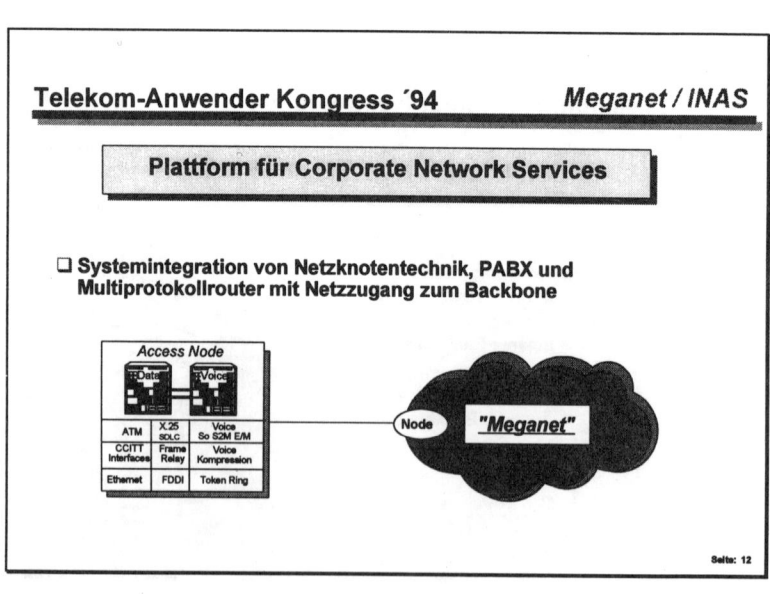

Telekom-Anwender Kongress ´94 — ***Meganet / INAS***

- ❑ Unternehmensdarstellung
- ❑ Plattform für VPN Services
- ➡ ❑ Leistungen im VPN
- ❑ Ausblick
- ❑ Zusammenfassung

Seite: 13

Telekom-Anwender Kongress ´94 — ***Meganet / INAS***

Leistungen im VCN - Datenservices -

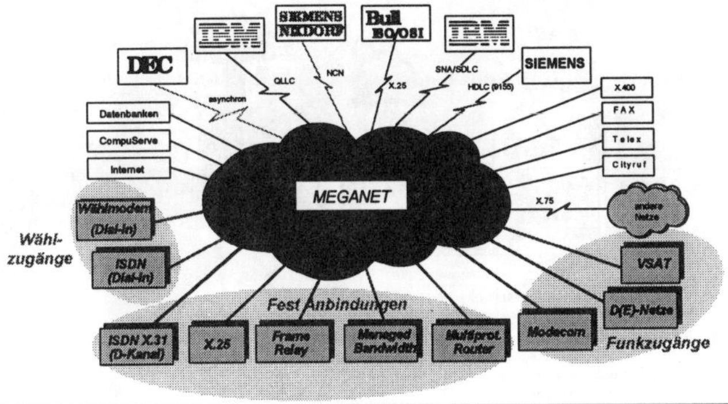

Seite: 14

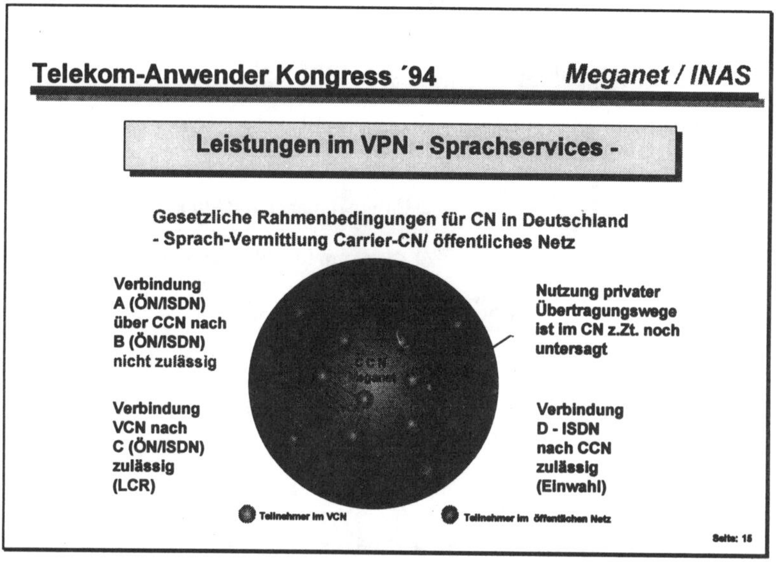
Telekom-Anwender Kongress ´94
Meganet / INAS
Leistungen im VPN - Sprachservices -
Gesetzliche Rahmenbedingungen für CN in Deutschland
- Sprach-Vermittlung Carrier-CN/ öffentliches Netz
Verbindung
A (ÖN/ISDN)
über CCN nach
B (ÖN/ISDN)
nicht zulässig
Verbindung
VCN nach
C (ÖN/ISDN)
zulässig
(LCR)
Nutzung privater
Übertragungswege
ist im CN z.Zt. noch
untersagt
Verbindung
D - ISDN
nach CCN
zulässig
(Einwahl)
Teilnehmer im VCN
Teilnehmer im öffentlichen Netz
Seite: 15

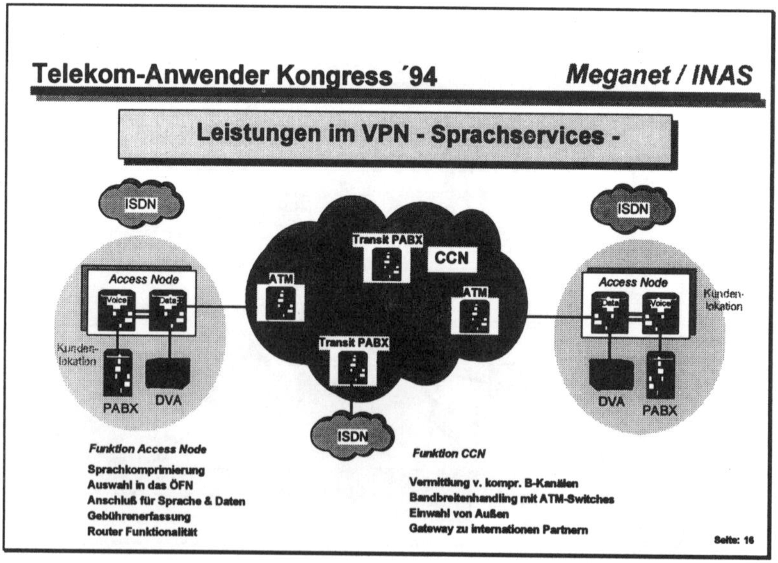
Telekom-Anwender Kongress ´94
Meganet / INAS
Leistungen im VPN - Sprachservices -
ISDN
Access Node
Voice
Data
Kunden-
lokation
PABX
DVA
ISDN
Transit PABX
CCN
ATM
ATM
Transit PABX
ISDN
ISDN
Access Node
Data
Voice
Kunden-
lokation
DVA
PABX
Funktion Access Node
Sprachkomprimierung
Auswahl in das ÖFN
Anschluß für Sprache & Daten
Gebührenerfassung
Router Funktionalität
Funktion CCN
Vermittlung v. kompr. B-Kanälen
Bandbreitenhandling mit ATM-Switches
Einwahl von Außen
Gateway zu internationen Partnern
Seite: 16

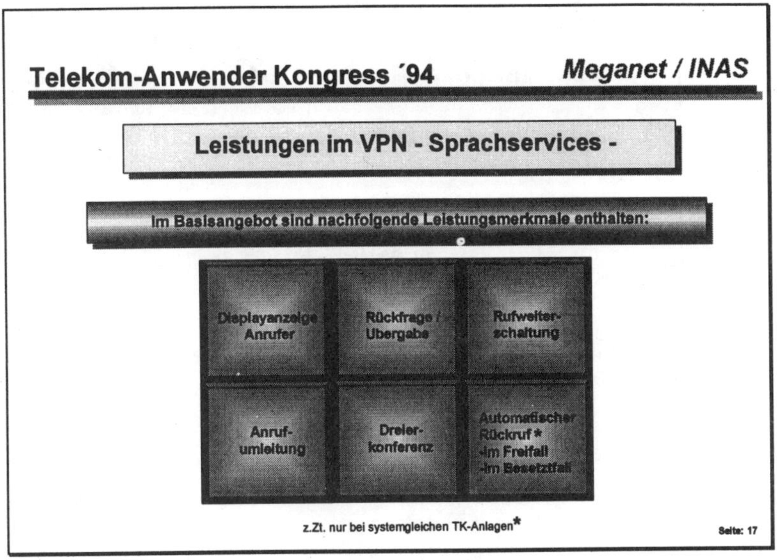

Telekom-Anwender Kongress ´94
Meganet / INAS
Leistungen im VPN - Sprachservices -
Im Basisangebot sind nachfolgende Leistungsmerkmale enthalten:
Displayanzeige Anrufer
Rückfrage / Übergabe
Rufweiter-schaltung
Anruf-umleitung
Dreier-konferenz
Automatischer Rückruf *
-im Freifall
-im Besetztfall
z.Zt. nur bei systemgleichen TK-Anlagen*
Seite: 17

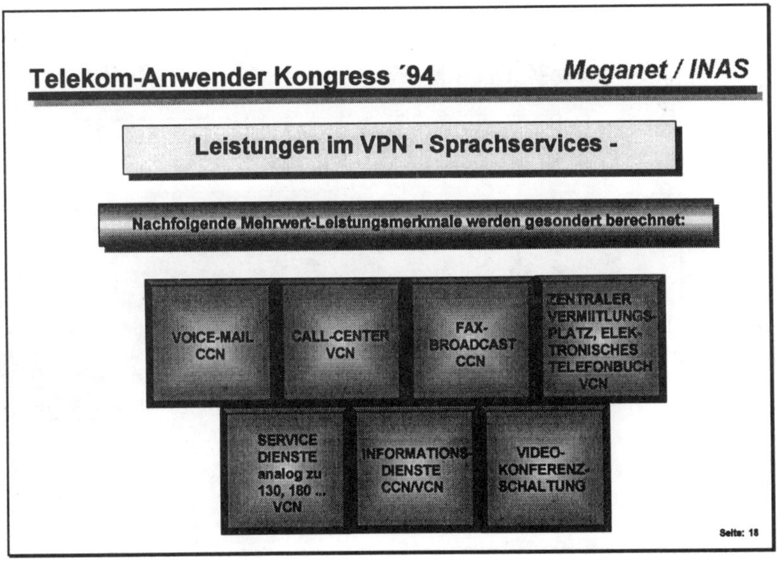

Telekom-Anwender Kongress ´94
Meganet / INAS
Leistungen im VPN - Sprachservices -
Nachfolgende Mehrwert-Leistungsmerkmale werden gesondert berechnet:
VOICE-MAIL CCN
CALL-CENTER VCN
FAX-BROADCAST CCN
ZENTRALER VERMITTLUNGS-PLATZ, ELEK-TRONISCHES TELEFONBUCH VCN
SERVICE DIENSTE analog zu 130, 180 ... VCN
INFORMATIONS-DIENSTE CCN/VCN
VIDEO-KONFERENZ-SCHALTUNG
Seite: 18

Telekom-Anwender Kongress ´94 — *Meganet / INAS*

- ❑ Unternehmensdarstellung
- ❑ Plattform für VPN Services
- ❑ Leistungen im VPN
- ➡ ❑ **Ausblick**
- ❑ Zusammenfassung

Seite: 19

Telekom-Anwender Kongress ´94 — *Meganet / INAS*

Ausblick - Sprachservices -

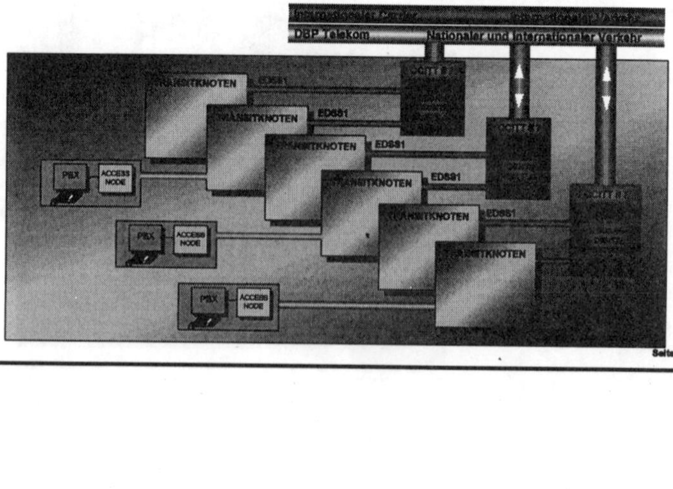

Seite: 20

Telekom-Anwender Kongress ´94 ***Meganet / INAS***

- ❑ Unternehmensdarstellung
- ❑ Plattform für VPN Services
- ❑ Leistungen im VPN
- ❑ Ausblick
- ❑ Zusammenfassung

Seite: 21

Telekom-Anwender Kongress ´94 ***Meganet / INAS***

Zusammenfassung

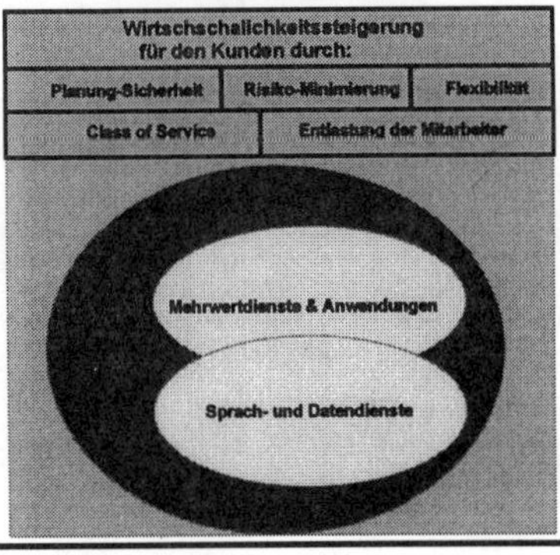

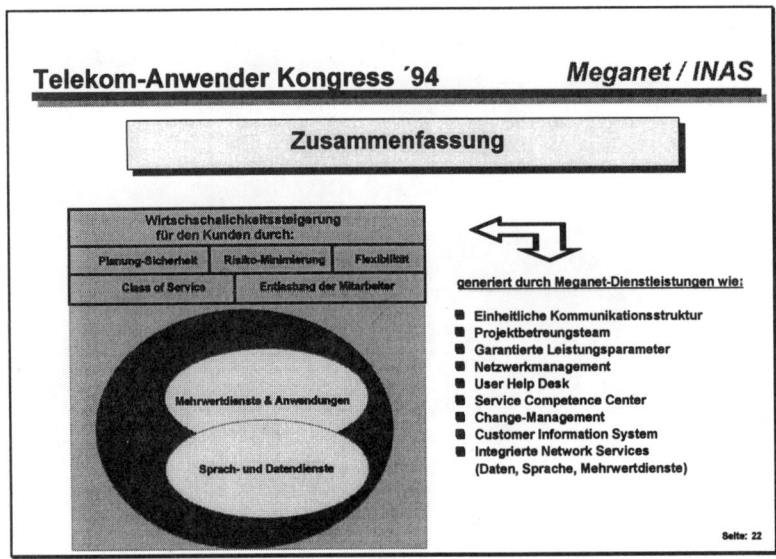

<u>generiert durch Meganet-Dienstleistungen wie:</u>

- Einheitliche Kommunikationsstruktur
- Projektbetreungsteam
- Garantierte Leistungsparameter
- Netzwerkmanagement
- User Help Desk
- Service Competence Center
- Change-Management
- Customer Information System
- Integrierte Network Services (Daten, Sprache, Mehrwertdienste)

Seite: 22

Aussteller

der begleitenden Fachausstellung

Banyan Systems (Deutschland) GmbH

Banyan Systems (NASDAQ-Kürzel: BNYN) ist ein Pionier und das führende Unternehmen im Bereich unternehmensweiter Netzwerk-Software-Produkte.

Diese Produkte ermöglichen den Anwendern die Integration verschiedener heterogener Computer-Plattformen in ein gemeinsames globales Netzwerk, das einfach und ökonomisch benutzt und verwaltet werden kann.

Banyan Systems wurde 1983 gegründet und hat seinen Hauptsitz in Westboro, Massachusetts/USA. Das Unternehmen vertreibt seine Produkte weltweit über autorisierte Netzwerk-Integratoren, Händler und internationale Distributoren.

Banyan Systems (Deutschland) GmbH

Adalperostraße 22

85737 München

Telefon: 089 / 996878-0
Telefax: 089 / 996878-91

DATUS GmbH

DATUS ist führender europäischer Entwickler und Systemhersteller im Bereich der Weitverkehrsvernetzung und der Telekommunikation. Das Unternehmen wurde 1970 gegründet und weist damit 25 Jahre Erfahrung und Know how in der Kommunikationstechnologie auf. DATUS entwickelt und realisiert mit der Produktreihe 5810, einem integrierten Netzmanagement XNM5 und einem umfassenden Dienstleistungsangebot (Generalunternehmerschaft, Projektmanagement, Netzanalyse, Netzdesign, Netzoptimierung, Installation, Schulung, Hotline, Netzführung) komplette Lösungen und Bildinformationen in nur einem Netzsystem. Die Technologieschwerpunkte sind Corporate Networks, Hybrid Switching, Sprach-/Daten-Integration, intelligentes Internetworking mit integrierten Routern und High-Speed-Networking/ATM.

Neben der Zentrale in Aachen ist das Unternehmen mit acht deutschen Niederlassungen, einer Entwicklungs- und Produktionsstätte in den neuen Bundesländern sowie drei europäischen Tochtergesellschaften flächendeckend europaweit präsent. Die Umsatzsteigerungen liegen stets über dem Marktwachstum. Dementsprechend wächst der Personalstamm jährlich um mehr als 10%.

Damit nimmt das Aachener Unternehmen DATUS eine führende Stellung in der Gruppe der internationalen Anbieter auf dem LAN/WAN-Markt ein.

DATUS

elektronische Informationssysteme GmbH

Tempelhofer Straße 4-6

D-52068 Aachen

Telefon (0241) 16802-0
Telefax (0241) 16802-80

DBP Telekom

Telekom zeigt auf der begleitenden Ausstellung konkrete Anwendungen auf dem Zukunftsmarkt "Multimedia":

1. ProShare™ Video System 200

"Sich von PC zu PC sehen, sprechen, hören und besser zusammenarbeiten"

Mit einem Euro-ISDN-Anschluß und dem "ProShare™ Video System 200" erweitern Sie Ihren PC zur Kommunikationszentrale: Multimediale Kommunikation!

Sprache, Video, Grafik, Bilder, Texte und Dateien können Sie über jede Distanz hinweg direkt von Ihrem Schreibtisch aus übermitteln und gemeinsam bearbeiten.

Wir informieren Sie gerne zum Ortstarif unter **0180/2343231**:

- zur Technik (Voraussetzungen Ihres PC' s),
- zum Förderprogramm der Telekom (!) oder
- zu Bezugsmöglichkeiten zu ProShare 200.

2. Business TV

"Das firmeninterne Fernsehen - bundesweit, europaweit oder weltweit"

Business TV ist die ideale Lösung für alle großen, dezentral organisierten Firmen, die einen hohen Informationsbedarf besitzen und den Anspruch für sich erheben, innovativ und vor allem kostenbewußt ihre Mitarbeiter "up to date" zu informieren.

Telekom übernimmt für Sie auf Wunsch die komplette Koordination:

von der Maskenbildnerin, der Aufnahme- und Produktionstechnik bis hin zur Anmietung des Transponders via Satellit oder eines anderen Mediums zur Übertragung.

Anwendungsbeispiele sind:

- Aus- und Fortbildung - Informationsveranstaltungen - Marketingtreffen - Mitarbeiterschulungen, insbesondere im Service- und Vertriebsbereich, - Aktionärsversammlungen, usw.

Wir informieren Sie gerne unter **0211/677-7101**:

- zur Technik (z.B. Verschlüsselung) und zu organisatorischen Randbedingungen.

Übrigens: Telekom setzt intern auch auf Business TV!

elmeg GmbH

elmeg GmbH Kommunikationstechnik

Postfach 12 40, 31202 Peine

Vöhrumer Straße 30, 31228 Peine

Telefon: 05171 / 909-0

Telefax: 05171 / 909-222 (Zentrale)

Gründungsjahr: 1933

Geschäftsführer:

Dr. Wolfgang Perlich

Prokuristen

Karl-Wilhelm Bergerhoff (Materialwirtschaft)

Dipl.-Ing. Wolfgang Harderich
(Vertrieb Datentechnik und Telekom)

Thomas Lerch
(Personal, Recht, Allgemeine kaufmännische Verwaltung)

Produkte

Analoge und digitale Telekommunikationssysteme, einschließlich Systemtelefone, ISDN-Termialadapter, Prüftelefone, Netzabschlußtechnik, Telefonzusatzeinrichtungen und Telefonzubehör

Vertriebsniederlassungen

Berlin (Leipzig), Düsseldorf, München, Peine

Festo Didactic KG

Moderne Telekommunikation verstehen und anwenden:

Das ISDN-Lernsystem von Festo Didactic

Die Festo Didactic KG bietet als eigenständiges Business Center innerhalb der Festo-Gruppe weltweit ein Lernsystem Automatisierungstechnik von den Grundlagen der Steuerungstechnik bis hin zu komplexen, vernetzten CIM-Ausbildungsanlagen an. 42 Festo Gesellschaften vertreiben in über 70 Ländern die gesamte Palette an Aus- und Weiterbildungsprodukten und Dienstleistungen und machen Festo Didactic damit zu einem der führenden Anbieter. So werden jährlich etwa 3500 Seminare in 36 Sprachen abgehalten.

Um auch weiter als "Trendsetter" in der Aus- und Weiterbildung zu gelten, gehen etwa 9% des Umsatzes in die Entwicklung, um durch Leistungsführerschaft einen Schritt schneller und näher am Markt zu sein.

Beispielhaft dafür ist das neue ISDN-Lernsystem von Festo Didactic, das von Praktikern für die Praxis entwickelt wurde und einen sicheren und einfachen Einstieg in diese Zukunftstechnologie bietet. Für die Schwerpunkte Installations- und Protokolltechnik liefert Festo Didactic neben Grundlagen-, Lehr- und Arbeitsbüchern, PC-Simulationsprogrammen für die D-Kanal-Protokolle und dem Installationsboard zum Aufbau des SO-Bus mit dem Basisanschlußtester PEGASUS auch die entsprechende Meß- und Prüftechnik. PEGASUS, der von der GFT ihren Mitgliedsfirmen empfohlen wird und den die Telekom für Installation und Service einsetzt, löst alle am Basisanschluß auftretenden Testfälle von der Überprüfung der Busverkabelung, über Spannungsmessung, vollständige D-Kanal-Protokolldecodierung bis hin zur Abfrage der eingerichteten Dienste und Dienstmerkmale. Abgerundet wird das Leistungsspektrum für die Protokolle 1TR6 und DSS1 durch die ISDN-Netznachbildung, den Bitfehlerratentest und die Funktionen eines ISDN-Komforttelefons sowie die Möglichkeit, alle Meßdaten zu speichern und zur Protokollierung auszudrucken oder zum PC zu übertragen. Trotz seiner umfangreichen Funktionen ist der Handtester, der sowohl für Accu- als auch Netzbetrieb geeignet ist, übersichtlich aufgebaut und einfach zu bedienen.

Info AG

Die INFO Gesellschaft für Informationssysteme wurde 1981 in Hamburg als GmbH gegründet. Die Umwandlung in die INFO Aktiengesellschaft erfolgte 1986, der Gang an die Börse 1987. Seit Anfang 1993 ist die France Telecom Transpac S.A., Paris, mehrheitlich an der INFO AG beteiligt.

France Telecom Transpac (FTT) ist der nationale X.25-Anbieter in Frankreich und betreibt das weltweit größte X.25-Netz. Über Tochtergesellschaften und Beteiligungen baut die France Telecom Transpac ein nahtloses europaweites Kommunikationsnetz auf. Das Angebot umfaßt Entwicklung, Umsetzung und Service für anspruchsvolle Aufgabenstellungen der Informationsverarbeitung.

Die Produkte

Das erste "Produkt" der INFO AG war das Backup, d.h. die Notfallabsicherung von Großrechenzentren in einem Ausweich-Rechenzentrum. 1983 brachte die INFO AG das Konzept des stationären Ausweich-Rechenzentrums in Deutschland als erste auf den Markt. Heute verfügt das Unternehmen über das größte kommerziell genutzte Ausweich-Rechenzentrum für Anwender von IBM- und IBM-kompatiblen Systemen in Europa.

Als 1988 die Telekommunikation auch in Deutschland liberalisiert wurde, baute die INFO AG mit dem Netzwerk-Service als erstes privates Unternehmen ein bundesweites privates X.25-Netz mit weltweiter Anbindung auf. Heute verfügt die INFO AG über ein flächendeckendes Netz und ist einer der führenden privaten Anbieter von Datenkommunikationsleistungen in Deutschland. Internationale Anbindungen in über 90 Ländern sind durch France Telecom Transpac S.A., Paris, und andere internationale Partner gewährleistet.

Als integraler Bestandteil der France Telecom Transpac Europa-Gruppe bietet die INFO AG auf nationaler und europäischer Ebene Systemlösungen von hoher Qualität, exakt zugeschnitten auf die jeweiligen Telekommunikationsanforderungen ihrer Kunden.

ITK GmbH

ITK hat als Systemhaus und Beratungsunternehmen eine beispielhafte Entwicklung genommen. Innerhalb kürzester Zeit hat es ITK geschafft, sich am Markt zu etablieren und ist heute ein anerkanntes Kompetenzcenter für Telekommunikation.

Als Consultant plant und konzipiert ITK zukunftsorientierte, integrierte Kommunikationslösungen für die Daten-, Sprach- und Videokommunikation und bindet diese in vorhandene Infrastrukturen ein. Dieser ganzheitliche Ansatz macht ITK zum idealen Partner.

Darüber hinaus hat ITK mit der Entwicklung der 2. Generation von ISDN-Produkten einen entscheidenen Technologiesprung geschafft und damit neue Maßstäbe im nationalen und internationalen ISDN-Markt gesetzt.

Die ITK Gruppe ist heute neben dem Hauptsitz in Dortmund mit Tochtergesellschaften in Berlin und Schwerin vertreten. Durch strategische Allianzen und Kooperation mit marktstarken Partnern trägt ITK der wachsenden Internationalisierung des Telekommunikationsgeschäftes Rechnung.

ITK GmbH

Emil-Figge-Straße 80

44227 Dortmund

Telefon: 0231 / 9747-123

Telefax: 0231 / 9747-111

MEGANET GmbH

Die MEGANET GmbH ist ein kompetenter Partner in allen Fragen der Unternehmenskommunikation. Maßgeschneiderte Dienstleistungen, innovative Technologien und neue Konzepte sind das Rezept für den frühen Erfolg der MEGANET GmbH auf dem Markt für Datenkommunikation. Schon mehr als 200 namhafte deutsche Unternehmen vertrauen der MEGANET GmbH das Management ihrer Kommunikationsbeziehungen an.

Die Kernkompetenz der MEGANET GmbH liegt in der Konzipierung und im Betrieb maßgeschneiderter Kommunikationsnetze zur Daten- und Sprachübertragung ("Corporate Networks"). Der entscheidende Vorteil für den Kunden liegt darin, daß er eine auf die individuellen Bedürfnisse abgestimmte Lösung in Form seines Virtual Corporate Network (VCN) erhält, gleichzeitig aber in den Genuß der Wirtschaftlichkeit einer von allen Kunden gemeinsam genutzten Infrastruktur, des MEGANET-Netzes, kommt.

Das VCN ist der Schlüssel des Kunden zur flexiblen Nutzung der großen Vielfalt an Telekommunikationsdienstleistungen. Im Rahmen seines VCNs verschickt der Kunde z.B. eine elektronische Nachricht ins Ausland, hält eine dringende Videokonferenz ab, führt unternehmensinterne Anrufe am öffentlichen Netz vorbei, bindet seine Lieferanten elektronisch in sein Auftragswesen ein, ... Für alle diese Dienstleistungen hat der Kunde nur noch einen Ansprechpartner und erhält eine übersichtliche Rechnung aus einer Hand.

Möglich wird diese einzigartige Vielfalt durch den direkten Zugang der MEGANET zu den Ressourcen und dem Know-How der Schwesterunternehmen innerhalb des VEBA-Konzerns. So hat sich die LION-Gruppe auf elektronische Nachrichtendienste wie z.B. EDI und Komplettlösungen im Inhouse-Bereich (LANs) spezialisiert. Teleport Europe, Anbieter von Satellitendienstleistungen, ist in der Lage, auch unerschlossene Regionen (z.B. Teile Osteuropas) anzubinden. Durch das E-Plus-Engagement verfügt die VEBA AG über umfangreiches Know-How in der mobilen Sprachkommunikation

MEGANET GmbH
Venloer Straße 25
50672 Köln
Telefon: 0221 / 5711-0 • Telefax: 0221 / 5711-244

RWTÜV Anlagentechnik GmbH

Das Institut für Informationstechnik (IIT), eingebettet in die RWTÜV Anlagentechnik GmbH, arbeitet im wesentlichen auf den Gebieten Informationstechnik und Telekommunikation. Das spezifische Dienstleistungsangebot des IIT gliedert sich in die Geschäftsbereiche:

- Elektronische Systeme (Qualität und Sicherheit)
- Qualitätsbewertung von Software (Dokumentation und Programme)
- Software Engineering (Projektmanagement, Methoden, CASE)
- IT-Qualitätsmanagement ISO 9000 (Beratung)
- Informationssicherheit (Beratung, Evaluierung, Validierung)

Der Geschäftsbereich Informationssicherheit ist beim Bundesamt für Sicherheit (BSI) als Prüfstelle für IT-Sicherheit akkreditiert; er prüft und bewertet IT Sicherheitsprodukte nach den nationalen und europäisch harmonisierten Kriterien.

Die Spannweite unserer Evaluierungserfahrung bei den IT-Sicherheitsprodukten reicht über Chipkarten bis hin zu Betriebssystemen. Der Consultingbereich stimmt systematisch alle Aspekte der IT-Sicherheit aufeinander ab, von der Analyse bis hin zur Erarbeitung einer Konzeption, einschließlich einer praxisorientierten Realisierung.

RWTÜV Anlagentechnik GmbH

Institut für Informationstechnik (IIT)
Abteilung Informationssicherheit

Richard-Wagner-Straße 5

45128 Essen

Telefon: 0201 / 825-0
Telefax: 0201 / 825-2464

Siemens AG

Fachzentrum für PC-Kommunikationslösungen

Der Geschäftsbereich Private Kommunikationssysteme der Siemens AG, marktführender Anbieter von ISDN-Telekommunikationssystemen, engagiert sich seit geraumer Zeit verstärkt im Bereich ISDN-PC-Kommunikation im Hicom-Umfeld. In enger Zusammenarbeit mit dem Stammhaus in München wurde ein Fachzentrum für PC-Kommunikationslösungen in Essen eingerichtet, welches sich als Ziel gesetzt hat, Projekterfahrngen und Entwicklungen, die z.B. im Rahmen von Großprojekten bei der WestLB und anderen Kunden gewonnen wurden, in Produktlösungen einfließen zu lassen. Auf diesem Weg werden PC-Kommunikationslösungen noch schneller, marktnah und anwendungsorientiert den Kunden bereitgestellt werden.

Ein zentrales Produkt, das in diesem Zusammenhang steht, ist der neue Kommunikationsmanager ComManager in der Version 2, der als zentrale Steuer- und Kommunikationssoftware zur Realisierung des multifunktionalen Arbeitsplatzes dient.

Produkte, die sich modular in diesen ComManager und zentrale Dienste, wie das Telefonbuch oder Rufjournal integrieren lassen, sind ISDN for Workgroups fpr Hicom, die Telematikapplicationen CITT Office for Hicom and CITT Server 2000 for Hicom, die Edition-1-Familie und für die Kommunikation über die D-Netze die Prduktfamilie MobiLine for Hicom

Speziell für den Bereich LAN-LAN-Kopplung via ISDN bietet Siemens PN das Produkt LAN LINK for Hicom an. Dieses Produkt erlaubt sowohl die Remote-Anbindung von PCs und Apple MacIntosh-Rechnern via Hicom oder ISDN an ein LAN als auch die Kopplung solcher LAN-Segmente.

Abgerundet wird das Produktportfolio durch Terminalemulationen für IBM 3270-, SNI 9750-Terminals sowie X.400 E-Mail. Darüberhinaus stehen für die Videokommunikation Lösungen für den PC zur Verfügung, die den PC zum multimedialen Arbeitsplatz erweitern.

Siemens AG Bereich Private Kommunikationssysteme

Fachzentrum für PC-Kommunikationslösungen

Dipl. Inform. Matthias H. Nolden

Kruppstraße 16, 45117 Essen

Tel. 0201 / 816-3357 • Fax 0201 / 816-3304

Wandel & Goltermann GmbH

Wandel & Goltermann ist ein internationaler Hersteller von elektronischen Präzisionsmeßgeräten für die Installation, Wartung und Überwachung von Telekommunikations- und Datennetzen. W&G-Produkte decken eine breite Palette ab, vom robusten Handgerät für den Feldeinsatz bis hin zum automatischen Testsystem für Funktionsprüfungen und Conformance-Tests bei der Herstellung von nachrichtentechnischen Komponenten.

Vier Wandel & Goltermann-Divisions in Deutschland, England und USA entwickeln und fertigen Meßgeräte und komplette automatischen Meßsysteme für nahezu alle Bereiche der Daten- und Telekommunikation.

Durch die Mitarbeit in internationalen Gremien wie CCITT, CCIR und ETSI ist sichergestellt, daß Meßtechnik von Wandel & Goltermann immer auf dem neuesten Stand ist - zum Nutzen der Kunden.

Als Partner für Meßtechnik bieten wir Ihnen Meßgeräte für die Daten- und Telekom-Meßtechnik wie **ISDN, LAN, WAN, SDH/PDH, GSM und TMN, Datennetzdiagnose und Monitor-System, Automatische Testsysteme ATE oder ISDN-Conformance-Tester**.

Dienstleistungen z.B. Meßtechnik-Seminare und -Training, Messungen vor Ort, Analyse von heterogenen Netzen, Wartung, Instandsetzung, Kalibrierung nach ISO 9002.

Wandel & Goltermann GmbH & Co.

Vertriebsgesellschaft

Arbachtalstraße 6

D-72800 Eningen u.A.

Telefon: 07121 / 86-1510
Telefax: 07121 / 86-2028

Curricula Vitae der Referenten

Dr. Lutz Blank

Manager Special Projects, BT Telecom (Deutschland) GmbH

Lutz Blank studierte im Rahmen eines internationalen Studiengangs Nachrichtentechnik in Karlsruhe, Paris und Colchester. In Zusammenarbeit mit British Telecom schrieb er anschließend in England eine Industrie-Doktorarbeit (Ph.D.) auf dem Gebiet der optischen Nachrichtensysteme. Seit elf Jahren bei British Telecom / BT beschäftigt, war er lange in Forschung und Entwicklung tätig, befaßte sich später mit Projekten im Kundennetzbereich und mit Marketingaufgaben.

Nach einem Jahr in der zentralen Konzernstrategiegruppe in London wechselte er im Juli 1994 zu BT Telecom (Deutschland) GmbH, um als Mitglied der Geschäftsleitung den weiteren Aufbau der BT Aktivitäten in Deutschland mitzugestalten.

Dr. Hans-Peter Boell

Dr.-Ing. Hans-Peter Boell ist selbständiger Unternehmensberater für Telekommunikation und befaßt sich seit 1972 intensiv mit den Problemen der Kommunikations- und Realzeitsysteme.

Seit Ende 1977 ist er als selbständiger Unternehmensberater auf dem Gebiet der Telekommunikation für Anwender und Hersteller tätig. Seine umfangreiche praktische Erfahrung hat er in vielen großen Netzprojekten für unterschiedliche Einsatzbereiche gewonnen.

Dr. Boell ist Autor vieler Fachpublikationen und Verfasser einer Standardstudie über "Private Kommunikations-Infrastrukturen", der Technology-Reports über IEEE 802.3/5 sowie Entwickler von Kommunikations-Planungshilfsmitteln auf PC-Basis.

Ulf Bohla

11.05.1943	in Bad Landeck, Schlesien, geboren verheiratet, 2 Töchter
1965 - 1970	Studium der Elektrotechnik, TU Dipl.-Ing.
1970 - 1994	IBM Deutschland GmbH ab 1982 Geschäftsstellenleiter Telekommunikation 1983 IBM Corporation, Armonk, USA Assistent des Chairman of the Board 1985 Direktor für Telekommunikation und Services IBM Deutschland 1989 Leiter Region Norddeutschland 1991 Vice President International Marketing Operations, IBM, USA 1993 General Manager Telecommunications and Media, IBM EUROPA
ab Juli 1994	VEBACOM Vorsitzender der Geschäftsführung

Gerd Eickers

Gerd Eickers, geboren am 2. November 1952, studierte Wirtschaftswissenschaften und Informatik an den Universitäten Aachen und Köln und schloß 1978 sein Studium mit dem Diplom ab.

Er ist seit 1979 Mitarbeiter von GE Information Services und wurde 1985 Leiter des Geschäftsbereiches Software-Entwicklung Deutschland, Österreich und Schweiz.

Ab 1987 war er Mitglied der Geschäftsführung und für den Geschäftsbereich Industrie-Vertrieb in Deutschland, Österreich und der Schweiz zuständig.

Von 1989 bis 30. Juni 1994 war Herr Eickers Geschäftsführer von GE Information Services und war damit verantwortlich für die Geschäftsentwicklung in den Ländern Deutschland, Österreich, Schweiz und Skandinavien.

Herr Eickers wurde mit Wirkung zum 1. Juli 1994 zum European Market Development Manager ernannt. In dieser Funktion ist er für verstärkte Impulse im Hinblick auf die gesamteuropäischen Geschäftsentwicklungen und den Ausbau des Kundenstammes verantwortlich. Gleichzeitig hat er die europaweite Federführung bei den Ameritech bezogenen Aktivitäten von GE Information Services übernommen. Ameritech ist einer der führenden Telekommunikationsdienste-Anbieter in den USA und ist seit Anfang 1994 an den weltweiten Aktivitäten von GE Information Services, Inc. beteiligt.

Herr Eickers ist weiterhin Vorsitzender des Verbandes der Telekommunikationsnetz- und Mehrwertdiensteanbieter (VTM).

Hauptziel des Verbandes ist es, für den fairen und chancengleichen Wettbewerb im deutschen und europäischen Telekommunikationsmarkt zu werben und einzutreten. Der Verband setzt sich ein für

- die Förderung der Vermarktung des Angebotes privater Telekommunikationsdienstleistungen in Deutschland und Europa
- die Interessenvertretung gegenüber nationalen und internationalen regulatorischen Behörden, der DBP Telekom, politischen Gruppierungen und der Öffentlichkeit
- den fairen Wettbewerb durch die DBP Telekom
- das Vorantreiben der Deregulierungsprozesse in Europa.

Dr. Berthold Gellner

Geburtsdatum	01.05.1939 in Wuppertal
Studium	Wirtschafts- und Sozialwissenschaften an den Universitäten Freiburg und Köln
1964	Diplom-Volkswirt (Köln)
1968	Dr. rer. pol. (Köln)

Wissenschaftliche Tätigkeit

1964 – 1967	Tutor an der Universität Köln

Beruflicher Werdegang

seit 1964	BDI
1964 – 1967	Wissenschaftlicher Sachbearbeiter/Referent in der Abteilung Volkswirtschaft und Statistik
1967 – 1975	Referent in der Steuerabteilung
1975 – 1976	Leiter des Referates Mittelstand
1976 – 1984	Leiter der Abteilung Allgemeine Wirtschaftspolitik
1984	Leiter der Abteilung Verkehrs- und Telekommunikationspolitik

Funktionen in Gremien

- Geschäftsführer des BDI-Verkehrsausschusses
- Vorsitzender des Arbeitskreises Schiene/Straße des BDI
- Mitglied des Deutschen Seeverkehrsbeirates
- Mitglied des Beirates der Münchener Transportmesse
- Mitglied des Herausgeberbeirates der Zeitschrift "Internationales Verkehrswesen"
- Gast im DIHT-Verkehrsausschuß und im DIHT-Postausschuß
- Mitglied des BIAC-Committees "Information, Computer and Communications Policies"
- Kooptiertes Mitglied des Bundesfachausschusses Verkehrspolitik der CDU
- Mitglied des Beirates des Verbandes Deutscher Verkehrsunternehmen
- Mitglied der Jury zur Vergabe des Europäischen Transportpreises im Rahmen der EUROCARGO
- Mitglied des Fachbeirates der EUORCARGO Messe
- Mitglied des Fachbeirates der Leipziger Verkehrsmesse
- Mitglied des Vorstandes des Friedrich-List-Forums e.V. Dresden

Leif Glanert

Leif Glanert, Jahrgang 44, ist Dipl.-Wirtsch.-Ing. und seit vielen Jahren in verantwortlicher Position in der Informationstechnik /

Telekommunikation für die Deutsche Texaco AG und spätere RWE-DEA Aktiengesellschaft für Mineraloel und Chemie tätig.

Über viele Jahre hat er die Interessen der Telekommunikations-Anwender aktiv formuliert und als Vorstand der DEUTSCHE TELECOM e.V. (DTeV) in den verschiedensten Gremien, insbesondere auf europäischer Ebene, vertreten. Dazu gehören u.a. auch die parlamentarische Anhörung zur Postreform I sowie entsprechende Beratungen der EU bezüglich der weiteren Liberalisierungsmöglichkeiten der TK-Infrastruktur. Aufgabenschwerpunkt im Vorstand der DEUTSCHE TELECOM e.V. sind die internationalen Angelegenheiten.

Auf der Gründungsversammlung des Anwenderforum Telekommunikation e.V. im Herbst 1992 wurde Leif Glanert in den Vorstand gewählt. Dort nimmt er als Aufgabenschwerpunkt Tarife und Ordnungspolitik wahr und koordiniert die Aktivitäten des entsprechenden AFT-Arbeitskreises.

Prof. Dr. Wilhelm Glaser

Prof. Dr. Wilhelm Rudolf Glaser, Jahrgang 1939, studierte Elektrotechnik an der Technischen Hochschule Stuttgart.

Nach dem Diplom schloß er das Studium der Philosophie und Psychologie an der Universität Tübingen an. Er promovierte in Philosophie mit einer Arbeit über Probleme der Technologie bei Arnold Gehlen und Jürgen Habermas.

Mit einer experimentellen Untersuchung der kognitiven Verarbeitung von Wörtern und Bildern habilitierte er sich 1986 für Allgemeine Psychologie und psychologische Methodenlehre. Er lehrt diese Fächer am Psychologischen Institut der Universität Tübingen. Forschungsschwerpunkte sind kognitive Elementarprozesse und Anwendungen der Kognitionspsychologie bei der Gestaltung von Software und Telekommunikationssystemen. Seine wichtigsten Veröffentlichungen erschienen im Journal of Experimental Psychology.

Hans-Willi Hefekäuser

Hans-Willi Hefekäuser, geboren am 19. Februar 1950 in der Nähe von Köln, studierte Rechtswissenschaften an der Universität Köln.

1977 trat er in den Dienst der damaligen Deutschen Bundespost ein.

Hier war er zunächst bei den Direktionen Koblenz und Köln im Bereich des Post- und Fernmelderechts tätig, bevor er im Jahre 1982 in das damalige Bundesministerium für das Post- und Fernmeldewesen berufen wurde, wo er als Referent für Fernmelderecht, Rundfunk- und Medienrecht sowie Verfassungsrecht die Entwicklungen im Bereich des Fernmeldewesens und des Rundfunks begleitete.

Im Jahre 1988 wurde er zum Vorsitzenden des Personalrats im Bundesministerium für Post und Telekommunikation und nach seinem Wechsel zur Telekom im Jahre 1990 zum Vorsitzenden des Personalrats der Generaldirektion Telekom gewählt.

Seit dem 01.09.1993 leitet Hans-Willi Hefekäuser den neu geschaffenen und unmittelbar dem Vorstandsvorsitzenden zugeordneten Geschäftsbereich für Regulierungs- und Wettbewerbsstrategie und Preispolitik bei der Generaldirektion Telekom in Bonn.

Hermann Josef Hoss

Hermann Josef Hoss wurde am 06.12.1940 in Köln geboren. Nach einer Lehre als Industriekaufmann nahm er neben seiner beruflichen Tätigkeit im Jahre 1966 an der Verwaltungs- und Wirtschaftsakademie in Köln das Studium der Betriebs- und Volkswirtschaft auf, das er 1969 mit dem Diplom abschloß.

Als Projekt- und Teamleiter für Organisation und Datenverarbeitung bei der Klöckner-Humboldt-Deutz-AG (KHD) leitete er von 1964 bis 1972 verschiedenste Projekte. Von 1972 bis 1976 war er Beauftragter für die Organisation der KHD-Auslandsgesellschaften. Zu Beginn des Jahres 1976 wurde ihm die Position als Abteilungsleiter und Stellvertreter des Bereichsleiters für Organisation und Datenverarbeitung übertragen.

Am 01.12.1980 übernahm er als Direktor die Leitung des Konzernbereiches Betriebsorganisation und Datenverarbeitung im Gerling-Konzern Köln. In dieser Funktion wurde ihm im Mai 1984 Generalvollmacht erteilt. 1985 erfolgte die Bestellung zum stellvertretenden und im Mai 1988 zum ordentlichen Vorstandsmitglied. Seit 01.01.1993 ist er Geschäftsführer der neu gegründeten Gerling-Konzern Gesellschaft für Informationsmanagement und Organisation mbH (GKI).

Herr Hoss ist verheiratet und hat eine Tochter.

Dr. Hagen Hultzsch

Dr. rer. nat. Hagen Hultzsch wurde am 26. November 1940 in Birkenfeld/Nahe geboren. Dr. Hultzsch studierte von 1959 bis 1965 Physik und später Kernphysik an der Johannes Gutenberg Universität in Mainz. Er promovierte 1970 und lehrte zuletzt als Assistenzprofessor Informationstechnik für Physik in Mainz.

Von 1977 bis 1985 leitete er das Rechenzentrum der Gesellschaft für Schwerionenforschung (GSI) in Darmstadt. Bei Elektronic Data System übernahm er 1986 die Funktion Direktor Informationstechnische Dienste Deutschland.

1988 wechselte Dr. Hultzsch zur Volkswagen AG nach Wolfsburg und berichtete dort als Leiter des Bereiches Führungsorganisation und Informationssysteme direkt an den Vorsitzenden des Konzernvorstandes.

Zahlreiche Engagements in nationalen und internationalen Gremien begleiteten seine berufliche Laufbahn: Von 1984 bis 1993 war Dr. Hultzsch Mitglied des Verwaltungsrates des Deutschen Forschungsnetzes (DFN), bis 1987 auch im Vorstand. Von 1982 bis zu seinem Wechsel in die Wirtschaft war er Mitglied der Deutschen Forschungsgemeinschaft (Senatskommission für Rechenanlagen der DFG) sowie deren deutscher Vertreter im Board of Directors des EARN (European Academic Research Network). Von 1992 bis 1993 war er zudem Vorsitzender des Arbeitskreises Telekommunikationspolitik im Bundesverband der Deutschen Industrie (BDI).

Klaus Hummel

06.11.1940	Geboren in Karlsruhe
1959	Abitur in Bruchsal
1967	Diplomprüfung an der TH Karlsruhe Fachrichtung Nachrichtentechnik
	Eintritt bei der DBP als Referendar in Nürnberg
1969	Abteilungsleiter Planung von Fernmeldelinien beim Fernmeldeamt Braunschweig
1971	Referatsleiter bei der Oberpostdirektion Braunschweig für den Bereich Funkdienste und Sonderaufgaben
1974	Referent im Bundespostministerium; Aufgabenbereich zivile Verteidigung
1979	Geschäftsführer der Deutschen Postreklame GmbH
1983	Referatsleiter im Bundespostministerium; Aufgabenbereiche Satelliten-Verteildienst, Satelliten-Rundfunkdienst und Breitbandverkabelung
1986	Unterabteilungsleiter im Bundespostministerium; Aufgabenbereiche Rundfunk, Satellitenrundfunkdienste und Breitbandverteildienste
ab 1989	zusätzlich öffentlicher Mobilfunk
1990	Mitglied des Vorstands der Deutschen Bundespost Telekom; Aufgabenbereiche Rundfunk und Mobilfunk
ab 01.07.93	Geschäftsführer Technik bei der DeTeMobil GmbH

Patrick Israel

Erfahrungsgebiete

Telekommunikationsbereich: Marketing-, Vertriebs-, Technik- und Management-Beratung im Rahmen von Projekten für Kunden auf der Hersteller-, Anwender- sowie Netzbetreiberseite in den Bereichen Mobil- und Satellitenkommunikation, Netzwerke sowie Teleport/Intelligent Building

1987	Berndtson International, Research Assistent
1988 - 1989	KWH Consult GmbH, Consultant Projektmitarbeit bei der Erabeitung (u.a.) .. von Marktübersichten und Entwicklungstendenzen "Mobilkommunikation": Cellular Radio, Trunked Mobile Radio, Paging, Cordless PABX, Satellite Communications .. von Bewerbungsunterlagen für die Lizenz zum Aufbau eines digitalen Funktelefonnetzes in Deutschland ("D2"-Lizenz)
seit 1990	Intercai Teleconsult GMBH Partner; Senior Consultant, verantwortlich für den Bereich Marketing und Vertrieb

Dr. Bernd Jäger

geb. 10.6.63

1989	Dipl.-Volkswirt
1992	Dr. rer. pol.
1992	Gründung: Telecom Consulting Dr. Bernd Jäger Geschäftsführer

Buchveröffentlichungen und wissenschaftliche Artikel zur Regulierung und zur Marktentwicklung der Telekommunikation

Prof. Dr.-Ing. Firoz Kaderali

1942	Geboren in Dar es Salaam, Tanzania
1963 - 1969	Studium der Theoretischen Elektrotechnik an der Technischen Hochschule Darmstadt
1969 - 1972	Assistent
1972 - 1974	Dozent am Lehrstuhl für Grundlagen der Elektrotechnik der Technischen Hochschule Darmstadt
1974	Promotion auf dem Gebiet der Netzwerktheorie im Fachbereich Elektrotechnik der Technischen Hochschule Darmstadt
1974 - 1976	Dozent im Fachgebiet Statistische Signaltheorie an der Technischen Hochschule Darmstadt
1976 - 1981	Mitarbeiter im Forschungszentrum der Firma SEL (ITT), Projektleiter der DBP Studie und Betriebsversuch Digitales Ortsnetz (DIGON)
1981 - 1986	Hauptabteilungsleiter (Systementwicklung Großsysteme) bei Telefonbau und Normalzeit, Entwicklung von ISDN-Nebenstellenanlagen
seit 1986	Professor für Kommunikationssysteme an der FernUniversität Hagen
seit 1989	Leiter der Projektträgerschaft TELETECH NRW Landesinitiative Telekommunikation NRW
seit 1990	Mitglied der ISDN Forschungskommission des Landes NRW
seit 1992	Geschäftsführender Direktor des Forschungsinstituts für Telekommunikation (FTK), Dortmund

Autor der Bücher:

- Digitale Kommunikationstechnik I und II.
- Informations- und Kommunikationstechnicken: Entwicklungstrends und Nutzungspotentiale.
- Graphen, Algorithmen, Netze: Grundlagen und Anwendungen in der Nachrichtentechnik.

Dr. Rüdiger Kattanek

Studium in der Fachrichtung Automatisierungstechnik an der Technischen Universität Dresden

Von 1984 bis 1991 Tätigkeit als wissenschaftlicher Assistent mit dem Arbeitsgebiet Fehlertoleranzkonzepte für Leitsysteme der Elektroenergieversorgung. 1992 Eintritt in den Dienst der DBP Telekom

Seit 1993 im Bereich Telefonnetzdienste für Geschäfts- und Großkunden mit dem Aufgabengebiet Produktmanagement für Corporate Networks im Telefonnetzdienst betraut

Georg Langheld

Georg Langheld (49) ist Sprecher der Geschäftsführung der Motorola Electronic GmbH und zugleich als Vicepresident der Motorola Inc. General Manager der European Cellular Subscriber Division Area II.

Er trat 1988 als Director European Region, Automotive and Industrial Electronics Group, in das Unternehmen ein und war verantwortlich für die Produktionsstätten in Frankreich und Großbritannien sowie das Entwicklungszentrum in Frankfurt und die europäischen Vertriebsstellen.

Im weiteren Verlauf seiner Karriere übte er verschiedene internationale Managementpositionen innerhalb der Mobiltelefonorganisation von Motorola aus.

Georg Langheld studierte an der Technischen Universität München Maschinenbau und schloß daran ein arbeits- und wirtschaftswissenschaftliches Aufbaustudium an. Danach hatte er verschiedene Managementpositionen in der deutschen Industrie inne, unter anderem auch als Geschäftsführer. Er ist verheiratet und hat zwei Kinder.

Geerlof Los

Herr Los ist seit 1992 Geschäftsführer der Unisource Business Networks (Deutschland) GmbH. Von 1988 bis 1992 war er Direktor Corporate Account Management bei PTT Telecom Niederlande.

Vor seiner Tätigkeit bei der PTT Telecom Niederlande war er 23 Jahre bei Siemens Data, Niederlande; zuletzt in der Position als Direktor.

Dr. Herbert May

Dr. May ist seit Unternehmensgründung der Deutsche Telekom Systemlösungen GmbH im Januar 1994 für den Unternehmensaufbau, die strategische und technologische Ausrichtung im nationalen Markt und internationalen Umfeld sowie für die Einbindung in globale Telekommunikationslösungen verantwortlich. In der Linienverantwortung unterstehen ihm die Bereiche Vertrieb und Marketing.

Fachliche und persönliche Grundlage für diese Verantwortung bildet die 4-Jahres-Erfahrung als Leiter der Bürokommunikation der Alcatel SEL AG, die vorangegangene Fach- und Führungslaufbahn in der SEL Standard Elektrik Lorenz AG sowie das Studium der Elektrotechnik und die Promotion im Bereich Nachrichtentechnik.

Carl-Friedrich Meißner

Carl-Friedrich Meißner wurde am 17. November 1938 in Berlin geboren.

Nach seiner Ausbildung als Industriekaufmann der Braun AG und begleitendem Studium als Exportkaufmann an der Akademie für Welthandel in Frankfurt/Main begann er 1956 im Battelle Institut e.V. Frankfurt sich der gerade entstehenden Datenverarbeitung zu widmen.

Ab 1959 gehörte er der IBM Deutschland GmbH an; ab 1967 in Leitender Position und ab 1982 als Prokurist.

1987 wurde Carl-Friedrich Meißner Mitglied der Geschäftsleitung der Digital Equipment GmbH in Deutschland.

Seit 1. Februar 1991 ist Carl-Friedrich Meißner Mitglied des Telekom-Vorstandes, in dem er zunächst den Vorstandsbereich Daten-Mehrwertdienste leitete.

Mit der Reorganisation übernahm Carl-Friedrich Meißner am 1. Januar 1993 den Vorstandsbereich Systemkunden.

Carl-Friedrich Meißner ist Aufsichtsratsvorsitzender der EUCOM GmbH und der Infonet Deutschland GmbH. Er ist außerdem Mitglied des Verwaltungsrates der EUNETCOM S.A.

Alexander Metz

Abteilungsdirektor Allianz Versicherungs-Aktiengesellschaft. Herr Alexander Metz ist seit 1969 Mitarbeiter der Generaldirektion der Allianz-Versicherungs-AG. Von Anbeginn arbeitete er in der Datenverarbeitungszentrale. Er begann seine Tätigkeit als Programmierer in der Anwendungsentwicklung, durchlief alle Bereiche des Rechenzentrums, war mit Aufgaben der DV-Schulung und Dokumentation betraut und lernte als Spezialist und ab Mitte der 70er Jahre als Gruppenleiter alle Gebiete der Systemprogrammierung kennen.

Seit 1980 ist Alexander Metz Leiter des Bereichs Systemtechnik, dem zur Zeit 46 Mitarbeiter angehören. Zu den Aufgaben dieses Bereiches gehören die Pflege der Betriebssystemsoftware ebenso wie die Auswahl und Planung der Hardware, begonnen vom Bildschirm über den PC bis hin zum Großrechner sowie die Konzeption und Betreuung des Allianz Datennetzes.

1991 leitete Herr Metz das Projekt Terminalisierung der Deutschen Versicherungs-AG, 1992 betreute er den Aufbau einer zentralen Netzwerksteuerung bei der DV-AG in Berlin.

Anläßlich der Leitung des Projektes Terminalisierung der Deutschen Versicherungs-AG wurde Alexander Metz 1992 zum Datenkommunikations-Manager des Jahres 1991 gewählt.

1993 leitete er das Projekt "Optimierung des Allianz-Sprach/Daten-Netzes".

Bert Müller

Studium der Nachrichtentechnik an der Gesamthochschule Paderborn. 1976 dann Eintritt bei der Deutschen Bundespost.

Ab 1980 zuständig im Bundespostministerium für Post und Telekommunikation für Standardisierung, Tarifierung und Weiterentwicklung des Telefaxdienstes.

Ab 1985 zuständig für die Produktgestaltung und Tarifierung von internationalen Mietleitungen. Mitarbeit in verschiedenen internationalen Standardisierungsgremien.

Ab 1990 bei der Deutschen Bundespost Telekom zuständiger Referent für das Produktmanagement und die Tarifierung von analogen und digitalen Standard-Festverbindungen (Monopolübertragungswege ohne Rundfunk und Breitbandkabel).

Werner Nagel

Bereichsleiter für Kommunikations- und Informationstechnik der Flughafen Frankfurt/Main AG

- Studium der Nachrichtentechnik
- 11 Jahre in der Entwicklung im Bereich Nebenstellentechnik und Fachverantwortung für Sondertechnik bei TN
- Fachwechsel zur Flughafen Frankfurt/Main AG
  verantwortlich für die Entwicklung neuer Strukturen und Techniken,
  verbunden mit Planung, Ausführung und Instandhaltung für den gesamten Bereich der Kommunikations- und Informationstechnik für den Eigenbedarf, für Kunden und im Rahmen von Consulting-Projekten weltweit.
- Vorstandsmitglied des AFT - Anwenderforum Telekommunikation e.V. und des IFB (Interessenverband der Fernmeldegebietsleiter)
- Mitglied in verschiedenen TK-Ausschüssen und Arbeitskreisen und der ADV (Arbeitsgemeinschaft Deutscher Verkehrsflughäfen)

Hermann R. Neus

Am 24.5.1940 geboren.

Ingenieurschule Koblenz, Elektrotechnik, Ing. (grad.)

1965	bei IBM Deutschland Bonn, GS Informationssysteme Projekte • europäische Flugsicherung EUROCONTROL, Maastricht/Karlsruhe • Marine-Haupt-Quartier (MHQ), Wilhelmshaven / Flensburg • IBM Sondersysteme Bonn, Vertriebsleiter • IBM European Systems Research Institute, Genf • IBM EIIQ, Paris, Commercial Analysis Information Manager • IBM Bonn, Vertriebsleiter Bundesbehörden
1982 - 1984	IBM Bonn, DBP Fernmeldesatellit Kopernikus
1984 - 1986	IBM CHQ, Purchase N.Y. USA, Telecommunications Advisor, Internationale Fernmelderegulierung
1986 - 1992	IBM Verbindungsbüro, Bonn, Leiter Telekommunikation, Mitarbeit an der deutschen Postreform I und der Umsetzung des gemeinsamen europäischen Telekommunikationsmarktes
1992	Manager Telecommunications Practices - Europe
1994	IB TUV Unternehmensbeauftragter Telekommunikation

Abordnungen

- VDMA Frankfurt, AG Telekommunikationsmehrwertdienste
- BDI Arbeitskreis Telekommunikation, Köln
- UNICE, Industrial Affairs Committee, WG Telecommunications, Brüssel
- American Chamber of Commerce in Germany, Chairman Telecommunications Committee
- ECTEL Regulatory Affairs Group-C, für FEEI, Wien
- ONP-CCP Management Board, Brüssel, für Eurobit Frankfurt

Manfred Osterloh Stümer

Nach dem Studium der Nachrichtentechnik in Hannover arbeitete Manfred Osterloh-Stümer beim Fernmeldeamt Oldenburg, zunächst in der Vermittlungstechnik. Danach leitete er den Kabelmeßdienst und wechselte dann in die Baulenkung in der Linientechnik. Anfang der 70er Jahre übernahm Herr Osterloh-Stümer die Leitung des Anmeldedienstes und wechselte dann zum Leiter des Netzdatenservice in Oldenburg.

Seit Januar 1992 ist er bei der Generaldirektion Telekom im "Sonderbereich Produktmanagement Monopolübertragungswege" beschäftigt und hat an maßgeblicher Stelle die Entwicklung der Technik und der Tarife für Standard-Festverbindungen mitgestaltet.

Peter Paterna

Mitglied des Deutschen Bundestages seit 1976. Von 1980 - 1987 postpolitischer Sprecher der SPD-Fraktion.

Von 1981 - 1982 stellvertretender Vorsitzender der Enquete-Kommission "Neue Informations- und Kommunikationstechniken" des Deutschen Bundestages.

Seit 1987 Vorsitzender des Ausschusses für Post und Telekommunikation im Deutschen Bundestag. Mitglied des früheren Postverwaltungsrates und jetzigen Infrastrukturrates beim Bundesminister für Post und Telekommunikation.

Seit 12 Jahren in politischer Verantwortung für die Telekommunikationsinfrastruktur aktiv. Als Mitglied des Innenausschusses gleichzeitig auch schwerpunktmäßig mit Problemen der Datensicherheit und des Datenschutzes bei modernen Kommunikationsdiensten befaßt.

Dr. Thomas Plückebaum

1977 - 1982	Studium Elektrotechnik an der RWTH Aachen, Diplom
1982 - 1987	Wissenschaftlicher Angestellter am Rogowski-Institut für Elektrotechnik an der RWTH Aachen
1988	Promotion in Elektrotechnik
1982 - 1988	Studium Wirtschaftsingenieurwissenschaften an der RWTH Aachen, Diplom
seit 1988	Mitarbeiter an der Westdeutschen Landesbank Düsseldorf, Abteilung Kommunikationstechnik
1990	Leiter Netzwerke
1994	Leiter Telekommunikationsnetze

Friedrich K. Rauch

Geboren: 1935

Beruflicher Werdegang: University of Chicago, Graduate School of Business
Abschluß: MBA

1965 - 1971	EDV-Controlling bei E.I. Dupont, Wilmington, USA
1971 - 1976	Unternehmensberatung McKinsey Deutschland
1976 - 1980	Colonia Versicherungen, Hauptabteilungsleiter BO
1981-06/1993	Colonia Versicherungen, Ressortvorstand EDV/BO
seit 1991	Colonia Konzern AG, Mitglied des Vorstandes

- Mitglied des Vorstandes der CKAG (Colonia Konzern AG)
- Vorsitzender des Beirates der CORONA Informations-Services GmbH
- Vorsitzender des Vorstandes AFT - Anwenderforum Telekommunikation e.V.

Helmut Ricke

Helmut Ricke wurde am 20. November 1936 in Oberhausen geboren.

Erste wichtige berufliche Station Rickes war die Firma Nordmende in Bremen (1970 - 1977), wo er seit 1974 den Gesamtvertrieb leitete.

1978 wechselte er zur Loewe Opta GmbH in Kronach. 1982 übernahm Ricke dort den Vorsitz der Geschäftsführung mit den Bereichen Vertrieb und Technik.

Seit 1. Januar 1990 ist Helmut Ricke Vorstandsvorsitzender der Telekom.

Simon Robinson

Simon Robinson ist Geschäftsführer der empirica Gesellschaft für Kommunikations- und Technologieforschung mbH in Bonn. Das Unternehmen, 1988 auf seine Initiative hin gegründet, bietet Auftraggebern in der privaten Wirtschaft und öffentlichen Hand spezielle Marktuntersuchungen, Begleitforschung und Studien an, die sich schwerpunktmäßig mit neuen bzw. künftigen Anwendungen der Informations- und Kommunikationstechnik befassen.

Zur Zeit ist er neben der Beratungstätigkeit u.a. mit Pilotanwendungen interaktiver Kabeldienste für die Versorgung älterer Menschen zu Hause, mit der Erarbeitung geeigneter und zukunftsweisender informationstechnischer Unterstützung der Arbeit des Bundesrates und mit der Untersuchung von Trends in der mobilen bzw. verteilten Arbeit und Telearbeit befaßt.

Herr Robinson hat bereits in den 80er Jahren die Praxis der Telearbeit in mehreren Ländern untersucht, und ist u.a. Mitverfasser der Publikation "Telework - Towards the Elusive Office", die in der Wiley Information Series erschienen ist.

Erwin H. Schäfer

9.12.1937	Geburtsdatum
1961 - 1969	PW Industrieanlagentechnik (Projektleiter)
1970 - 1987	DAT-AG (Direktor Telekommunikation), zusätzlich
seit 1974	Geschäftsführer der Gefa GmbH und Inteldat GmbH
1988 - 1994	MEGANET GmbH Vorsitzender der Geschäftsführung
seit 1981	Vorstandsvorsitzender der DEUTSCHE TELECOM e.V. (DTeV)
seit 1991	President und Chairman der ECTUA
seit 1993	Vorstandsmitglied des Anwenderforum Telekommunikation e.V. (AFT)

Horst Schäfers

- Studium Nachrichtentechnik
- 11 Jahre Praxis im technischen Support bei der IBM Deutschland GmbH im In- und Ausland
- Danach Wechsel zur WestLB und verantwortlich für die Planung und den Aufbau des nationalen und internationalen Leitungsnetzes sowie der dezentralen Systeme
- Vorstandsmitglied des AFT - Anwenderforum Telekommunikation e.V.
- Mitglied in verschiedenen Ausschüssen und Arbeitskreisen (BAPT und Telekom)
- Chairman des Arbeitskreises ISDN der DEUTSCHE TELECOM e.V.
- Referent anläßlich diverser Seminare, Symposien und Kongresse zum Thema Telekommunikation
- Verantwortlicher Vorstand des Arbeitskreises "Corporate Networks" und "ISDN" des AFT
- diverse Veröffentlichungen zum Thema der Telekommunikation

Ralf Schreckling

Geboren	13. Mai 1949

Ausbildung

Mittlere Reife

Barmer Ersatzkasse; Kaufmann in der Sozialversicherung

Berufliche Tätigkeiten

1968 - 1969	Hertie; Verwaltungsleiter
1969 - 1975	Gillette, Personalreferent
seit 1976	United Parcel Service Personalreferent Niederlassungsleiter Frankfurt Personalleiter Süddeutschland Gebietsleiter Süddeutschland Mitglied der Geschäftsführung • Direktor Public Relations/Public Affairs • Direktor Qualitäts-Management-System

Sonstiges

1985 - 1992	Vorstandsmitglied Bundesverband Internationale Expreß- und Kurierdienste (B.I.E.K.)
seit 1991	Vorstandsmitglied Anwenderforum Telekommunikation e.V. (AFT)

Klaus Schröder

Klaus Schröder (Dipl. Ing.) ist 44 Jahre alt. Er hat sein Studium an der Technische Universität Berlin und der Universität Nizza absolviert.

Er ist bei Ford seit 1979. Zur Zeit ist Klaus Schröder:

- Leiter Fernsprech- und Datennetze, Ford-Werke Aktiengesellschaft, Köln

(Klaus Schröder ist ...)

- verantwortlich für den Betrieb aller Kommunikationsdienste und -netze im Hause Ford
- Kostenkontrolle über 30 Mio. DM Telekommunikationsbudget
- verantwortliche Fachkraft innerhalb der Ford-Werke AG und Inhaber der Teilnehmerzulassung zum Bereitstellen, Ändern und Instandhalten durch eigenes Fachpersonal
- Inhaber der Fernmeldevollmacht
- mehrjährige Tätigkeit in verschiedenen Management-Positionen der Informations- und Telekommunikationstechnologie im Hause Ford, u.a. bei Ford of Europe in Warley/GB
- mehrere Veröffentlichungen auf den Gebieten Videokonferenz, Netzwerk Management, Corporate Networks , u.v.a.

Lorenz Schwegler

Geboren 29.1.1944 in Hamburg, verheiratet, 2 Kinder.

Studium der Rechts- und Sozialwissenschaften von 1962 bis 1968 in Hamburg, Lausanne und Berlin (FU).

Nach dem zweiten juristischen Staatsexamen:

1971	Referent für Arbeits- und Wirtschaftsrecht beim Wirtschafts- und Sozialwissenschaftlichen Institut des DGB,
1972	Referent für Mitbestimmungspolitik beim DGB-Bundesvorstand,
1977	Abteilungsleiter,
1980	Vorstandsmitglied für Banken und Versicherungen, Rationalisierungspolitik und Arbeitsrecht,
1988	1. Vorsitzender der Gewerkschaft Handel, Banken und Versicherungen (HBV),
1994	Rechtsanwalt in der Sozietät Schneider-Oellers-Laumen-Schwegler-Rose in Düsseldorf und Berlin.

Prof. Dr. Dr. h.c. Norbert Szyperski

Prof. Dr. rer. pol. Dr. h.c. Norbert Szyperski wurde am 27. September 1931 in Berlin geboren.

Das Studium der Betriebswirtschaftslehre absolvierte er an der Freien Universität Berlin (1957 Dipl.-Kfm.)

1961	Dr. rer. pol., Berlin; Wissenschaftlicher Assistent am Institut für Industrieforschung, Berlin;
1962	German Eisenhower Exchange Fellow in den USA;
1963	Assistant Professor of Management an der University of Florida, Gainesville;
1968	Forschungsleiter am Betriebswirtschaftlichen Institut für Organisation und Automation an der Universität zu Köln (BIFOA);
1969	Habilitation für Betriebswirtschaftslehre in Köln;
1970	O. Professor für Betriebswirtschaftslehre und Betriebswirtschaftliche Planung an der Universität zu Köln und Direktor des Seminars für Betriebswirtschaftliche Planung sowie Direktor des BIFOA; Mitglied des Vorstandes der AGPLAN-Gesellschaft für Planung e.V.; Mitglied des Vorstandes des AWV;
5/1981 - 4/1986	Vorsitzender des Vorstands der Gesellschaft für Mathematik und Datenverarbeitung mbH (GMD);
1/1984-12/1987	Vorsitzender des Vorstands und des Verwaltungsrats des Deutschen Forschungsnetzes (DFN);
seit 1988	Mitglied des Verwaltungsrats des DFN;
5/1986-12/1989	Vorsitzender der Geschäftsführung der Mannesmann Kienzle GmbH;
1988 - 1991	Vorsitzender des Aufsichtsrats der GMD;
1988 - 1991	Mitglied des Board of Trustees des International Computer Science Institute (ICSI) in Berkeley, USA und Vorsitzender des "Verein zur Förde-

	rung der deutsch-amerikanischen Zusammenarbeit auf dem Gebiet der Informatik und ihrer Anwendungen e.V.";"
seit März 1992	Geschäftsführender Gesellschafter der InterScience Consulting;
3. Juni 1993	Ernennung zum Ehrendoktor der Sozial- und Wirtschaftswissenschaften der Johannes Kepler Universität Linz, Österreich.
ab SS 1994	Vertretung eines Lehrstuhls für Unternehmensführung an der Universität zu Köln

- Geschäftsführender Gesellschafter, InterScience Consulting,
- Honorarprofessor Universität zu Köln,
- nach Lehre und Studium der Betriebswirtschaftslehre längerer USA-Aufenthalt,
- über fünfzehn Jahre Ordinarius für Betriebswirtschafts- und Planungslehre und Direktor des BIFOA in Köln,
- ein Jahrzehnt Unternehmungsleiter in Forschung (Gesellschaft für Mathematik und Datenverarbeitung mbH) und Wirtschaft (Mannesmann Kienzle), Gründungspräsident des DFN-Vereins

Matthias Weber

Matthias Weber wurde am 13.02.1948 in Stuttgart geboren.

1973	Abschluß des Studiums der Betriebswirtschaft in Nürnberg
1973 - 1982	Einstieg bei der Fa. SEL
1982 - 1990	Bei Nixdorf als Vice-President für Vertrieb von Telekommunikations-Einrichtungen
seit 01.07.1990	Deutsche Bundespost Telekom, Bonn Geschäftsbereichsleiter Marketing, Vertrieb und Service für den Unternehmensbereich Geschäftskunden.

Dr. Gerd Wolfram

Bereichsleiter Bürokommunikation und Benutzer-Service Kaufhof Holding AG

Biographie: Studium der Betriebswirtschaftslehre in Köln mit den Schwerpunkten Organisation, Planung und Informatik; 1984-1990 Mitarbeiter am Betriebswirtschaftlichen Institut für Organisation und Automation an der Universität zu Köln (BIFOA); seit 1987 Projektleiter in Beratungsprojekten und internationalen Forschungsprojekten im Bereich Bürosystem- und Informationssystemplanung; 1990 Promotion; seit 1990 Leitung des Bereichs Bürokommunikation und Benutzer-Service in der Kaufhof Holding AG.

Tätigkeiten: Entwicklung von Informations- und Kommunikationsstrategien (Informations- und Anwendungssysteme, Bürokommunikation, IT-Plattform-Strategien)

Planung und Einführung von Bürokommunikationslösungen: (Büro- und Anforderungsanalyse, Schwachstellen-Analyse, Konzeptions-Erstellung, Anforderungsdefinition und Pflichtenheft, Hersteller- bzw. Systemlösungs-Ausschreibung, Auswahlunterstützung, Einführungs-Konzeption, Einführungs-Begleitung, Wirtschaftlichkeits-Untersuchung)

Planung und Einführung von Telekommunikations- und ISDN-Lösungen (Anforderungs-Definition, Konzept-Erstellung für vernetzte Telekommunikations-Anlagen und LAN-LAN-Kopplung über ISDN, Wirtschaftlichkeits-Analysen und -Berechnungen, Projektleitung, Einführung und Betreuung der System-Lösungen)

Informations-Management (Konzeptionelle Grundlagen, aufbauorganisatorische Gestaltungsalternativen, Planung von Abläufen und Schnittstellen)

Management-Informationssysteme (Anforderungs-Analyse, Konzept- und Layout-Entwicklung, Tool-Auswahl und Einführungs-Begleitung)

Corporate Network (Kommunikations-Analyse, Zieldefinition, Konzepterstellung, Pflichtenheft und Ausschreibung, Anbieter-Auswahl, Projektmanagement und Einführungssplanung)

AFT - Anwenderforum Telekommunikation e. V.

DEUTSCHE TELECOM e. V.

AFT-Anwenderforum Telekommunikation e. V.

Das AFT-Anwenderforum Telekommunikation e. V. bietet den Dialog mit der DBP-Telekom. Im AFT sind die geschäftlichen Anwender von Diensten der DBP Telekom organisiert.

- **Ziele und Aufgaben**

  Das AFT ist eine Plattform für den intensiven Dialog zwischen den Nutzern und dem bundesdeutschen größten Anbieter von Telekommunikations-Dienstleistungen, der DBP Telekom.

  Im AFT werden die Wünsche und der Informationsbedarf der geschäftlichen Anwender von Diensten der DBP Telekom gebündelt und mit hochrangigen Vertretern dieses Unternehmens diskutiert. Gleichzeitig bietet das Anwenderforum Telekommunikation e. V. seinen Mitgliedern vielfältige Möglichkeiten zum Erfahrungsaustausch und zur Information über die neuesten Entwicklungen in der Telekommunikation.

- **Aktivitäten**

  Arbeitskreise: Als die Anwenderorganisation im Bereich der Telekommunikation organisiert das AFT verschiedenste Arbeitskreise. Hier werden Probleme zu einem speziellen Themenkreis behandelt (z. B. Corporate Networks, ISDN, Tarife, Monopol/Wettbewerb, Mehrwertdienste, ELAN/ELFE, Multimedia, Teleworking, etc.). Neue Arbeitskreise werden nach Bedarf und auf Wunsch der Mitgliedsunternehmen flexibel eingerichtet.

  Branchenforen: Im Unterschied zu den Arbeitskreisen beschäftigen sich die Branchenforen mit allen in einer Branche auftretenden Problemen, die dann der DBP Telekom vorgetragen werden.

  ad-hoc-Arbeitskreise: Aktuelle und eventuell kurzfristige Probleme können in flexibel eingerichteten ad-hoc-Arbeitskreisen behandelt werden.

Das AFT unterstützt zudem Seminare und den alljährlich stattfindenden TELEKOM-ANWENDER-KONGRESS.

- **Mitgliedschaft**

  Im AFT können alle Firmen, Körperschaften wie auch Vereine und Verbände Mitglied werden (geschäftliche Anwender). Die aktive Mitgliedschaft ist kostenlos.

AFT-Anwenderforum Telekommunikation e. V., Olper Straße 37, 51491 Overath
Telefon: 02204 / 73720, Telefax: 02204 / 74635

DEUTSCHE TELECOM e. V.

Die DEUTSCHE TELECOM e. V. (DTeV) ist die Vereinigung von Anwendern der geschäftlichen Telekommunikation, die bereits 1978 gegründet wurde.

Ziele und Aufgaben:

Die DEUTSCHE TELECOM e. V. vertritt die Interessen der geschäftlichen Telekommunikationsanwender gegenüber:

- dem Bundesministerium für Post und Telekommunikation (BMPT)
- der Europäischen Kommission
- der Deutschen Bundespost Telekom
- den Telekommunikationsherstellern.

Aktivitäten:

Die DEUTSCHE TELECOM e. V. arbeitet aktiv in verschiedenen Gremien und Arbeitskreisen des AFT-Anwenderforum Telekommunikation e. V., des European Council of Telecommunications Users Associations (ECTUA) und der Interessengemeinschaft der Fernmeldebetriebsleiter (IFB); daneben gibt es eine Reihe interner Arbeitskreise sowie ad-hoc-Arbeitsgruppen. Ferner nimmt die DTeV zu allen nationalen und europäischen telekommunikationsbezogenen Themen Stellung.

Mitgliedschaft:

Die **Vorteile einer Mitgliedschaft** in der DTeV sind:

- ständig qualifizierte Information über die aktuelle Situation und Entwicklung in der Telekommunikationsbranche
- Bündelung der Anwendermeinung und konzentrierte Vertretung der Interessen gegenüber den zuständigen Stellen
- Teilnahme an den Arbeitskreisen und Ausschüssen der DEUTSCHE TELECOM e. V.
- Teilnahme an externen Gremien
- kostenloser Bezug der Vereinszeitschrift „TC-Info"
- Vergünstigungen bei Veranstaltungen der DTeV

DEUTSCHE TELECOM e. V., Olper Straße 37, 51491 Overath

Telefon 02204 / 73735, Telefax: 02204 / 74635